五十音図

あ ア	い イ	う ウ	え エ	お オ
a	i	u	e	o
か カ	き キ	く ク	け ケ	こ コ
ka	ki	ku	ke	ko
さ サ	し シ	す ス	せ セ	そ ソ
sa	si	su	se	so
た タ	ち チ	っ ツ	て テ	と ト
ta	ti[tʃi]	tu[tsu]	te	to
な ナ	に ニ	ぬ ヌ	ね ネ	の ノ
na	ni	nu	ne	no
は ハ	ひ ヒ	ふ フ	へ ヘ	ほ ホ
ha	hi	hu[fu]	he	ho

◂ 나고야 성

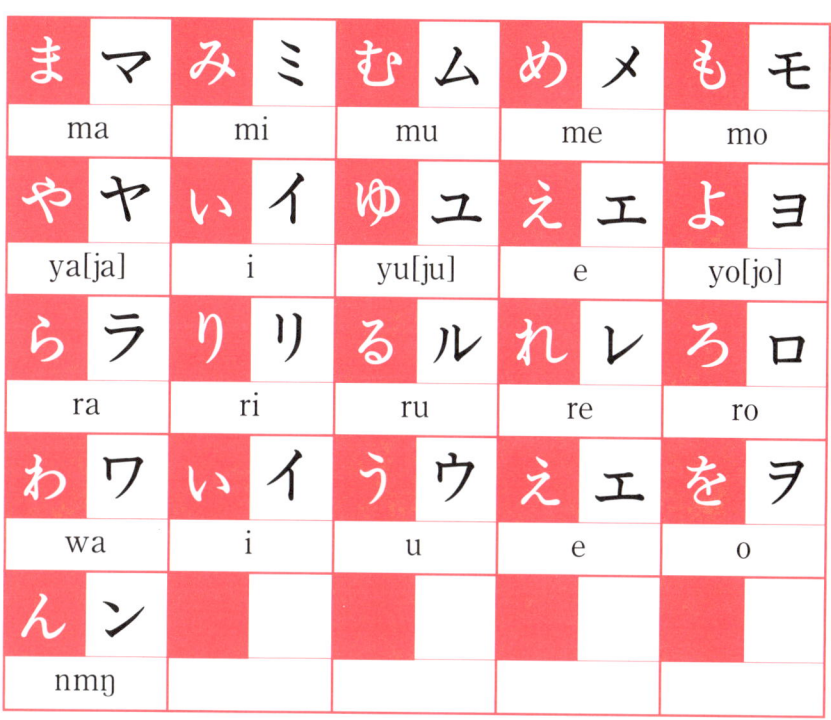

日本語의 로마자 表記法

　日本語의 로마자 表記法은 日本式과 헵번(ヘボン; James Curtis Hepburn)式이 있는데, 주로 사용되는 表記法은 日本式이다. 이 책에서는 日本式 로마자 表記法을 사용했다. 또한 [ ](괄호) 안의 것은 日本語의 로마자 表記와 실제 發音이 다를 경우의 發音記號이다.

實用 일본어 편지

각종 書式 · 편지쓰기 要領 · 모범例文

강태정 편저

일신서적출판사

머리말

원고 청탁과 함께 출판사에서 건네준 수십 종의 일문(日文) 편지틀에 대한 여러 책들을 검토하던 중 필자는 작업이 결코 용이하지 않다는 생각을 하게 되었다.

말할 것도 없이 출판사의 의도는 일본어를 학습하는 사람들을 대상으로 하여 그 학습의 일환으로 일문 편지틀을 간행하려는 것이었으나 일문 편지의 요령을 이해하고, 실제로 쓸 수 있기 위해서는 일본어를 구사할 수 있는 어느 정도의 문장력을 갖추어야만 한다.

더욱이 편지를 쓰자면, 나름대로의 언어 구사와 전통적인 편지의 형식, 그리고 글자 배치와 같은 기본적 틀을 잘 알아야 하며 동시에 세심한 주의를 기울이는 노력이 필요한 것이다.

뿐만 아니라 일문 편지는 「언어 규칙」이 따로 있기 때문에 그 용어만 해도 일상문(日常文)과는 매우 다르다.

그러나 편지의 형식, 즉 전문(前文)과 주문(主文), 날짜, 서명(署名), 그리고 상대방의 주소, 성명, 경칭(敬稱), 첨서(添書) 등과 같은 것을 익히게 되면, 어느 정도의 일본어 실력만으로도 일문 편지를 쓸 수 있을 것으로 생각한다.

그리고 이 책은 누구나 다 응용할 수 있도록 연하장(年賀狀)을 비롯한 각종의 축하 편지, 통지와 인사, 초대와 안내 편지, 의뢰와 소개 편지, 조회(照會) 편지, 독촉 편지, 위문 편지, 경조(慶弔) 때의 통지 편지 등 수많은 실례를 드는 방식을 취하고 있으며 편지의 종류에 따른 요령의 설명과 뜻, 새 낱말, 비슷한 말과 구를 곁들여 일본어 학습과 이해에 도움이 되도록 하였다.

그리고 부록으로는 1. 자타(自他)의 호칭 2. 경조 전보의 예문 모음 3. 편지 용어 모음 등을 곁들여 이해를 돈독히 하려고 했다.

아무튼 이 한 권의 책이 독자 여러분들의 일본어 학습에 많은 도움이 되기를 바라며 동시에 여러분들의 보다 성숙한 사회생활을 위해 조그마한 보탬이 되었으면 하는 필자의 바램이다.

엮은이 씀

차례

제1부

일문(日文) 편지의 지식과 주의 사항

1. 편지는 왜 쓰는가? ·· 10
2. 편지의 형식과 서식 ·· 14
   (1) 전문(前文)의 인사말 ·· 14
   　1) 첫머리말의 「拜啓」 등 ·· 14
   　2) 절후의 인사말 ·· 16
   　3) 안부의 인사말(상대측) ·· 20
   　4) 안부의 인사말(자기측) ·· 22
   　5) 감사의 인사말 ·· 25
   　6) 여러 가지의 진사 ·· 27
   　7) 답신의 인사말 ·· 30
   　8) 미견(未見)의 인사말 ·· 34
   (2) 주문(主文)을 쓰는 법 ·· 37
   　1) 기사(起辞)의 「さて」 등 ·· 37
   　2) 본문을 정리하는 법 ·· 40
   　3) 예의바른 태도 ·· 41
   　4) 글자 배치와 글자 쓰는 법 ·· 47
   (3) 끝의 인사말 ·· 49

1) 여러 가지의 진사 ··· 49
　2) 훗날의 약속과 답신의 청구 ··································· 52
　3) 금후에도 애고(愛顧)를 원할 때 ····························· 54
　4) 자애(自愛)·발전(発展)을 빌 때 ····························· 56
　5) 전언의 인사말 ·· 58
　6) 요지(要旨)를 정리하는 말 ····································· 60
　7) 끝맺는 말의「敬具」등 ·· 62
(4) 뒤에 붙이는 말로 쓰이는 부분 ································· 64
　1) 날짜 쓰는 법 ··· 64
　2) 발신인명의 취급 ··· 66
　3) 수신인명의 취급 ··· 68
　4) 경칭을 쓰는 법 ·· 69
　5) 상대방 이름 밑에 쓰는 경칭에 대하여 ···················· 70
　6) 앞에 붙여 쓰는 말의 경우 ···································· 71
(5) 맨끝으로 돌려진 부분 ··· 72
　1) 추신(追伸)을 쓰는 법 ·· 72
　2) 첨서(添書)의 이용 ·· 74
　3) 별기(別記)의 이용법 ··· 75
　4) 별지(別紙)의 이용법 ··· 77
(6) 용지와 봉투를 이용하는 법 ····································· 78
　1) 용지의 종류와 쓰는 법 ·· 78
　2) 봉투의 종류와 사용법 ··· 81
　3) 겉봉을 쓰는 법 ·· 82
　4) 봉투의 뒷면을 쓰는 법 ·· 86
　5) 가로쓰기에 대하여 ·· 88
(7) 봉함 편지·엽서·전보 ··· 91
　1) 편지의 여러 가지 방법 ·· 91
　2) 엽서 쓰는 법 ··· 93
　3) 전보의 용어에 대하여 ··· 96

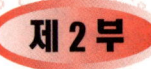

여러 가지 편지의 예문

제 1 장 사교의 기본이 되는 편지 ················· 100

1. 연하장 쓰는 법 ································· 100
  (1) 새해를 축하하는 말 ························· 100
  (2) 새해 축하에 곁들이는 말 ···················· 102
  (3) 개인적인 기입 ······························ 106
  (4) 통지문 등을 겸함 ··························· 110
  (5) 연하장의 사례 편지 ························· 112

2. 절후의 문안 편지 ····························· 116
  (1) 복중의 문안 편지 ··························· 116
  (2) 늦더위의 문안 편지 ························· 120
  (3) 한중(寒中) 문안 편지 ······················· 123
  (4) 늦추위의 문안 편지 ························· 126
  (5) 장마철의 문안 편지 ························· 128

3. 선물에 곁들이는 편지 ························· 131
  (1) 복중 선물과 연말 선물 ······················ 131
  (2) 기회 있을 때마다 하는 선물 ················· 135
  (3) 복중 선물과 연말 선물 ······················ 139

4. 연말 연시의 인사 편지 ························ 142
  (1) 연말을 맞고서 ······························ 142
  (2) 연시(年始)를 맞고서 ························ 147
  (3) 크리스마스 카드 쓰는 법 ···················· 152
  (4) 상중(喪中)인사와 상중 문안 ················· 154

제 2 장 형편을 알리는 통지 편지 ········· 160

1. 여러 가지의 통지 편지 ········· 160
    (1) 이사를 알림 ········· 160
    (2) 연락 관계의 변경 ········· 166
    (3) 물품 발송의 통지 ········· 169
    (4) 고용 관계의 통지 ········· 175

2. 여러 가지의 인사 편지 ········· 179
    (1) 직업상의 일에 대하여 ········· 179
    (2) 영업에 관련된 일에 대하여 ········· 181
    (3) 특별한 근황을 알리다 ········· 183
    (4) 일신상의 일에 대하여 ········· 187

3. 구체적으로 쓰는 보고 편지 ········· 189
    (1) 여행과 관련해서 ········· 189
    (2) 병 또는 출산했을 경우 ········· 192
    (3) 재해를 입은 사실에 대하여 ········· 196
    (4) 특별한 근황 보고 ········· 199

4. 불행한 사정의 편지 ········· 202
    (1) 병세 악화와 위독 ········· 202
    (2) 사망을 알리는 편지 ········· 204
    (3) 회장(會葬) 당일의 사례 편지 ········· 206
    (4) 탈상의 인사 편지 ········· 209

제 3 장 초대와 안내를 위한 편지 ········· 212

1. 행사를 알리는 안내장 ········· 212
    (1) 회합을 가질 경우 ········· 212
    (2) 모임, 행사, 연예, 전시회 등 ········· 214
    (3) 여행과 견학 등 ········· 216

2. 성의를 다해 모시는 초대장 ········· 219
  (1) 식사에 초대할 경우 ············ 219
  (2) 축하에 연유하여 ··············· 222
  (3) 결혼식과 피로연에 ············· 225
  (4) 회합에 초대할 경우 ············ 228

3. 의무가 부여되는 소집장 ·········· 230
  (1) 회의를 개최할 경우 ············ 230
  (2) 필요한 서류의 작성 등 ········· 232
  (3) 호출할 경우 ··················· 234

4. 출결의 답신에 대하여 ············ 236
  (1) 출결 답신용의 엽서 ············ 236
  (2) 출석을 승낙할 경우 ············ 237
  (3) 부득이 결석할 경우 ············ 239
  (4) 위임장 작성에 관하여 ·········· 241

제 4 장 축하와 위문의 편지 ········· 243

1. 상대방을 축복하는 축하 편지 ····· 243
  (1) 가족과 그 성장 ················ 243
  (2) 결혼에 대하여 ················· 245
  (3) 행운을 맞았을 경우 ············ 248
  (4) 신축, 개업 등의 축하 ·········· 250

2. 이재(罹災)와 불행에 대한 위문 편지 ········· 252
  (1) 이재에 대한 위문 ·············· 252
  (2) 병 위문할 경우 ················ 254
  (3) 불운한 경우의 위문 편지 ······· 256
  (4) 불행에 대한 조위 편지 ········· 258

제 5 장 여러 가지의 의뢰 편지 ········· 261

1. 사무적인 왕복 편지 ········· 261
   (1) 여러 가지의 주문 ········· 261
   (2) 신청할 경우 ········· 263
   (3) 정정·취소·확인 등 ········· 265
   (4) 조회하는 편지일 경우 ········· 267

2. 호의에 호소하는 의뢰 편지 ········· 269
   (1) 큰 부담을 줄 경우 ········· 269
   (2) 알선을 부탁할 경우 ········· 272
   (3) 특별한 봉사를 기대할 경우 ········· 274
   (4) 문의할 경우 ········· 277

3. 승낙 편지와 사절 편지 ········· 280
   (1) 의뢰에 대한 승낙 ········· 280
   (2) 부득이 사절할 경우 ········· 282
   (3) 문의의 답신일 경우 ········· 284

제 6 장 적극적인 제의 편지 ········· 287

1. 요망을 주로 하는 편지 ········· 287
   (1) 소개장과 추천장 ········· 287
   (2) 주의를 촉구할 경우 ········· 291
   (3) 권고와 격려를 할 경우 ········· 293
   (4) 훈계와 충고를 덧붙일 경우 ········· 297

2. 여러 가지의 요구 편지 ········· 301
   (1) 권유 편지와 청구 편지 ········· 301
   (2) 제안과 의논에 대하여 ········· 305
   (3) 추궁과 독촉의 경우 ········· 310
   (4) 부당함에 대한 항의 편지 ········· 312

3. 입장을 밝히는 진사 편지 ··· 314
  (1) 진사 편지는 저자세로 ··· 314
  (2) 경위를 밝히는 해명 편지 ···································· 317
  (3) 반박 편지로 반론을 ··· 319

제 7 장 감사 표시를 하는 편지 ································ 322

1. 사례를 주로 하는 답신 ··· 322
  (1) 축하 편지를 받고서의 사례 편지 ···················· 322
  (2) 위문 편지를 받았을 경우 ·································· 324
  (3) 요망을 받았을 경우 ··· 327

2. 호의를 받고서의 사례 편지 ································ 329
  (1) 방문한 뒤에 곧바로 ··· 329
  (2) 알선을 받았을 경우 ··· 331
  (3) 차금·차용과 관련하여 ····································· 333
  (4) 은혜를 입고서의 감사 ······································· 336

부 록

부록 1. 자타(自他)의 호칭 ·· 340
부록 2. 경조 전보의 예문 모음 ···································· 345
부록 3. 편지 용어 모음 ··· 351

제 1 부

일문(日文) 편지의 지식과 주의 사항

◆ 편지는 왜 쓰는가?
◆ 편지의 형식과 서식

1. 편지는 왜 쓰는가?

　사회 생활에 있어서는 상호간의 의사를 소통하고 서로 이해하는 일이 매우 중요하다. 인간 사회는 제각기 생활 환경이나 의견이 다르고, 이해 관계도 복잡하게 뒤얽힌 입장에 있는 개개인에 의해 이루어졌다고 할 수 있는 데, 그 독립된 개개인이 무수히 모여서 그럭저럭 평화로운 사회를 이루고 있다. 그것은 모든 개인과 개인 사이에 의사 소통이 되기 때문이다. 인간 사회에서의 분쟁은 상호간의 몰이해에서 비롯되는 경우가 많다. 모든 문제가 의논에 의해 해결된다고는 할 수 없으나, 의논을 소홀히 했기 때문에 생기는 분쟁이나 마찰이 인간 생활에 얼마나 해를 끼치는지 모른다. 상호간의 이해를 소홀히 했기 때문에, 하찮은 오해에서 큰 분쟁으로 번진 예는 수없이 많다. 반대로 속마음을 털어놓고 의논했기 때문에 사회적인 혼란을 방지한 예도 적지 않다.
　오늘날처럼 사회가 거대해지게 되면, 인간끼리의 의사 소통도 거대한 단위로 이루어지게 되어 텔레비전·라디오·신문 같은 매개체가 매우 중요한 역할을 해내게 된다. 그것에도 온갖 제약과 한계가 있기는 해도, 그러한 대중 전달에 의한 보도를 대다수의 인간이 대부분 신뢰하고 있기 때문에 우리의 현대 사회는 그런 대로 성립돼 있다고도 할 수 있다.
　현대 사회에서는 한편에 그런 거대한 힘에 의한 의사 전달의 수단이 필요해지는 것과 동시에, 한편에서는 옛날 그대로의 소규모한 의사

전달의 수단도 더욱더 필요해지고 있는 것이다.

　인간의 집단이 극히 제한된 적은 인원이고, 나날의 생활도 그 작은 지역 안에서 충분했던 시대에는 상호간의 의사를 전달하려면 저마다의 인간이 서로 직접 의논하면 되었다. 그것은 당연한 일이긴 해도 오늘날처럼 인간의 집단이 각지에 분산되고, 그것이 어떤 형태로 이해 관계를 맺고서 의사 소통을 필요로 하고 있는 시대에는, 실제적 문제로서 직접 개인끼리 면담하는 것은 불가능하기도 하고, 그럴 필요도 없다고 하는 사람도 있을 것이다.

　전신(電信)·전화 같은 매체도 있다. 그러나 어쩌면 오늘날과 같은 시대이기 때문에 더욱더 그렇다고 할 수 있는 것이지만, 개인과 개인이 직접 만나 무릎을 맞대고 담합할 필요가 있는 것이다. 아무리 기계 문명이 진보 발달할지라도, 인간과 인간이 서로 이해하기 위해서는 직접 만나 대화를 나누는 것 이상의 수단은 없다고 본다.

　편지라는 것은 직접 만나 대화를 나눌 수 없는 사정에 있는 인간이 어쩔 수 없이 이용하게 되는 수단이라는 점을 잊어서는 안 된다. 편지라는 수단을 이용했기 때문에 생기는 대부분의 실패는, 아마도 이 같은 편지가 지닌 한계를 알지 못하고 편지를 과신한 데서 생기는 것이라고 할 수 있다.

　인간과 인간이 마주하고 대화를 나눌 경우에는, 상호간에 상대방의 표정이나 동작을 서로 관찰할 수 있다. 인생 경험이 풍부한 사람이라면 그럴 때 많은 말을 낭비하지 않아도 거의 정확하게 상대방의 속마음을 간파할 수 있다. 또 대화를 나누고 있을 때에는 얼마간의 무례는 즉시 사과할 수도 있고, 잘못한 말이나 표현 부족으로 생기는 상호간의 오해는 몇 번이라도 정정하거나 캐묻는 것에 의해 해명할 수도 있다. 또, 서로의 시간이 허용되는 한 납득이 갈 때까지 상세히 의논할 수도 있다.

　그러나, 편지의 경우는 사정이 다르다. 편지의 문면(文面)에는 그 필자의 표정이나 동작은 일체 나타나지 않는다. 따라서, 설령 그 필자가 상대방에 대해 충분한 호의와 친애하는 정을 가지고 썼더라도, 정말로 불퉁스럽고 예의를 모르는 표현을 한 문면이 있다고 한다면, 상대방은 그 필자를 무례한 자라고 생각할 뿐일 것이다. 그것으로 끝나게 된다면 다행일 수도 있겠으나 상대방을 화라도 나게 한다면, 필자가 품은 모처럼의 호의는 무실하게 될 뿐만 아니라 오히려 사정을 악화시키는 일도 생겨나게 된다.

또, 편지에서 아주 중요한 사항에 관해 잘못 쓰기라도 하면, 그 잘못 쓴 것 때문에 상담(商談)이 성립되지 않거나 회합을 하지 못하게 된다. 또, 필자 자신은 상대방이 잘 알고 있다는 생각에서 설명을 필요 이상으로 생략하거나 불필요한 말을 장황하게 늘어놓아 중요한 대목을 애매하게 기술했다면, 상대방은 그 받은 편지를 읽어도 요령을 얻지 못해 마땅히 이루어지게 될 일도 이루어지지 않게 되거나, 같은 문제에 대한 문의를 다시 하지 않으면 안 되는 번거로운 수고를 상대방에게 끼쳐야만 하게 된다. 그러나 대화를 할 경우이면, 그같은 수고를 상대방에게 끼쳤다고 해도 편지처럼 많은 시간을 낭비하는 일은 없다.

또 예를 들어, 두세 시간을 상대방과 대화하는 것에는 썩 고통을 느끼지 않는 사람이라도 만약 그만한 내용에 관해 상세히 씌어진 수십 장에 달하는 편지를 받았다고 한다면 아마도 그 편지를 읽으려고 하지 않을 것이며, 읽기는 해도 몹시 고통스럽게 여길 것은 뻔한 일이다.

또 한 가지, 면담과 편지의 차이점을 들자면 직접 대화를 나눌 때의 말은 없어지게 되지만, 편지는 글로써 남게 된다는 것이다. 물론 서로 대화한 내용도 상대방의 기억에 남기는 하겠지만 그것은 어디까지나 기억에 지나지 않는다. 그렇지만 글로 씌어진 편지는 그것을 상대방이 버리거나, 불사르거나 잃어 버리지 않는 한, 원형의 형태로 영원히 보존되는 것이다. 그것이 서로의 우정을 나눈 표시로 남는다면 좋은 기념이 되기도 하겠으나, 만약에 상호간 불화의 원인이 되는 내용의 것이라면 구제받을 수 없는 증거물이 될지도 모른다.

그렇기 때문에 편지는 대단히 편리한 것이기는 하나, 편지에는 편지의 한계가 있다는 것을 충분히 이해하고, 편지를 과신하면 안 되는 것이다.

편지를 쓰는 데 있어서의 일반적인 주의 사항은 이상과 같이 편지가 지니는 한계를 잘 생각해 보면 자연히 알 수 있는 성질의 것이다. 편지는 어떠한 경우에도 (1) 요점을 잡아 간결하고 명확히 기술해야 하고, (2) 표현을 예의 바르게 성의를 다해 기술하지 않으면 안 된다는 것은 이상과 같은 이유에서인 것이다.

간결하게 기술하더라도 때와 경우에 따라서는 어느 정도 상세한 설명을 요할 적도 있을 것이고, 명확하게 기술하더라도 그것 역시 때와 경우에 따라서는 일부러 요점을 흐려 완곡한 표현을 하지 않으면 안 될 경우도 있다.

어떤 편지를 어떤 형식으로 쓰느냐 하는 것은 자기와 상대방과의 상대적인 관계, 그 편지를 보내는 주된 목적이나 그때 그때의 여러 가지 상황에 따라 일정하지 않은 것이니, 일반적으로는 그렇게 말할 수 밖에 없는 것이다.

그밖에 덧붙이고 싶은 말은 다음과 같은 점이다.

(1) 편지에는 그것을 보내야 할 기회가 있다. 그 기회를 놓치게 되면 아무리 정성을 다한 편지를 써도 상대방에게 그 진의(眞意)가 전해지지 않을 적이 있다.

(2) 다 쓰고 나면 반드시 읽어보고, 내용·표현·오자(誤字)·탈자(脫字) 같은 것에 주의를 기울이며, 만약 결점이 있으면 반드시 고쳐 써야 한다.

(3) 답장은 가능한 한 빨리 보내지 않으면 안 된다. 단, 상대방의 편지를 잘 읽고 적절한 답장을 써야 한다. 감정에 치우쳐서 펜을 드는 것이라면 답장을 쓰지 않는 쪽이 더 낫다.

(4) 경우에 따라서는 언제 누구에게 어떤 내용의 편지를 보냈다는 메모를 해 둘 필요도 있다. 받은 편지를 분류해서 보존해 두는 것도 중요한 일일 것이다.

2. 편지의 형식과 서식

(1) 전문(前文)의 인사말

1) 첫머리말의 「拝啓(はいけい)」 등

편지는 전문(前文), 주문(主文), 말문(末文)의 차례로 구성되어 있다. 전문은 요컨대 서두의 인사말인데, 전문 중에서도 그 처음에 쓰는 것이 「拝啓」 등의 첫머리말이다. 첫머리말은 특별히 한 자를 내리지 않고 행의 처음에 쓰게 된다. 그런 다음 한 자를 비우고 전문의 다른 인사말을 쓴다. 편지 전체가 짧을 경우에는 여기서 행을 바꾸어도 된다. 그럴 경우 첫머리말과 똑같은 높이에서부터 쓰기 시작하게 되나 한 자를 낮추어도 무방하다.

어쨌든 간에 첫머리말의 「拝啓」 등은 남의 집을 방문했을 때에 먼저 현관에서 「실례합니다」라고 하는 그런 종류의 인사말이다. 여기에는 여러 가지의 말이 쓰이나 그 중에서도 일반적인 것이 「拝啓」와 「謹(きん)啓(けい)」라는 말이다.

● 拝啓 …… 가장 보편적으로 쓰이는 첫머리말이다. 「拝(はい)」는 「합장 배례하다, 뵙다」의 뜻으로, 「拝見(はいけん)(삼가 보다)」「拝聴(はいちょう)(공손히 들음)」 등, 위에 붙여서 공손한 뜻을 나타낸다. 「啓(けい)」는 「열다」의 뜻이기는 하나, 「아뢰다」「문서(文書)로 아룁니다」의 뜻을 지닌다. 따라서, 「拝啓」는 「삼가 아룁니다」라고 하는 뜻인 것이다.

같은 종류의 말에「拝呈」「啓上」등이 있다.
- 謹啓 … 격식을 차릴 경우에,「拝啓」보다 정중한 말로 쓰인다.「謹」은「삼가, 정중하게」이고,「啓」는「문서로 아룁니다」. 따라서, 글자 그대로「삼가 아룁니다」가 된다. 같은 말에「肅啓」「恭啓」등이 있다.

편지 중에는 특별히 시급한 경우도 있어, 그렇다는 것을 첫머리 말에 나타낼 수도 있다. 그것이「急啓」이다.
- 急啓 …… 특별히 시급할 경우에,「拝啓」대신 쓰인다.「急」는「서두르다」이고,「啓」는「문서로 아룁니다」이니 그대로「시급히 아룁니다」가 된다. 같은 종류의 말에「急白」「急呈」등이 있다. 이런 경우에는 전문의 인사말을 모두 생략하고 곧장 주문(主文)에 들어가도 된다.

특별히 시급한 경우는 아니지만 전문에 해당하는 인사말의 일부 또는 전부를 생략할 때도 있다. 그런 경우에 쓰이는 것이「前略」이나「冠省」라는 머리말이다.
- 前略 ……「전문」을「생략한다」는 뜻. 전문에 해당하는「절후(節候)」의 인사말과 그밖의 것을 생략한다」는 것이다. 같은 종류의 말에「略啓」「略陳」등이 있다.
- 冠省 ……「冠」은「관」으로「편지의 처음에 오는 것」그것을「省」, 즉「생략한다」는 뜻. 역시「절후의 인사말과 그밖의 것」을 생략할 경우로, 같은 종류의 말에「前省」「略省」등이 있다.

편지 중에는 받은 편지에 대한 답신이라는 것도 있어서 기대한 답신이 오지 않았기 때문에, 똑같은 용건으로 또 한 번 편지를 쓰는 적도 있다. 답신으로 가장 일반적인 것이「拝復」이고, 또 한 번 쓰는 것이「再啓」이다.
- 拝復 ……「復」는「왕복(往復)의 복(復)」을 말한다.「갔던 길을 돌아오다」는 것으로「대답하다」라는 뜻을 지닌다.「拝復」는「삼가 대답해 아룁니다」라고 하는 뜻이 되는 것이니, 답신 전용의

첫머리말이다. 그밖에 「復啓」「啓復」 등의 말도 쓰인다.

● 再啓 ······ 「再」는 「또다시」「또 한 번」의 뜻으로, 「또 한 번 아룁니다」의 뜻을 지닌다. 한 번으로 목적을 이루지 못했을 경우에, 같은 용건으로 또 한 번 쓰게 된다. 그럴 경우 보편적으로 쓰이는 머리말이다. 그밖에 「再呈」「追啓」 등의 말도 쓰인다.

또한, 여성 중에는 「拜啓」 같은 딱딱한 한자어(漢字語)를 싫어하는 여성도 있다. 그런 경우에 쓰이는 것이 「一筆申し上げます(몇자 올립니다)」이다. 앞에서 적은 각각의 첫머리말과 대응시키면 다음과 같이 된다.

　　拜啓 ── 一筆申し上げます(몇 자 올립니다)
　　謹啓 ── 謹んで申し上げます(삼가 아룁니다)
　　急啓 ── 取り急ぎ申し上げます(시급히 아룁니다)
　　前略 ── 前文お許しください(인사말을 생략합니다)
　　拜復 ── お手紙承りました(편지 받자왔습니다)
　　再啓 ── 重ねて申し上げます(거듭 아룁니다)

그러나, 여성이라도 「拜啓」와 그밖의 것을 써도 관계없다.

또한 연하장(年賀狀), 절후 문안에는 첫머리말을 붙이지 않는다. 그리고 사망 통지, 조위문(弔慰文) 등에도 첫머리말을 쓰지 않는 것이 보통이다.

2) 절후의 인사말

첫머리말 뒤 한 자만 비우고 전문(前文)의 다른 인사말을 쓴다. 그런 인사말 중 가장 일반적인 것이 절후의 인사말이다. 「春暖の候(춘난지절)」라든지, 「残暑ひときわ身にこたえるこのごろ(잔서가 한결 몸에 사무치는 이즈음, 늦더위가 몹시 심한 이즈음)」 등이 된다. 이 부분은 편지의 전체가 짧을 때에는 행을 바꾸어도 된다. 그럴 경우에 머리말과 같은 높이에서부터 쓰게 되나 한 자를 낮추어도 된다.

절후의 인사말은 그 편지를 쓸 때의 한서(寒暑), 자연, 날씨 등에 맞추어서 쓰인다. 그것을 월별로 적어보면 다음과 같다.

○ **정월** …… 新春の候(신춘지절) 初春のみぎり(초춘지절) 希望にあふれる新年を迎え(희망에 찬 새해를 맞아) 寒さも緩み気持のよいお正月を迎えました(추위도 누그러지고, 기분 좋은 설날을 맞았습니다)

○ **1월** …… 厳寒の候(엄한지절) 酷寒みぎり(혹한지절) 寒気殊の外厳しいこのごろ(추위가 대단히 심한 이즈음) 初春とはいえ, 例年にない寒さが続いております(초봄이라고는 하지만, 예년에 없던 추위가 이어지고 있습니다)

○ **2월** …… 余寒の候(여한지절) 晩冬のみぎり(만동지절) 余寒なお骨身にこたえるこのごろ(늦추위가 더욱 골수에 사무치는 이즈음), 梅のつぼみもそろそろ脹らみ始めました(매화봉오리도 이제 슬슬 부풀기 시작했습니다)

○ **3월** …… 早春の候(조춘지절) 軽暖のみぎり(경난지절), 日増しに暖かさをくわえるこのごろ(날로 따뜻함을 더해 가는 이즈음), 寒さも緩み, 一雨ごとに春めいてまいりました(추위도 누그러지고 비올 때마다 봄다와지고 있습니다)

○ **4월** …… 春暖の候(춘난지절) 陽春のみぎり(양춘지절) 花の便りに心の浮き立つ今日このごろ(꽃 소식에 마음이 들뜨는 요즈음) しめやかな春雨に心も落ち着く昨今でございます(조용한 봄비에 마음도 가라앉는 요즈음입니다)

○ **5월** …… 新緑の候(신록지절) 薫風のみぎり(훈풍지절) 若葉の緑もすがすがしいこのごろ(새잎의 푸른 빛도 상쾌한 이즈음) 青葉を度る風も懐かしい季節となりました(푸른 나뭇잎을 스쳐가는 바람도 반가운 계절이 되었습니다)

○ **6월** … 初夏の候(초하지절) 向暑のみぎり(향서지절) 梅雨空のうっとうしいこのごろ(장마철 날씨가 후덥지근한 이즈음) 初夏の

風もすがすがしいころとなりました(초여름 바람도 상쾌한 철이 되었습니다)

○ 7월 …… 盛夏の候(성하지절) 炎暑のみぎり(염서지절), 連日厳しい暑さに蒸されるこのごろ(연일 심한 더위에 찌게 되는 이즈음) 久方ぶりによいお濕りに惠れ, 一息ついております(오래간만에 좋게 눅눅해져, 한숨 돌리고 있습니다)

○ 8월 … 残暑の候(잔서지절) 暮夏のみぎり(만하지절) 残暑ひときわ身にこたえるこのごろ(늦더위가 한결 몸에 사무치는 이즈음) 日中の暑さなど, なお耐えがたい昨今でございます(낮 더위 등, 여전히 견디기 힘든 요즈음입니다)

○ 9월 …… 秋涼の候(추량지절) 新秋のみぎり(신추지절) 朝夕はようやくしのぎやすさを覚えるこのごろ(아침 저녁은 차츰 견뎌내기 쉬움을 느끼는 이즈음) 豪雨もようやく治まりにわかに秋色を帶びてまいりました(큰비도 겨우 가라앉고, 갑자기 추색을 띠게 되었습니다)

○ 10월 …… 秋冷の候(추랭지절) 淸秋のみぎり(청추지절) 街路樹の葉も日ごとに黃ばむ昨今でございます(가로수 이파리도 날로 노랗게 물드는 요즈음입니다) 日增しに秋も深まるこのごろ(날로 가을도 깊어가는 이즈음)

○ 11월 …… 晩秋の候(만추지절) 向寒のみぎり(향한지절) 朝夕はひときわ冷えこむ今日このごろ(아침 저녁은 한결 추워지는 요즈음) 落ち葉の散り敷くころとなりました(낙엽이 져서 온통 깔리는 철이 되었습니다)

○ 12월 …… 初冬の候(초동지절) 寒冷のみぎり(한랭지절) 寒さひとしお身にしみるこのごろ(추위가 한결 몸에 사무치는 이즈음) 木枯らしにも一段寒さを感じる昨今となりました(늦가을(초겨울) 바람에도 한층 추위를 느끼는 철이 되었습니다)

○ 연말(年末) …… 歲末の候(세만지절) 歲晚のみぎり(세말지절)

年の瀬もいよいよ押し詰まるこのごろ(연말도 마침내 닥쳐오는 이즈음) 今年もいよいよ残りわずかとなりました(올해도 드디어 얼마 남지 않게 되었습니다)

◉ **무계(無季)** …… 気候不順の折から(기후 불순한 때) 寒暖不整のみぎり(한난이 고르지 않은 때) 天候も定まりかねるこのごろ(날씨도 순조롭지 못한 이즈음) とかくの雨がちに気もめいるこのごろでございます(이런저런 비가 잦아 기분이 우울해지는 요즈음입니다) 久方ぶりに珍しい快晴を迎え, 気も浮き立つほどでございます(오래간만에 드문 쾌청을 맞아, 마음도 들뜰 정도입니다)

또한 연결하는 말은 「春暖の候(춘난지절)」「春暖のみぎり(춘난지절)」「春暖の折から(봄이 따사로운 때)」「春暖の候を迎え(춘난지절을 맞아)」등 여러 가지가 쓰이고 있다. 또, 원격지(遠隔地)에 보낼 경우에는 양측의 기후 차이를 문제삼아도 된다.

◆こちらは今なお雪に埋もれておりますが御地は既に櫻が満開のころかと存じます(이곳은 아직 눈에 묻혀 있지만, 귀지(貴地)는 벌써 벚꽃이 만발했을 때라고 생각합니다)

◆こちらはようやく春めき, 昨今はうららかな日も続くようになりました. 御地は既に山々の若葉も目にまばゆいころかと存じます(이곳은 점차 봄다와져, 요즈음은 화창한 날이 계속되고 있습니다. 귀지에는 이미 많은 산의 신록도 눈이 부실 때라고 생각합니다)

요컨대 그때 그때의 한서(寒暑), 자연, 날씨를 적당히 문제삼으면 되는 것이다. 또한 상업문(商業文) 등에서는「景気上昇の折から(경기 상승하는 때)」「景気沈滞のみぎり(경기 침체인 때)」등도 쓰이나 사교 편지로서는 저속함이 두드러져 별로 바람직하지 않다.

3) 안부의 인사말(상대측)

 절후의 인사말 뒤에 안부의 인사말이 이어진다. 즉, 상대측의 안부를 묻고 자기측의 안부를 전하는 것이다.

 우선 상대측의 안부를 묻는 말인데, 「その後お変わりもなくお過ごしでしょうか, お伺い申し上げます(그후 별고없이(탈없이) 잘지내고 있는지 궁금하옵니다)」가 기본형이다. 먼저「その後(그후)」를 꺼내고, 「お変わりもなくお過ごしでしょうか(별고없이(탈없이) 잘지내고 있는지요)」하고 물은 다음「お伺い申し上げます(궁금하옵니다)」라고 맺는다. 따라서, 이것들을 바꾸는 것으로 여러 가지의 변화가 가능하다.

- **その後** …… 近ごろ(요즘, 작금) 朝夕(조석, 아침 저녁) 皆々様には(여러분들께서는)
- **お変わりもなくお過ごしでしょうか** …… いかがお過ごしでしょうか(어떻게(어찌) 지내십니까) 相変わらずお元気でおいてでしょうか(여전히(변함없이) 건강하게 지내십니까) ますますご壯健にてご精励でしょうか(더욱더 건강하시고 정려하십니까) いよいよ(더욱더) 一段と(한층)
- **お伺い申し上げます** …… お尋ね申し上げます(묻습니다, 궁금합니다) 案じております(걱정(염려)합니다)

묻는 형식이 되지 않고 추량(推量)이나 전문(傳聞)의 형식으로 하는 경우도 있다. 그럴 때에는 다음과 같이 된다.

- ますますお元気にてご活躍のことと存じます(더욱더 건강하게 활약하시는 것으로 압니다)
- その後お変わりもなくお過ごしの由, お喜び申し上げます(그후 별고없이(탈없이) 지내신다니 축하하옵니다)

좀더 딱딱한 꼴이 되면, 「貴家ますますご健勝の段, 慶賀の至りに

存じます(귀댁이 더욱더 건승하신 점, 경축하는 바입니다)」가 된다. 먼저「貴家」라고 상대측을 꺼내고「ますます」라는 수식어(修飾語) 뒤에「ご健勝」라는 건강과 행복을 축하하는 말을 써서「の段」이라고 이어, 그「ご健勝」를「慶賀の至りに存じます」로 축복한다. 따라서, 이것들 다섯 부분을 바꾸는 것으로 다음과 같은 변화가 가능하다.

- **貴家** …… 御家(귀댁) 皆樣(여러분) 皆々樣(여러분들) ご一同樣(여러분)
- **ますます** …… いよいよ(더욱더) ひとしお(한층, 더욱) ひときわ(한결, 더욱, 더 한층) いつもながら(언제나 그대로, 항상 그대로) 一段と(한층) 一層(한층) 相変わらず(변함없이, 여전히)
- **ご健勝** …… 慶福(경복, 경사스러운, 큰 복) 清健(청건) 清祥(건승) 清適(청안, 평안) 壯健(건강함) 多幸(다행, 다복함) 多祥(다복함) 芳清(건승) 雄健(건강함) 発展(발전) 繁榮(번영)
- **の段** …… 条(의 일) 儀(…(으)로 말하면, …(는)은) 趣(취지, …하다는 말씀) 程(…해주시기) 由(…(이)라고 하니) こと(일, …데 대하여) 御事(일, …데 대하여), ご様子(형편) ことと(…인 줄로)
- **慶賀の至りに存じます** …… 慶賀至極(경사스럽기 그지 없습니다) 慶祝(경축) 大慶(대경, 경하) 何よりと存じます(다행으로 생각합니다) お喜び申し上げます(축하하옵니다) 拝察いたします(배찰합니다) 存じ上げます(생각합니다)

이런 것들은 통지문(通知文)이라든지 안내장에서 약간 딱딱한 형식을 취했을 경우에 즐겨 쓰이는 표현이다.

또한, 일반 편지로서는 상대측이 회사나 관청일 때도 있다. 그럴 경우에는 안부를 묻는 것이 무의미하므로 상업문과 마찬가지로「貴店ますますご隆盛の段, お喜び申し上げます(귀점 더욱더 융성하

신 점 축하하옵니다)」라고 이어진다.

- **貴店** …… 貴社(귀사) 貴所(귀하, 귀처) 貴行(귀행 ; 은행이나 양행) 貴舘(귀관) 貴舗(귀포) 貴会(귀회) 御店(귀점) 御社(귀사) 御所(귀소) 御行(귀행) 御会(귀회) 御社運(귀사운)
- **ご隆盛** …… 盛運(상승세) 清栄(만강(万康)) 盛業(성업) 盛大(성대) 繁栄(번영) 繁盛(번창) 隆運(융운) 隆栄(융영) 隆慶(융경) 隆祥(융상)

이런 식으로 여러 가지의 변화가 있는 모양을 구성할 수 있다. 단, 앞뒤의 말투도 있으므로 어느 정도의 딱딱함을 나타내는가에 따라 잘 가다듬을 필요가 있다.

4) 안부의 인사말(자기측)

안부의 인사말을 할 경우는 상대측의 안부를 물은 뒤 자기측의 안부를 전하게 된다. 「なお, 私ども一同, おかげさまにて無事過ごしておりますので, 他事ながらご休心の程, お願い申し上げます (또한, 우리들 모두 덕분에 무사히 지내고 있으니 관계없는 일이지만 방념(안심)하시기를 부탁 올립니다)라는 것이 안부의 인사말이다. 먼저 「なお」로 이은 뒤 「私ども一同」라고 꺼내게 된다. 그런 다음 「おかげさまにて」라고 감사한 마음을 나타내고서, 「無事過ごしておりますので」로 안부를 말하고는 「他事ながら」라고 사양하며, 「ご休心の程, お願い申し上げます」라고 맺는다. 이것도 여러 가지의 변화가 가능하다.

- **私ども一同** …… 当方(이쪽, 우리 쪽) 当方一同(우리 쪽 모두) 私がた一同(우리들 모두) 当方皆様(우리 쪽 모두) 家内一同(가족 일동) 小生儀(소생으로 말하면)
- **おかげさまにて** …… おかげさまをもって(덕분에) 幸い(다행히) 例によって(여느때와 마찬가지로) 相変わらず(변함없이, 여전

히) 毎日(매일, 날마다)
- 無事に過ごしておりますので … 変わりなく(변함없이) 別条なく(별일 없이) つつがなく(건강하게), 大過なく(대과없이) 元気にて消光しておりますゆえ(건강하게 소일하고 있으니) 通学(통학) 通勤(통근) 勤務に励んでおりますので(근무에 힘쓰고 있으므로) 勉学を続けて(면학(공부)을 계속하고)
- 他事ながら …… 余儀ながら(관계없는 일이지만), はばかりながら(송구스럽지만, 죄송스럽지만) 何とぞ(제발, 아무쪼록) どうぞ(아무쪼록, 부디)
- ご休心の程, お願い申し上げます …… ご安心(안심) ご放心(방심) ご放念(방념) ご心配ご無用かと存じます(걱정할 필요가 없는 줄로 아옵니다) ご心配くださらぬようお願い申し上げます(걱정하지 않기를 부탁하옵니다)

이런 말들을 적절히 구성하여 그때 그때에 적합한 모양으로 완성하면 되는 것이다.

단, 자기측의 안부를 기술할 때에는 여러 가지의 조건이 있다. 첫째로 상대측이 평소에 이쪽의 안부에 대해 어느 정도의 관심을 가지고 있느냐 하는 것으로, 관심이 없는 상대측에게 강요하는 것은 바람직하지 않다. 예를 들어, 상대측이 회사나 관청일 경우에는 전혀 관심을 가지고 있지 않다고 생각해도 되며 그럴 경우에는 자기측의 안부를 기술할 필요가 없다. 그밖에 상대측에게 이쪽의 안부에 대한 관심을 가지도록 하는 것이 실례가 될 경우나, 혹은 처음으로 편지를 보내는 상대측일 경우 등에도 안부에 대한 말을 필요로 하지 않는다. 그럴 경우에는 상대측을 축복하는 데 그치는 것이 일반적이다.

또 때로는 상대측이 편안하지 못할 때도 있고, 그것을 전번 편지나 다른 일로 알고 있으면, 자기측의 편안함을 기술하는 것도 바람직하지 않다. 상대측이 편안하지 않은 데도 이쪽이 편안하다고 하면 공손한 태도를 잃기 때문이다. 그런 경우에는 앞에서 말한 바와 같은 상대측의 안부를 묻는 형식도 실정에 맞지 않게 된다. 그럴 때에 쓰이는 것이 예컨대 다음과 같은 형식이다.

◆その後、ご様子いかがお運びでしょうか、案じております(그후, 상태가 어떻게 되어 있는지 걱정(염려)하고 있습니다)

◆その後、ご日常いかがお過ごしでしょうか、一同心配しております(그후, 일상을 어떻게 지내시는지 모두 염려(걱정)하고 있습니다)

당사자의 경우가 아니면,「お子様のご様子(자제분의 용태)」,「ご母堂様のご日常(자당님의 일상)」등이 된다. 하기야, 그것을 문안하는 것이 목적이면, 위문 편지로서 주문(主文) 쪽으로 옮겨지는 것이니 전문(前文)에서 기술할 필요가 없다.

또 한 가지 문제는 자기측의 안부를 전하더라도 자기측이 항상 편안하고 건강하다고는 할 수 없다는 것이다. 그러나, 보통의 일반 편지에 있어서는 자기측의 편안함만을 기술하고 안부의 인사말로 삼는다. 특히 친한 사이일 경우는 자기측의 편안하지 못한 사정에 언급해도 되지만, 그것이 편지의 목적이면 주문에 써야 하며 전문에서 기술하는 것은 우습다. 또 그것에 대해 상대방에게 특별히 걱정을 끼치게 되는 표현을 하게 되면, 그것에 편지의 중점이 옮겨지게 되어 필요한 주문에 주의력이 가지 않게 된다. 전문에 적는 것은 어디까지나 인사말이므로 다음과 같은 아무렇지도 않은 듯한 형식이 바람직하다.

◆この冬は当地に惡性の感冒も流行し、一同何かと悩まされております(이번 겨울은 이곳에 악성 감기도 유행하여, 모두 여러모로 괴로움을 당하고 있습니다)

◆この夏は連日の猛暑に全く元気を失い、当てもなく過ごす毎日でございます(이번 여름은 연일의 혹서에 완전히 기운을 잃어, 목적도 없이 지내는 나날입니다)

◆一週間ほど寝込んでおりましたが、既に全く快復いたしました

ので, 他事ながらご休心の程, お願い申し上げます(1 주일쯤 자리에 누워 있었는데, 이미 완전하게 회복되었으니 관계없는 일이지만 방념(안심)하시기 부탁 올립니다)

또한, 이런 편안하지 못한 내용을 알리는 것이 목적이라면, 이것이 주문 쪽으로 돌려져 전체가 병세 보고의 형식이 되는 것이다.

5) 감사의 인사말

안부의 인사말 뒤 평소에 입은 은혜에 대해 언급하고 그것을 감사한다. 이것이 감사의 인사말로, 「日ごろは何かとお世話になっておりますこと, 厚く御礼申し上げます(평상시는 여러 모로 신세를 지고 있는데 대하여 깊이 감사의 인사 말씀드립니다)」 등이 된다. 먼저 「日ごろは」하는 말을 꺼내고, 「何かと」하며 실제를 기술한 다음, 「お世話になっておりますこと」하고 은혜에 언급한다. 그리고 나서, 그 은혜에 대하여 「厚く御礼申し上げます」하고 감사하는 것이다.

따라서, 여러 가지로 바꾸게 되는 형식을 모아보면 다음과 같이 된다.

- **日ごろは** …… 平素は(평소는) いつも(늘, 항상) 常々(평소, 언제나, 늘) 従来(종래, 종전) 過日は(전날은, 지난날은) このたびは(이번에는) このほどは(요즈음은, 최근에는) かねて(진작, 전부터), 昨日は(어제는) 先日は(요전에는, 전번에는) 先月来(지난달부터, 전달부터) 昨年来(작년부터)

- **何かと** …… いろいろと(여러 가지로) とかく(이것저것, 이런저런) 折に触れて(기회 있을 때마다) 何くれと(여러 모로) 何やかやと(이것저것, 여러 가지로) 数々の(다수의, 여러 가지의)

- **お世話になっておりますこと** …… お世話になり(신세를 지고) ご厚情にあずかり(후정(후의)을 입고) ご懇情に浴し(간정(친절한 마음씨)을 입고) お志を賜わり(호의를 받고) お心にお掛け

くだされ(걱정해 주시고) ご芳志に浴し(후의를 입고)
◉厚く御礼申し上げます……心から感謝しております(진심으로 감사하고 있습니다) 感謝至極に存じます(감사하기 그지없습니다) お礼の申し上げようもございません(다시 없는 감사의 말씀드립니다) 感謝の言葉もございません(감사의 말도 없습니다, 더할나위 없이 감사하고 있습니다) 心から御礼申し上げます(진심으로 감사의 말씀드립니다) まことにありがとうございます(대단히 감사합니다)

특히 최근에 신세진 것이 있으면 그 일에 언급해 감사의 뜻을 표시한다.

◆先日は突然お伺いしたにもかかわらず種々ご高配にあずかり、厚く御礼申し上げます(요전(전번)에는 갑자기 찾아갔음에도 불구하고 여러 가지로 각별하신 배려를 해주셔서 깊이 감사의 말씀드립니다)

◆先月は娘のことにて何かとご心配いただき、お礼の言葉もありません(지난달(전달)은 여식의 일로 이것저것 염려를 해주셔서 더없이 (더할 나위 없이) 감사하게 생각하고 있습니다)

◆過日御地にお邪魔の節は一方ならぬお世話に接し、厚く御礼申し上げます(전날(지난날) 그곳(귀지)을 방문했을 때는 적지않이 신세를 져, 깊이 감사의 말씀드립니다)

◆昨日は心ならずもご迷惑をお掛けいたましたこと、まことに心苦しく存じております(어제는 본의 아니게 폐를 끼친 일, 대단히 마음 괴롭게(어쩐지 미안하게) 생각하고 있습니다)

경우에 따라 구체적으로 쓰는 것도 감사의 인사말로는 효과적이다. 단, 이런 종류의 감사 자체가 목적이라면 전체를 사례 편지의 형식으로 하고, 주문(主文) 쪽에서 감사의 말을 기술해야 한다. 그점, 전문에서의 감사는 서두의 인사말의 일부에 지나지 않는다.

그런데, 감사의 인사말일 경우에도 좀더 딱딱한 형식이 있다. 「当

方毎度格別のご厚情を被り, 厚く御礼申し上あげます(우리 쪽은 매번 각별한 후정(후의)을 입어, 깊이 감사의 말씀드립니다)」 등이 그것이다.

- 当方 …… 当方一同(이쪽(우리 쪽) 일동), 当方皆々(이쪽 일동), 小生儀(소생으로 말하면, 소생은)
- 毎度 …… 毎々(매번, 번번이) 平素(평소) 年来(연래, 몇해 전부터) 永年(긴 세월, 오랫 동안, 여러 해) 多年(다년, 다년간)
- 格別の … 過分の(과분한) 特段の(특별한) 慮外(뜻 밖의, 의외의) ご懇切は(친절은) 変わらぬ(변함이 없는) 並々ならぬ(이만저만이 아닌, 보통이 아닌) 一方ならぬ(대단히, 적지않이) 身に余る(분에 넘치다)
- ご厚情 …… 援助(원조) 恩恵(은혜) 恩顧(은고, 은혜) 教示(교시, 가르쳐 줌) 好意(호의) 厚志(후지, 후의) 高配(각별한 배려) 芳情(방정, 방지(芳志))
- を被り …… を頂き(를 받아, 해 주셔서), を賜り(를 받아, 해 주셔서), を煩わし(를 괴롭혀, 를 수고 끼쳐), に浴し(를 입어) にあずかり(를 받아, 해 주셔서)

특히 상대측이 상점이나 관청일 경우에는 이런 형식이 바람직하며 그런 경우에도 평상시에 입고 있는 은혜에 대한 감사이다. 따라서, 처음으로 보내는 상대측이나 별로 깊은 관계에 있지 않은 상대측에 대해서는 생략하는 것이 좋다.

6) 여러 가지의 진사

전문(前文)의 인사말 중에는 사과하는 형식을 취하는 것도 있다. 이것이 진사(陳謝)의 인사말이다. 진사의 인사말로는 소원했던 일에 대한 진사, 폐를 끼쳤던 일에 대한 진사, 지연(遲延)된 일에 대한 진사 등이 있다.

먼저 소원했던 일에 대한 진사인데 이것은 격조했음을 사과하는 부분이다. 상대측과 교제 관계를 유지하기 위해서는 끊임없이 연락을 취할 필요가 있다는 전제하에, 그 같은 연락의 태만을 사과하는 것이다. 「その後久しくごぶさたいたしましたこと, 心からおわび申し上げます(그후 오랫 동안 격조했던 데 대해, 진심으로 사과 말씀드립니다)」가 된다. 이 형식은「その後久しく」라고 기간을 꺼낸 다음,「ごぶさたいたしましたこと」하고 소원했다는 말을 하고,「心からおわび申し上げます」로 이어진다. 이런 것들은, 각각 다음과 같이 변화시킬 수가 있다.

● その後久しく …… その後しばらく(그후 오래) 一別以来(일별 이래, 헤어진 후) 先秋以来(지난 가을 이후) 平素はとかく(평소에는 이것저것) 日ごろは(평소에는, 평상시는)

● ごぶさたいたしましたこと …… 心ならずもご無音に打ち過ぎましたこと(본의 아니게 소식 드리지 못한 데 대하여) 雑事に追われてご疎遠を重ね(잡일에 쫓겨 소원함을 거듭해) ご疎遠と相成り(소원하게 되어) 打ち絶えてこぶさたいたし(아주 격조해) 存外のご無音にて過ごしお便りも差し上げず(의외로 소식드리지 못하고 편지도 드리지 못하와)

● 心からおわび申し上げます …… 深く(깊이) 衷心より(충심으로) まことに申し訳ございません(참으로 할 말이 없습니다, 대단히 미안합니다) 今更ながらおわびの言葉もございません(새삼스럽게 사과할 말도 없습니다) まことに恐縮に存じております(참으로 송구하게(죄송하게) 생각하고 있습니다) 汗顔の至りに存じます(낯뜨겁기(부끄럽기) 이를 데 없습니다) お許しくださるよう, お願い申し上げます(용서해 주시기 부탁 말씀 올립니다) ご容赦の程, お願い申し上げます(용서해 주시기 부탁 말씀 올립니다)

전번 편지 뒤 1개월 이상이 지났으면 소원했던 일에 대한 진사를 덧붙여도 무방하다.

 다음에 폐를 끼친 일에 대한 진사인데 이것은 폐를 끼치고 있는 것을 사과하는 부분이다. 이것은 「いつも何かとご迷惑をお掛けし, おわびの言葉もありません(늘 여러 가지로 폐를 끼쳐, 사과할 말도 없습니다)」이 된다. 「いつも何かと」라는 말로 시작한 다음, 「ご迷惑をお掛けし」라고 사실에 언급하며, 「おわびの言葉もありません」하고 사과하게 되는 것이다. 각각 조금이라도 변화시키려고 생각한다면 다음과 같이 된다.

◦ いつも何かと …… 毎々(매번) 平素(평소) 常々(평소, 늘, 언제나) 日ごろ(평소) 何やかやと(이것저것, 여러 가지로) いろいろと(여러 가지로) とかく(이것저것, 이런저런) 心ならずも(본의 아니게)

◦ ご迷惑をお掛けし …… ご迷惑なことを申し上げ(성가신(귀찮은) 말을 아뢰어) ご無理ばかり申し上げ(무리한 말만 아뢰어, 억지만 써서) お手数(수고) ご面倒(귀찮음, 성가신, 폐)

구체적으로 뭔가 폐를 끼치게 된 것을 꺼내게 되면 그것에 대해 감사하는 것이 되고 앞에서 말한 「감사의 인사말」이 된다. 따라서, 폐를 끼친 인사말 자체는 의례적이며 구체적으로 쓸 필요가 없다.

 끝으로 지연한 일에 대한 진사인데 이것은 써야만 할 편지를 쓰는 것이 늦어지게 되었을 경우의 진사이다. 따라서, 폐를 끼친 일에 대한 진사가 의례적인 것이라면, 이것은 실제로 폐를 끼친 것에 대한 진사가 된다. 「早速お手紙を差し上げなければならないところ 雑事に追われて延び延びとなり, まことに申し訳ございません(즉시 편지를 보내야만 하는 데도 잡일에 쫓겨 늦어지게(지연이) 되어, 대단히 송구스럽습니다)」가 되는 것이다. 먼저 「早速お手紙を差し上げなければならない」하고 일에 대해, 그것이 지연(늦게)된 이유로 「雑事に追われて延び延びとなり」로 이어진다. 그리고 「まことに申し訳ございません」하고 사과하게 되는 것이다.

- 早速お手紙を差し上げなければならないところ …… ご連絡いたす
べきところと存じながら(연락을 해야만 한다고는 생각하면서)
と気に掛りながら(라고 염려되면서, 라고 마음에 걸리면서)
- 雑事に追われて延び延びとなり …… 雑用が多く後れ後れになり
(잡무가 많아 지연되고) 次々と仕事に追われ(잇따라(차례차례
로) 일에 쫓겨) つまらぬ仕事に追い回され(하찮은(시시한, 쓸데
없는) 일에 쫓겨다녀)

그럴 경우의 이유에 대해서는 특별히 구체적으로 기술할 필요는 없다. 구체적으로 기술하면 거기에 감정 문제가 끼어 들어 주문 쪽으로 매끄럽게 이어지지 않기 때문이다.

7) 답신의 인사말

이상은 답장을 바라고 보내는 편지일 때의 인사말이지만 답신일 경우에는 좀 달라진다. 그것은 받은 편지에 어느 정도의 전문(前文)이 달려 있었느냐에 따라 전체의 내용이 달라지게 되기 때문이다. 또 손윗 사람에게서 받은 편지에 대해서는 그보다도 더 정중한 전문을 더하는 쪽이 좋다.

먼저, 일반적인 답신의 경우인데 「拝復(배복)」의 뒤에 오는 절후의 인사말을 생략하고 답신의 인사말로 이어진다. 「このたびはご丁寧なお手紙, ありがたく拝見いたしました(이번에는 정중한 편지, 감사히 잘 받아 보았습니다)」하는 것과 같은 형식이다. 여러 가지의 짝맞추기는 다음과 같다.

- このたびは …… ただいまは(지금, 현재) 昨日は(어제는) 先日は(요전에는, 전번에는)
- ご丁寧なお手紙 …… ご懇篤なご芳書(지극(친절)하신 서신) ご親切なご書面(친절하신 편지) お心尽しのお手紙(정성들인 편지) お急ぎの御速達(급한 속달)

- ◎ ありがたく …… 恭しく(공손히, 정중히) 正に(바로, 틀림없이) 確かに(확실히, 틀림없이)
- ◎ 拝見いたしました …… 拝読(읽음) 拝承(들음, 받음) 拝受(받음), 落掌(편지를 받음)

단, 답신이라는 것은 보통의 편지에 대한 것만이 아니라, 여러 가지의 경우를 생각할 수 있다. 그래서 각각의 사정에 따라 다음과 같이 변화시킨다.

- ◆このたびは木村様におことづけのお手紙ありがたく拝承いたしました(이번 기무라 씨에게 전달한 편지 감사히 받아 보았습니다)
- ◆先ほどはご丁寧なお電話, 恭しく拝受いたしました(전번에는 정중한 전화 공손히(정중히) 받았습니다)
- ◆昨日は 遠路はるばるお越しくだされ, まことに恐縮に存じます(어제는 먼 길을 일부러 행차(왕림)해 주셔서 참으로 송구스럽게 생각합니다)

상업문일 경우에는 정확을 기하는 뜻에서 「二月十八日付御狀(2월 18일 날짜의 편지)」라든지, 「貴注五一第二四七号ご注文書の趣(귀주(貴注) 51 제247호 주문서의 취지)」 등으로 하지 않으면 안되나 보통 편지에서는 필요치 않다. 「ご丁寧な手紙(정중한 편지)」만으로 상대측이 알 수 있기 때문이다. 다만, 빈번히 왕복하는 경우나 특별히 어떤 편지에 대한 답신이 중요한 경우에는, 「二月十八日付御狀」처럼 해야 한다.

답신의 인사말 뒤에 안부의 인사말이 된다. 형식상으로는 받은 편지 속의 말 「おかげさまにて無事過ごしております(덕분에 편안히 지내고 있습니다)」에 따라 상대측의 편안함을 축복하게 된다. 따라서 「ますますお元気にてご活躍のこと, お喜び申し上げます(더욱더 건강하게 활약하시는데 대하여 축하 말씀 올립니다)」 등을 다음과 같이 바꾸어서 사용한다.

◉ **ますます** …… いよいよ(점점, 더욱더), ひとしお(한층, 한결, 더욱), ひときわ(한결, 더욱, 더 한층), いつもながら(여느 때처럼, 평소처럼), 一段と(한층, 훨씬), 一層(더 한층), 相変わらず(변함없이, 여전히)

◉ **お元気にて** …… ご健勝にて(건승하시고), ご壯健にて(건강하시고)

◉ **ご活躍** …… ご発展(발전) ご精励(정려, 힘씀) ご勉学(면학, 공부)

◉ **のほど** …… 程(…하시다니) 由(…(라고)하시다니) 御事(일, …에 대하여) ご様子(…하신 듯하니) 趣(취지 …하다는 말씀)

◉ **お喜び申し上げます** …… 何よりと存じます(다행으로 여깁니다)

그런 뒤 「くだって, 私ども一同おかげさまにて無事過しておりますので 他事ながらご休心の程, お願い申し上げます(바뀌어, 우리 모두는 덕분에 편안히 지내고 있으니, 관계없는 일이지만 방념해 주시기를 부탁 말씀 올립니다)」로 이어진다. 이런 것들의 변화는 앞에서 설명한 「안부의 인사말(자기측)」에 제시한 것과 마찬가지이다. 좀더 딱딱한 형식이 되면 답신의 인사말 뒤 「貴家ますますご健勝の段, 慶賀の至りに存じます(귀댁이 더욱더 건승한 점, 경축하는 바입니다)」가 된다. 이것의 변화는 앞에서 설명한 「안부의 인사말(상대측)」에 제시한 바와 같다.

안부의 인사말 뒤에 감사의 인사말과 여러 가지의 진사(陳謝)가 이어진다.「日ごろは何かとお世話になっておりますこと 厚く御礼申し上げます(평소에는 여러 가지로 폐를 끼치고 있는 데 대해 깊이 감사의 말씀을 드립니다)」쪽은, 앞에서 설명한「감사의 인사말」이 그대로 이용될 수 있다. 진사 쪽은 소원했던 진사 「その後久しくごぶさたいたしましたこと, 心からおわび申し上げます(그후 오랫 동안 격조했던 데 대하여, 진심으로 사과 말씀을 올립니다)」, 폐를 끼친 진사 「いつも何かとご迷惑をお掛けし, おわびの言葉もございません(늘 여러 가지로 폐를 끼쳐, 사과할 말도 없습니다)」등이 된다. 모두

앞에서 설명한 「여러 가지의 진사」를 그대로 이용할 수가 있다. 다만, 처음으로 받은 편지일 경우에는 이런 인사말을 쓰는 것이 무의미하므로 생략하는 것이 당연하다.

그런데, 답신의 편지는 가능한 한 빨리 보내는 것이 원칙이다. 일반적으로는 받은 다음 날에 보내는 것이 좋으며, 다음다음 날이 되었을 경우라도 날짜는 다음 날로 하여 보내도록 한다. 확답까지는 날짜가 걸린다는 것을 알고 있으면 우선 그 뜻만을 답신해 놓는다. 그렇지만, 여러 가지의 사정으로 늦어질 때도 있으며, 그런 경우에 덧붙이는 것이 「지연의 진사」이다. 「早速ご返事を差し上げなければならないところ雑事に追われて延び延びとなり、まことに申し訳ございません(즉시 답신을 드리지 않으면 안 되는 것이지만, 잡일에 쫓겨 지연되어(늦어져) 참으로 할 말이 없습니다)」가 된다. 답신의 경우에는 늦어지게 된 것이 중대한 과실이고 그것에 대해 진사하지 않으면 안 된다. 따라서, 앞에서 설명한 「지연의 진사」처럼 진사의 기분을 깊이 나타낼 필요가 있다.

- **早速** …… 即日(당일) 直ちに(곧, 즉시) すぐさま(곧, 즉각, 당장) 折り返し(곧, 즉시, 바로) とりあえず(우선) 何をおいても(만사를 제치고)

- **ご返事を差し上げなければならないところ** …… ご返信(답신) ご回答(회답) ご連絡(연락) ご調査いたすべきところと存じながら(조사해야 하는 것임을 알면서) と気に掛かりながら(라고 마음에 걸리면서, 라고 염려하면서)

- **雑事に追われて延び延びとなり** …… 心ならず延引いたし(본의 아니게 늦어지고) 雑事に取り紛れて遅くなり(잡일에 정신을 빼앗겨 늦어져)

- **まことに申し訳ございません** … 何とも申し訳ございません(뭐라고 할 말이 없습니다) おわびの言葉もございません(사과할 말도 없습니다) 切にご許容の程、お願い申し上げます(간절히

허용해 주시기를 부탁 말씀 올립니다) まげて(부디, 제발) ひとえに(진심으로, 오로지) ご容赦(용서) ご寛容(관용) お許し(용서)

단, 늦어진 사유에 대해서는 쓰지 않는 것이 일반적이다. 만약 늦어진 것 자체가 중대한 영향을 지닐 경우에는, 그것을 본문에 돌리고, 진사장(陳謝狀)의 형식을 삼아야 한다.

또한, 상대측으로서는 답신을 기다리지 못해 재차 연락해 오는 일도 있다. 그런 경우에는 다음과 같은 말로 「지연의 진사」로 삼는다.

◆このたびは重ねてお手紙を頂き、まことに恐縮に存じます(이번에는 거듭 편지를 받잡고, 송구스럽게 생각합니다)

◆このたびは再三お手数を煩わし、深くおわび申し上げます(이번에는 여러 번 수고를 끼쳐, 깊이 사과 말씀 올립니다)

사과하는 「恐縮の至りに存じます」「おわびの言葉もございません」「何とも申し訳ございません」 등, 저자세로 나올 필요가 있다.

8) 미견(未見)의 인사말

편지 중에는 받는 측이 보내는 쪽을 전혀 알지 못할 경우도 있다. 그럴 때에는 상대방에게 자기를 소개하여 자기가 상대측을 알게 된 경위를 기술하지 않으면 안 된다. 이것이 미견의 인사말이다. 미견의 인사말은 처음으로 보내는 편지에 필요한 인사말이다.

미견의 인사말은 「拝啓」의 뒤에 「いまだお目に掛かったこともございませんが、突然お手紙を差し上げる失礼、お許しの程、お願い申し上げます(아직 뵌 적도 없지만, 갑자기 편지를 드리는 실례, 용서해주시기 부탁 말씀 올립니다)」처럼 이어진다. 이런 경우의 후반은 다음과 같이 변화시켜도 된다.

●突然 …… 突然ながら(갑작스럽지만) ぶしつけに(무례하게, 버릇이 없게) 初めて(처음으로) 唐突ながら(당돌하지만)

- **お手紙を差し上げる** …… お手紙にて申し上げる(편지로 말씀 올립니다) お手紙にてお邪魔させていただく(편지로 실례한다)
- **失礼** …… ご無礼(무례, 실례) 非礼(비례, 무례) 失態(실수) 不作法(무례함, 버릇없음)
- **お許しの程, お願い申し上げます** …… ご容赦(용서) まことに申し訳ございません(참으로 미안하기 그지없습니다)

미견인(未見人)에게 편지를 쓰는 것은 그 사람에 대한 실례이다. 그래서, 먼저 그 실례를 사과하는 인사말로부터 시작하는 것이다.

다음에 자기를 소개하는 인사말로 옮겨간다.「当方, かねて田中様よりご紹介にあずかりました○○○と申す者でございます(저는 진작(사전에) 다나까 씨로부터 소개를 받았던 ○○○라고 하는 사람입니다)」가 된다.

- **当方** …… こちらは(나 이쪽은) 私(나) 小生(소생)
- **かねて田中様よりご紹介にあずかりました** … 既に田中様よりお聞き及びかと存じますが(이미 다나까 씨로부터 전해 들었을 것으로 압니다만) 同封田中様ご紹介状の(동봉한 다나까씨의 소개장의) ○○大学法学部を1988年に卒業いたしました(○○대학 법학부를 1988년에 졸업했습니다) ○○にささやかな小売商を営む(○○에 자그마한 소매상을 경영하는) ○○貿易株式会社に勤務しております(○○무역 주식회사에 근무하고 있습니다) ○○先生にご指導を賜りました(○○선생님에게 지도를 받았습니다) ○○様にお世話になっております(○○씨에게 신세를 지고 있습니다)
- **○○○と申す者でございます** …… ○○と申す学生でございます(○○라고 하는 학생입니다) 青年(청년) 勤め人(월급장이) 小商人(소상인) 公務員(공무원) 老人(노인) 主婦(주부) 女性(여성)

보내는 측은 성명을 분명히 쓴다. 그럴 경우 읽기 힘든 한자(漢字)에 가나(假名)로 토를 다는 쪽이 올바른 읽기로 상대방의 인상에 남게 되어 여러 가지로 편리하다.

또한, 상대방이 자신을 알지 못하더라도 자신은 상대방을 잘 알고 있는 경우도 허다하다. 그럴 때에 쓰이는 것이 다음과 같은 표현이다.

ご芳名は かねて承知しておりますが(존함은 진작 알고 있지만)
ご尊顔は幾度か拜し, ひそかに敬服しておる者でございますが(존안은 몇 번 뵙고, 은근히 탄복(감복)하고 있는 사람입니다만)
ご高著はかねがね拜讀しておりますが(고저는 진작부터 배독하고 있지만)
最近のご活躍をひそかにお慕いしておりますが(최근의 활약을 은근히 앙모하고 있지만)

그런 뒤 앞에서 기술한 「當方……」로 이어지게 되는 것이다.

이상은 전혀 미견일 경우이나 실제에는 이전에 만난 적이 있을 경우도 허다하다. 그럴 때에는 그 사실을 상기시키지 않으면 안 된다. 그것이 다음과 같은 인사말이다.

既にご記憶にはないかと存じますが(이미 기억에는 없을 줄 압니다만)
以前たしか大阪にてお目に掛かったことがあるかと存じますが(이전에 틀림없이 大阪에서 뵌 적이 있는 것으로 압니다만)
平素は年賀狀のほかごぶさたばかりしておりますが(평소에는 연하장 외에 격조하게만 지내고 있습니다만)

그리고 나서 앞에서 기술한 「當方…」로 이어진다. 그럴 경우에는 그 뒤에다 「その後お變わりもなくお過ごしでしょうか, お伺い申し上げます(그후 변함없이 지내시는지 궁금한 말씀 올립니다)」로 안부의 인사말을 계속해도 되는 것이다.

어쨌든 간에 이같은 형식으로 전문을 끝낸 뒤 주문으로 옮겨 간다. 그럴 경우에는 「さて, このたびお手紙を差し上げますのは, ほかでもございません。實は……(그리고, 이번에 편지를 드리는 것은 다름이 아닙니다. 실은……)」하고 이어지게 되는 것이다.

(2) 주문(主文)을 쓰는 법

1) 기사(起辞)의 「さて」 등

 인사말로서의 전문이 끝나면 마침내 그 편지가 목적하는 본래의 내용에 들어간다. 이것이 주문으로 편지는 이 주문을 위해 쓰는 것이다.

 본문에 들어가자면 행을 바꾸어 쓰는 데 「さて(그런데, 그리고, 각설하옵고)」와 그밖의 모두어(冒頭語)를 쓰게 된다. 이것이 「기사(起辞)」이다. 모두어로서의 「拝啓」는 한 자를 낮추지 않으나, 기사로서의 「さて」는 한 자를 낮추어 쓸 때도 있고, 다른 행과 같은 높이로 쓰기 시작하는 때도 있다. 한 자를 낮추는 쪽이 격의 없는 서식이고, 다른 행과 같은 높이로 하는 쪽이 격식을 갖춘 서식이다. 어쨌든 간에, 이 「さて」 이하가 본문이며 「さて」는 「이제부터 본문입니다」라고 하는 구분을 분명히 하기 위한 것이다. 따라서, 편지를 읽을 경우에도 전문 쪽은 대충 읽고, 이 「さて」부터 신중하게 읽는다. 「さて」라는 것은 「이제부터 신중하게 읽어 달라」고 주의를 환기시키는 기호가 되기도 하는 것이다.

 그런데, 이 「さて」라는 말은 앞에서 기술한 사항에 대하여 다른 화제를 꺼낼 때에 접속으로 쓰이는 말이다. 전문에서 여러 가지의 인사를 한, 그것에 대해 화제를 전환하고, 용건으로 들어가기 때문에 「さて」이다. 따라서, 그것과 같은 화제 전환의 말을 써서, 변화를 줄 수가 있다. 그런 것은 다음과 같은 말이다.

- さて …… 가장 보편적으로 쓰이는 기사(起辞)이다. 같은 종류의 말에 「ところで(그런데, 그것은 그렇고)」가 있다. 옛날에는 「陳

者」라는 말도 쓰이고「のぶれば」라고 읽었으나 지금은 별로 쓰이지 않게 되었다.

- **ついては(따라서, 그래서)** …… 앞을 받아서 그대로 뒤에 이어질 적에 쓰인다. 따라서, 전문 안에 본문과 관련되는 사항이 포함되었으면,「ついては」로 시작해도 된다. 예를 들어, 전문에「お手紙正に拝見いたしました(편지는 틀림없이 잘 받아 보았습니다)」라고 했으면「ついては」로 시작해도 된다.

- **しかるところ(그렇지만)** …… 앞을 받아서 반대로 뒤에 이어질 때에 쓰인다. 따라서, 전문 안에 본문으로 그대로는 이어지지 않을 사항이 내포되었으면,「ついては」가 아니라,「しかるところ」가 된다. 전문에는「お手紙正に拝見いたしました」로 써도 그 내용대로 승낙하지 못하면「しかるところ」이다.

이상 세 종류의 기사에 대해 어느 것을 사용하는 것이 좋은지 망설일 때도 많다. 그럴 경우에는「さて」로 시작하는 것이 무난하다.「さて」는 기사로서 가장 보편적으로 쓰일 뿐만 아니라, 어느 경우에도 해당되기 때문이다.

또, 기사의 뒤에 이어지는 말도 대개는 정해져 있다. 편지라는 것은 뭔가 용건이 생겼을 때에 쓰기 때문에「さて、このたびは(그런데, 이번에는)」가 되는 경우가 허다하다.

- **さて、このたびは(그런데, 이번에는)** …… 가장 일반적인 형식. 같은 종류의 표현에「さて、今般(그런데, 금번)」「さて、今回(그런데, 이번)」「さて、ただいまは(그런데, 지금은)」「さて、早速ながら(그런데, 즉시지만)」「さて、いよいよ(그런데, 마침내)」

- **さて、実は(그런데, 실은)** …… 편지의 내용이, 상대측에게 있어서 뜻밖의 사항일 경우에 쓰인다.「さて、ほかでもございませんが(그런데, 다름이 아니오라)」「さて、突然ながら(그런데, 갑자기지만)」「さて、唐突ながら(그런데, 당돌하지만)」「さて、まことに突然ではございますが(그런데, 참으로 갑작스

럽기는 하지만)」「さて, 突然に失礼とは存じますが(그런데, 갑자기 실례라는 것은 알지만)」

○ さて, 私こと(그런데, 나로 말하면) …… 관계하는 자기측의 인물을 꺼낼 경우에 쓰인다. 「さて, 小生こと(그런데, 소생으로 말하면)」「さて, 私どもこと(그런데, 우리들로 말하면)」「さて, 私儀(그런데, 나로 말하면)」「さて, 愚弟○○こと(그런데, 우제 ○○로 말하면)」「さて, 父太郎こと(그런데, 아버지 太郎로 말하면)」

○ さて, そちら様(그런데, 댁에서는) …… 관계하는 상대측의 인물을 꺼낼 경우에 쓰인다. 「さて, 皆様には(그런데, 여러분께서는)」「さて, ご一家様には(그런데, 댁의 여러분께서는)」「さて, ご令室様には(그런데, 영실(영부인)께서는)」「さて, ご令兄様には(그런데, 영형께서는)」「さて, ご祖父様には(그런데, 조부님께서는)」「さて, 先生には(그런데, 선생님께서는)」

○ さて, お申し越しの件(그런데, 전언하신 건) …… 관계하는 사항을 꺼내는 경우에 쓰인다. 「さて, 過日の件(그런데, 전날의 건)」「さて, かねてお話しの件(그런데, 전부터 말씀하신 건)」「さて, 顧みれば(그런데, 뒤돌아보면)」「さて, 従来(그런데, 종래)」「さて, かねて(그런데, 전부터)」

○ さて, 承れば(그런데, 전해 들은 바로는) …… 전해 들은 것에 따라 쓸 경우에 쓰인다. 「さて, ほのかに承れば(그런데, 어렴풋이 들은 바로는)」「さて, 伺うところによれば(그런데, 들은 바에 의하면)」「さて, 前々から伺ってはおりましたが(그런데, 오래 전부터 듣고는 있었지만)」「さて, 田中様よりのご書面によれば(그런데, 田中씨로부터의 편지에 의하면)」「さて, 新聞によれば(그런데, 신문에 의하면)」「さて, テレビのニュースによれば(그런데, 텔레비전의 뉴스에 의하면)」

다만 재해 위문, 위문장(慰問狀) 등일 경우에 서둘러 주문에 들

어갈 필요가 있어 전문도 기사도 생략한다. 그럴 경우에는 「急啓承 (きゅうけいうけたまわ) れば(급계, 전해 들은 바로는)」하고 시작하는 형식이 보통이다.

또한, 기사는 주문 안에 다른 용건으로 옮길 경우에도 행을 바꾼 처음에 쓰인다. 그럴 때에는, 주문의 처음에 사용한 기사와 다른 것이 되게 한다. 기사의 처음이 「さて(그런데)」이면, 다음은 「ところで(그런데)」를 사용하는 등 변화를 주는 쪽이 좋다.

2) 본문을 정리하는 법

기사를 쓴 뒤 마침내 그 편지 본래의 내용이 오게 된다. 이것이 주문의 본체이며 편지의 좋고 나쁨은 이 부분에 의해 정해진다. 좋은 편지라는 것은 자기가 전하려고 하는 내용이 상대방에게 정확하게 전해지는 편지이다. 어떻게 하면 그런 편지를 쓸 수 있는 것인가? 그렇게 어려운 일은 아니다.

우선, 간단한 내용의 경우인데 이것은 문례(文例)를 이용한다. 실제로 쓰는 편지의 내용은 그때 그때에 따라 달라져 참으로 천차 만별이다. 그렇지만, 일반 편지로서 필요한 용건은 대체로 정해져 있다. 또, 각각의 용건에서 어떤 식으로 써 나가면 되는지도 대체로 정해져 있다. 따라서, 간단한 내용일 경우에는 이 책에 실린 예문의 어구를 바꾸는 것만으로도 잘 정리된 형식으로 완성할 수도 있다. 그리고, 그 요령을 터득하고 나면 대부분의 편지는 간단히 처리되므로 편지를 쓰는 일이 귀찮아지지 않게 되는 것이다.

그것과는 달리 복잡한 내용일 경우인데 이것은 예문을 그대로 이용할 수는 없다. 그럴 경우에는 우선 생각한 것, 느낀 것을 그대로 적어 본다. 편지로서의 겉모양을 갖추려고 하면 그것에 마음을 빼앗겨 순수하게 씌어지지 않는다. 그래서, 문장 같은 것은 아무래도 좋고 한자나 가나(かな)의 용법도 어떻든 좋다는 식으로 써 보는 것이다. 그리고 나서 이 책의 문례를 읽고 뜻이 유사한 말이나 비슷한 구(句)

를 찾아 낸다. 그렇게 하면 쓰기 시작한 내용을 편지의 형식에 맞춰 잘 정리할 수가 있다.

또한, 복잡한 내용일 경우에는 용건을 조목별로 써 보는 것도 좋다. 생각했던 대로 쓰다 보면 지루하게 이어져 결말이 없게 된다. 또 써 가는 도중에서 싫증이 나는 적도 있다. 게다가, 편지의 효과로서는 뒤에 써야 할 부분이 자칫 앞에 와 버리기 쉬운 것이다. 그래서 먼저 용건을 조목별로 써 가지고 그 순서를 정해 본다. 편지를 쓰는 사람이 착상한 순서가 아니라 읽는 사람이 이해하기 쉬운 순서 즉, 읽는 사람을 설득하기 쉬운 순서로 바꾸어 나열한다. 특별히 순서를 정하기 힘든 경우에는 사건이 일어난 순서, 생각을 진행시켜 가는 순서로 나열하면 된다. 그렇게 하고서, 각각의 항목에 대해 생각하거나 느낀 대로 쓰기만 하면 되는 것이다.

그런데, 이렇게 하여 다 쓴 초고를 그대로 청서할 수는 없다. 우선 다시 읽어 어구나 표현을 수정한다. 때로는 순서를 뒤바꾼다. 그때 읽는 사람의 입장에서 다시 읽을 필요가 있다. 그리고서 전체를 편지의 표현으로 잘 정리한다. 또한 중요한 편지나 복잡한 내용의 편지일 경우에는, 그같은 초고를 쓰고서 하룻밤 정도 두는 것이 좋다. 잠자고 있는 동안에 머릿 속에서 내용이 정리되어 미처 쓰지 못한 것과 쓰는 법이 부적당한 데를 깨닫게 되기 때문이다.

이렇게 초고를 잘 정리하고 그것을 청서한다. 그렇게 하면 수중에 초고가 남게 되어 「부본」으로서 보존할 수도 있으니, 그런 점에서도 편리하다.

3) 예의바른 태도

편지도 사교의 한 가지이니 예의를 중시하지 않으면 안 된다. 과거에 쓰이고 있었던 예스러운 서한 문체, 즉 문장 끝을 「…ます(…입니다, …합니다)」「…です(입니다)」를 「候」로 끝맺는 문어체(文語

体)의 「候文」은 이런 예의바른 태도라는 점에서 나무랄 데가 없는 것이었다. 예의바를 뿐만 아니라 명확하고, 간결하고, 게다가 격조 높은 문체였다. 이것에 비해 현재는 그런 「そうろうぶん」은 거의 자취를 감추고 대신으로 쓰여지고 있는 것이 이른바 구어문(口語文)이다.

　구어문과 문어문을 비교해 보면 구어문 쪽에도 뛰어난 점이 있다. 그것은 일상어(日常語)를 사용하기 때문에 자유로이 표현할 수 있다는 것이다. 그러나, 자칫하면 표현이 노골적이 되어 버릇없음이 두드러져 예의바른 태도를 잃기가 쉽다. 그래서, 조심하지 않으면 안되는 것이 용어, 경어(敬語) 표현, 문체(文体)에 대한 세 가지 점이다.

　우선, 용어인데 「そうろうぶん」의 경우에는 「御地にては(귀지(그곳)에서는)」라든지, 「貴意を得たく(고견을 듣고자)」 등 상대측에 쓰는 독특한 용어가 있었다. 또 「当地にては(당지(이곳)에서는)」 「愚見を申し上げ(우견(어리석은 의견)을 아뢰어)」 등 자기측에서 쓰는 용어도 있었다. 그런 것들 중에는 구어문 안에 살릴 수 있는 것이 있어, 그것에 따라 편지로서의 격조를 높일 수도 있다. 이제 그 몇 가지를 제시하면, 다음과 같이 된다.

● 상대측에게 사용하는 말

　御⋯⋯御地(그곳) 御地方(그 지방) 御社(귀사(貴社)) 御宅(귀댁) 御書(편지) 御狀(편지)

　貴⋯⋯貴地(그곳) 貴市(귀시) 貴社(귀사) 貴店(귀점) 貴宅(귀댁) 貴家(귀가) 貴邸(귀저) 貴簡(귀간) 貴信(귀신) 貴意(귀의)

　尊⋯⋯尊家(존가) 尊邸(존저) 尊書(존서) 尊意(존의) 尊影(존영) 尊父(존부, 춘부장)

　令⋯⋯令嗣(영사) 令息(영식) 令嬢(영양) 令兄(영형) 令弟(영제) 令友(영우)

　芳⋯⋯芳書(방서) 芳信(방신) 芳情(방정) 芳志(방지) 芳思(방

사) 芳名(방명)
高 …… 高堂(고당) 高見(고견) 高説(고설) 高配(고배) 高覧(고람) 高承(고승)
玉 …… 玉簡(옥간) 玉章(옥장) 玉札(옥찰) 玉稿(옥고) 玉影(옥영) 玉声(옥성)
기타 … 雅居(아거) 華狀(화장) 宝墨(보묵) 懇書(간서) 卓説(탁설) 妙案(묘안) 賢案(현안) 厚志(후지) 盛宴(성연) 清酒(청주) 鮮魚(선어) 佳品(가품) 美果(미과) 美菓(미과)

〇 자기측에 사용하는 말

当 …… 当地(당지) 当市(당시) 当方(당방) 当社(당사) 当店(당점)
弊 …… 弊地(폐지) 弊郷(폐향) 弊家(폐가) 弊社(폐사) 弊店(폐점) 弊信(폐신)
小 …… 小邸(소저) 小屋(소옥) 小社(소사) 小影(소영) 小者(소저) 小宴(소연)
拙 …… 拙宅(졸댁), 拙店(졸점) 拙墨(졸묵) 拙書(졸서) 拙者(졸저) 拙見(졸견)
愚 …… 愚書(우서) 愚狀(우장) 愚見(우견) 愚考(우고) 愚妻(우처) 愚息(우식) 愚女(우녀) 愚兄(우형) 愚弟(우제) 愚孫(우손)
粗 …… 粗酒(조주) 粗品(조품) 粗果(조과) 粗菓(조과) 粗茶(조차) 粗餐(조찬)
卑 …… 卑書(비서) 卑簡(비간) 卑札(비찰) 卑墨(비묵) 卑見(비견) 卑職(비직)
기타 … 一筆(일필) 一書(일서) 寸書(촌서) 短簡(단간) 微志(미지) 微力(미력) 薄志(박지) 薄謝(박사)

이런 말은 일상어로서 쓰이지 않아도 능숙하게 구사함으로써, 예의바른 태도를 보일 수가 있다.

　다음은 경어인데 경어라는 것은 본래는 상하 관계에 따른 표현이다. 요컨대, 상대측과 자기측을 대비하고 거기에 지위, 환경, 입장, 인간 관계, 친소(親疎), 은혜를 받는 것 등을 생각해서 표현을 바꾸게 되는 것이다. 그러나 일반 편지에 있어서 경어를 사용하는 것은 그 같은 상하 관계보다도 오히려 예의바른 태도에 따른 것이다. 따라서, 상대측이나 화제의 인물에 관해서는 자기측이 아닌 한, 일반적으로 손윗 사람 취급의 표현이 된다. 즉, 다음과 같은 존경 표현을 사용한다.

○ 중요한 존경 표현(상대측·화제의 인물)
　(1) 急がれる(서두르시다), 調べられる(조사를 받으시다), 調査される(조사를 받으시다), お選びなさる(고르시다, 선발하시다) ご選択なさる(선택하시다) お調べになる(조사하시다, 신문하시다) ご調査になる(조사하시다)
　(2) なさる(하시다) おいでになる(가시다, 나가시다, 오시다) 仰せになる(분부하시다, 명령하시다) ご覧になる(보시다) 召し上がる(드시다) ご存じ(알고 계심) お召しになる(부르심, 입으심, 타심) お休みになる(주무시다)

　또, 자기측은 항상 낮추게 된다. 즉 다음과 같은 겸양(謙讓) 표현을 사용한다.

○ 중요한 겸양 표현(자기측)
　(1) お書きする((글·글씨를) 쓰다) ご調査する(조사하다) お取りいたす(들다, 집다) ご連絡いたす(연락하다) お願い申し上げる(부탁 말씀 올리다) お電話申し上げる(전화하다)
　(2) いたす(하다) おる(있다) 参る(가다오다) 上がる(오르다, 올라가다) 伺う(듣다, 여쭙다, 찾아뵙다) 申す(말씀드리다, 말하다) 申し上げる(말씀드리다) 拝見する(잘 받아 보다) 頂く((머리에)이다, 치켜들다, 받다) 存じておる(잘 알고 있

다) 身に着ける(입다) 休む(쉬다)

또, 상대측의 행위라는 것은 자기측이 은혜를 입는 형식이 된다. 그런 점에서 「お書きくだされ(써 주셔서)」「ご教示くだされ(가르쳐 주셔서)」「お選びいただき(골라 주셔서, 선발해 주셔서)」「ご連絡いただき(연락해 주셔서)」이다.

경어에 관련해 「お」「ご」의 용법도 문제가 되나 거기에는 일단의 기준이 있다. 이것에 관해 일본 국어 심의회에서 건의한 「이제부터의 경어」에는 다음과 같이 제시하고 있다.

○ 붙여도 될 경우
　⑴ 상대측의 일을 나타내는 「お」「ご」로, 그 뜻을 옮기면 「あなたの(당신의)」라는 뜻이 되는 경우
　　　(예) お帽子は どれでしょうか(당신의 모자는 어느 것입니까)
　　　　　ご意見は いかがですか(당신의 의견은 어떠하십니까)
　⑵ 매우 존경의 뜻을 나타낼 경우
　　　(예) 先生のお話(선생님의 말씀)　先生のご出席(선생님의 출석)
　⑶ 관용(慣用)으로 고정되어 있을 경우
　　　(예) おはよう(안녕하세요, 잘 잤니) おかず(반찬) おたまじゃくし(올챙이, 콩나물 대가리) ご飯(밥) ご覧(보심) ご苦勞さま(수고하셨습니다, 수고하십니다) おいでになる(오신다, 가신다) ご覧になる(보시다)
　⑷ 자기측의 일이기는 하나 상대측 사람에 대한 일인 관계상, 그것을 붙이는 데 관용으로 고정되어 있을 경우
　　　(예) お手紙(お返事・ご返事)を差し上げましたが(회답(답신)을 드렸습니다만) お願い(부탁)　お礼(사례, 감사의 인사) ご遠慮(조심스러움, 삼감, 사양함) ご報告いたします(보고합니다)

◉생략할 수 있는 경우
　　여성의 말로는「お」가 붙지만 남성의 말로는 생략할 수 있는 것
　　　　(예)(お)米(쌀) (お)茶わん(찻종, 밥공기) (お)昼(낮)
◉생략하는 것이 좋을 경우
　　　　(예)(お)チョッキ(조끼) (お)くつ下(양말) (お)ビール(맥주) (ご)芳名(존함) (ご)令息(영식) (ご)父兄(부형) (ご)調査された→調査された(조사했다)・ご調査になった(조사했다) (ご)卒業された→卒業された(졸업했다)・ご卒業になった(졸업했다)

　단,「ご芳名(존함)」「ご令息(영식)」에 대해서는 일반적으로는 아직「ご」가 붙는 형식이 쓰이고 있다.
　끝으로 문체(文体)인데, 이것은「ます(…합니다, …입니다)」를 기조(基調)로 삼는 것이 바람직하다. 구어문이면「です(…입니다)」도 쓰이고 있으나,「でしょう(…겠지요)」는 무방해도「です」「でして(…이시고)」「でした(…이었습니다)」는 삼가는 것이 정리가 잘 된다.

◉元気ですか(건강합니까)→お元気にてお過ごしでしょうか(건강하게 지내십니까)
◉公務員です(공무원입니다)→公務員でおいでになります(공무원으로 계십니다)
◉問題です(문제입니다)→問題かと存じます(문제라고 생각합니다)
◉連絡したのですが(연락했습니다만)→ご連絡いたしましたところ(연락을 했더니)
◉お願いをしたいのです(부탁하고 싶은 것입니다)→お願いしたいと存じます(부탁하고 싶다고 생각합니다)

　이같이「です」는 자칫 표현이 노골적으로 되어 버릇없음이 너무

두드러진다. 그것을 방지하는 간단한 방법은「ます」를 사용하는 일이다.

쓰는 법에 익숙해지면「ます」의 형식으로 잘 정리하려고 하는 것만으로도 예의바른 문체가 된다.

4) 글자 배치와 글자 쓰는 법

편지의 경우에는 원고 용지와 달라 글자수가 자유롭다. 편지지건 엽서이건, 행의 아래까지 쓸 때에 어디서 다음 행으로 옮기든지 완전히 자유롭다. 그러나, 자유롭다고 해서 아무 데서나 다음 행으로 옮겨도 된다는 것은 아니다. 글자수가 자유롭기 때문에 도리어 다른 제약이 따르고 있다. 이것이 글자의 배치이다.

글자의 배치라는 것은 앞에서 기술한 예의바른 태도하고도 관련이 있다. 그것은 행의 위쪽이 귀하고, 아래쪽은 천한 것이 되기 때문이다. 즉 상대측의 대명사나 경칭을 붙인 인명(人名)을 행의 아래에 쓰는 것은 실례이다.「御・貴・尊・ご・お」등이 붙는 말도 행의 아래에 오지 않도록 한다. 이런 것들의 말이 어쩔 수 없이 행의 아래에 오게 될 경우에는 말을 보태서 그것이 다음 행의 처음에 오도록 한다. 또, 자기측을 가리키는 말「小生」「私」등이 행의 처음에 오지 않도록 한다. 이런 것은 글자 자체를 약간 작게 쓰는 일도 행하여지고 있을 정도이다. 작게 쓰면 그만큼 겸손해지는 것이 되기 때문이다.

예의바른 태도라는 점에서는 상대측의 대명사나 경칭이 붙은 인명이 두 줄(2행)에 걸치는 것도 피하지 않으면 안 된다. 2행에 걸친다는 것은 무리하게 분리하는 것이며, 예의에 어긋나기 때문이다. 또, 일반적으로 한 가지 말을 2행에 걸치게 하는 것은 그만큼 읽기 힘들게 한다. 그런 점에서는 인명, 지명(地名), 물명(物名) 등도 2행에 걸치는 것은 바람직하지 않다. 일반적인 말이라도 2행에 걸치지 않도록 힘쓰는 것이 좋다. 이런 경우, 숫자나 금액은 전체가 한마디이다. 따라서, 숫자나 금액을 2행에 걸치게 해서는 안 되는 것이다.

또「が(…가, …이)・の(…의)・に(…에)・を(…를, …을)・は(…는, …은)・も(…도)・から(…에서, …부터, …으로부터, …에게서)・さえ(…마저, …까지(도), …조차, …도)」등의 조사가 행의 처음에 오지 않도록 한다.「られる・ます」등의 조동사일 경우도 마찬가지이다. 이런 것들은 모두 그 중요성으로 보아 행의 처음에 오는 것이 적합하지 않은 말이기 때문이다. 그뿐만 아니라 그 말들은 앞의 말에 붙어 전체로 발음되기 때문에, 그것을 떼어내면 그만큼 읽기 힘들어지기 때문이다. 또,「趣(취지…하다는 말씀)・由(…(이)라고 하니)・旨(취지, 뜻)・間(…하므로, …하오니)」등의 말도 행의 처음에 오지 않도록 한다. 이런 것들 역시 앞에서 기술한 조사・조동사(助動詞)에 준하는 말로 생각되기 때문이다.

또한, 예의바른 태도란 점에서는 글자 자체를 쓰는 법도 중요하다. 그것은 글자를 정성껏 쓴다는 것이다. 달필이면 더할 나위 없겠지만 악필이라도 정성껏 쓰면 진심이 담기는 법이다. 정성껏 쓴다는 것은 느긋하게 쓰는 것이기도 하다. 달필이라면 빨리 써도 되나 악필로 빨리 쓰면 자칫 자획(字画)이 흐트러져, 그만큼 읽기 힘들어진다. 읽기 힘든 글자라는 것은 예의에 어긋나게 되는 것이다.

또, 글자라는 것은 바르게 쓰지 않으면 안 된다. 틀린 글자를 쓰거나 글자를 빠뜨리는 것도 예의에 어긋나는 일이다. 특히 상대측의 인명・지명의 글자를 틀리게 쓰는 것은 실례이다. 그것을 깨닫고 정정하는 것도 보기 흉하다. 그럴 경우에는 다시 써야 한다. 단, 각별히 중요한 편지도 아니고 그 정정할 곳도 평범할 경우에는 보통의 원고 정정 방식에 준해 정정해도 무방하다. 그러나, 그같은 정정도 절대로 바람직한 일은 아니니 여유가 있으면 다시 쓰는 것이 가장 좋은 방법이다.

(3) 끝의 인사말

1) 여러 가지의 진사

본문이 끝난 뒤 또 한 번 행을 바꾸어서 쓰는 것이 끝의 인사말로서의 말문(末文)이다. 말문에 있어서도 전문(前文)의 경우와 마찬가지로 여러 가지의 인사가 행해진다. 그런 것들 중 사과의 형식을 취하는 진사(陳謝)의 인사말부터 취급하기로 한다. 난필(乱筆), 악문(悪文), 폐를 끼친 진사가 그것이다.

난필이라는 것은 글자가 거칠다는 것이며 그것을 사과하게 되는 것이다. 편지의 글자는 상대측이 읽기 쉽도록 정성껏 써야만 한다. 그럼에도 불구하고 이 편지는 틀림없이 읽기 힘들 것입니다. 미안합니다 하며 사과하는 것이다. 「以上, 拙筆のうえに急ぎましたこと, 幾重にもおわび申し上げます(이상, 졸필에다 서둘러 쓴 데 대하여 거듭거듭 사과 말씀 올립니다)」가 된다. 이 형식은 난필을 인정하는 부분과 그것을 사과하는 부분으로 이루어진다. 간단히 쓰면 「以上, 乱筆にて失礼いたしました(이상, 난필로 실례했습니다)」만으로 되는 것이다. 이것을 기초로 몇 가지의 변화를 보이면 다음과 같이 된다.

- 乱筆にて …… 取り急ぎ乱筆のため(급한 대로 난필 때문에) 拙筆のうえに急ぎましたこと(졸필인 데다 서두른 데 대하여) 生来の悪筆(타고난 악필), 心せくままに走り書き(마음이 조급한 대로 휘갈겨 써) お分りにくいところも多いかと存じますが(이해하기 힘든 곳도 많을 줄로 생각합니다만)
- 失礼いたしました …… 何とぞあしからずお願い申し上げます(제

발 나쁘게 생각마시도록 부탁 말씀 올립니다), 幾重(いくえ)にもお
わび申(もう)し上(あ)げます(거듭거듭 사과 말씀 올립니다), よろしくご
判読(はんどく)の程(ほど)お願(ねが)い申(もう)し上(あ)げます(적당히 판독하시기를 부탁 말씀을
올립니다) 事情(じじょう)ご賢察(けんさつ)のうえご容赦(ようしゃ)の程(ほど)(사정을 현찰하신 다음
용서하시기를) まことに申(もう)し訳(わけ)ございません(참으로 미안합니
다) まことに恐縮(きょうしゅく)に存(ぞん)じます(참으로 송구스럽게 생각합니다) お
許(ゆる)しくださるよう, お願(ねが)い申(もう)し上(あ)げます(용서해 주시기를 부탁
말씀 올립니다)

여기서 말하는 난필은 일종의 겸양인 것이니, 보통의 서식이면 그
것을 진사해도 되는 것이다.

다음은 졸문의 진사인데 그것은 문장이 서툴다는 것을 사과하게
되는 것이다. 편지라는 것은 상대방이 알기 쉽도록 그 문장을 잘 정
리해야 하는 것이다. 그것을 잘 정리하지 않은 것은「틀림없이 알기
힘들 것입니다. 미안하지만 적당히 추찰해 주십시오」하는 것이 된다.
따라서, 간단히 쓰면「以上(いじょう), 悪文(あくぶん)にて失礼(しつれい)いたしました(이상, 졸문
으로 실례했습니다)」이다. 참고삼아 변화를 보이면 다음과 같이 된
다.

- ●悪文(あくぶん)にて …… 取(と)り急(いそ)ぎ悪文(あくぶん)のため(급한 대로 졸문 때문에),
  長々(ながなが)と勝手(かって)なことばかり書(か)き連(つら)ねましたこと(장황하게 제 편리
  한 말만 나열한 데 대하여) 文脈(ぶんみゃく)が前後(ぜんご)しお見苦(みぐる)しいかと存(ぞん)じ
  ますが(문맥이 뒤바뀌어 보기 흉할 줄로 압니다만), 何分(なにぶん)にも
  取(と)り急(いそ)ぎましたので, お分(わか)りにくいところも多(おお)いかと存(ぞん)じます
  が(아무튼 서둘렀기 때문에 알기 힘든 곳도 많은 줄로 압니다
  만)

난필과 졸문은 어느 한쪽만을 사과하는 형식으로 해도 무방하다.
아니면 양쪽을 합쳐서 사과해도 된다. 후자일 경우에는「以上乱筆(いじょうらんぴつ),
悪文(あくぶん)にて失礼(しつれい)いたしました(이상 난필, 졸문으로 실례했습니다)」

- ●乱筆(らんぴつ), 悪文(あくぶん)にて …… 取(と)り急(いそ)ぎ, 乱筆(らんぴつ), 悪文(あくぶん)のため(급한 대로 난

필 졸문이기 때문에) 生来の悪筆, 悪文(타고난 악필, 졸문) 拙筆, 悪文のうえに急ぎましたので(졸필, 졸문인 데다 서둘렀으므로) 何分にも取り急ぎ, お見苦しいかと存じますが(아뭏든 급한 대로, 보기 흉할 줄로 알지만)

졸문도 일종의 겸양이니 보통의 문장이면 졸문의 진사를 더하여도 무방하다.

끝으로 또 한 가지의 사과, 즉 귀찮게 한 데 대한 진사인데 그 하나는 폐를 끼친 것에 대한 사과이다. 요컨대, 편지라는 것은 받는 측에서 보면 귀중한 시간을 그것에 돌려 읽게 된다. 그것은 틀림없이 귀찮은 일일 것이라는 생각에서 사과하는 것이다. 따라서, 각별히 긴 편지나 미견(未見)의 상대측에 대해 처음으로 보내는 편지 등에는 이런 종류의 귀찮게 한 데 대한 진사가 필요하다.

◆以上, 長々と勝手なことばかり書き連ね, まことにご迷惑かと存じますが, 何とぞあしからずおぼしめしの程, お願い申し上げます(이상, 장황하게 제 편리한 말만 나열한 데 대하여, 참으로 귀찮았을 것으로 압니다만, 제발 나쁘게 생각마시기를 부탁 말씀을 올립니다)

또한, 뭔가 의뢰하는 편지일 경우에는 그것에 관해 새로이 폐를 끼치는 것이 된다. 그렇게 되면 그것에 대한 사과도 필요하다.

◆以上, ご無理なことばかり申し上げ, いろいろとご迷惑をおかけいたしますこと幾重にもおわび申し上げます(이상, 무리한 일만 말씀드려, 여러 가지로 귀찮게 한 데 대하여 거듭거듭 사과 말씀 올립니다)

◆以上, 勝手なお願いを申し上げ, さぞご迷惑なことと存じますが, 何とぞご寛容の程, 併せてお願い申し上げます(이상, 제 편리한 부탁을 말씀드려, 틀림없이 귀찮았을 것으로 압니다만, 제발 관용하시기를 아울러 부탁 말씀을 드립니다)

경우에 따라서는, 상대측으로부터 보낸 희망을 거들지 못하기 때문에, 그 일로 폐를 끼치는 일도 있다. 그런 경우에는, 다음과 같이 된다.

◆ 以上, 折角のご好意を無にし, まことに申し訳ございませんが, 何とぞ事情ご推察のうえお許しくださるよう, お願い申し上げます(이상, 모처럼의 호의를 헛되게 하여 참으로 미안하지만, 제발 사정을 추찰하시고 용서해 주시기 부탁 말씀을 드립니다)

◆ 以上, お心に添えずまことに心苦しく存じますが, 何とぞご寛容の程, お願い申し上げます(이상, 뜻에 따르지 못해 참으로 마음 괴롭게 생각합니다만, 제발 관용해 주시기 부탁 말씀 올립니다)

이런 종류의 진사는 모두 본문의 비중이나 길이에 따라 그것에 걸맞는 형식이 되게 하는 것이 중요하다.

2) 훗날의 약속과 답신의 청구

본문의 성질에 따라서는 다시 훗날에 자세히 전하지 않으면 안 되는 일도 있다. 또는, 상대측에서의 답신을 기다리는 것도 된다. 그럴 경우에는 훗날 연락한다고 약속하며, 혹은 답신을 달라고 청구한다. 그것이 훗날의 약속과 답신의 청구이다.

우선 훗날의 약속인데 그것은 「委細は, 後日ご拝顔の折に申し上げたいと存じます(자세한 사정은, 훗날 뵈었을 때에 말씀드리려고 생각합니다)」 등이 된다. 우선 「委細は」하고 무엇에 관해 연락하는가를 꺼내고, 「後日ご拝顔の折に」로 그 시기를 제시한 다음, 「申し上げたいと存じます」로 맺는다. 따라서, 그 내용에 따라 다음과 같이 변화시켜도 된다.

● 委細は …… 詳細は(상세히는) 詳しくは(상세히는) 詳細については(상세한 것에 대하여는) 今後の経過については(금후의 경

과에 대하여는)

- **後日** …… いずれ近日中に(조만간, 근일 중으로) そのうち(가까운 시일 안에) 近々(멀지 않아, 일간) その都度(그때마다) 必要に応じ(필요에 따라)
- **ご拝顔の折に** …… お目に掛かり(만나뵙고) ご拝面のうえ(만나뵙고) 参上し(찾아뵙고) 次便にて(다음 편지로) 後便にて(다음 편지로) お電話にて(전화로)
- **申し上げたいと存じます** …… 申し上げる所存でございます(말씀 드릴 생각입니다) 重ねて申し上げます(거듭 말씀 드립니다), ご連絡いたしたいと存じます(연락하고자 합니다) 報告(보고), 通知(통지) 詳しく申し上げたいと存じます(상세히 말씀드리고자 합니다) 万々お話し申し上げます(충분히 말씀드리겠습니다)

다른 사람이 상대측 쪽으로 가는 경우에는 「近日中に弟が参上いたしますので, ご面接を賜りたく, お願い申し上げます(근일중으로 동생이 찾아뵙게 되기 때문에 면접을 해 주시기 부탁 말씀 올립니다)」가 되는 것이다.

다음에 답신의 청구인데, 이것은 「恐縮ながら, 折り返しご返信を賜りたく, 伏してお願い申し上げます(송구스럽지만, 곧(즉시) 답신을 주시기, 간곡히 부탁 말씀 올립니다)」가 된다. 즉, 「恐縮ながら(송구스럽지만)」하고 자기측의 태도를 보며 「折り返し」하고 시기를 지정한 다음, 「ご返信」이라고 이어지며 그것에 대해 「を賜りたく」, 그것을 「伏してお願い申し上げます」하고 맺게 된다.

- **恐縮ながら** …… ご迷惑ながら(귀찮으시겠지만) お手数ながら(수고스럽겠지만) 恐縮ではございますが(송구스럽기는 합니다만) ご迷惑とは存じますが(귀찮기는 하시겠지만) ご面倒でも(귀찮더라도) 多用中まことに恐れ入りますが(바쁘신 가운데 참으로 죄송하지만)
- **折り返し** …… 至急(지급), 本状ご入手次第(이 서장(안내장) 입

수하는 대로) 来る二十五日までに(오는 25일까지는) 来週中に(내주중에) 今月中(금월중에, 이달 안에)

● ご返信……ご返事(답신) ご返書(답장) ご回答(회답) ご諾否(승낙 여부) 貴意(고견) 何分のご返事(이러저러한 회답) ご一報(기별) お電話(전화)

● を賜りたく……いただきたく(해 주시기를) くだされたく(해주시기를) を得たく存じ(듣고자 하여) 煩わしたく(수고를 끼치고자) の程(…하시기를) 仰ぎたく(바라고자, 청하고자) 承りたく(듣고자) お漏らしいただきたく(말해 주시기를)

● 伏してお願い申し上げます……お待ちしております(기다리고 있습니다) 待望しております(대망하고 있습니다) よろしくお願い申し上げます(잘 부탁 말씀 올립니다) を賜れば幸いと存じます(를 해 주시면 다행(행운)이라고 생각합니다)

자기측으로 와 주기를 바랄 때에는 「ご返信」이 「ご来訪(내방)・ご光来(왕림)・ご来車(왕림)」 등으로 된다. 당사자가 아니라도 될 경우에는 「どなたかに(어느 분에게)」 「ご都合の付く方に(형편이 닿는 분에게)」라고 해도 되는 것이다.

또한, 답신의 청구에는 답신용의 우표를 동봉하는 것이 예의이다. 다만, 간단한 답신으로 끝날 경우에는 엽서 겉면에 자기측의 주소와 성명을 써서 동봉한다. 또는, 왕복 엽서로 해도 무방하다. 그럴 때에는 자기측의 성명 아래에 「行(행)」라고 쓰게 된다. 손수 자기 성명 밑에 「樣(씨, 님)」이라고 쓰는 것은 예의에 어긋나기 때문이다. 상대측이 그것을 보낼 경우에는 그 「行」를 사선으로 지우고 「樣」로 고치는 것이 일반적이다.

3) 금후에도 애고(愛顧)를 원할 때

훗날의 약속, 답신의 청구 같은 특별한 의뢰가 없을 경우도 허다

하다. 그럴 때에는 일반적인 형식으로 금후에도 잘 부탁한다고 한다. 그것이 금후에도 애고를 원하는 인사말이다.「なお, 今後とも何とぞご高配を賜りますよう, 切にお願い申し上げます(또한, 금후에도 아무쪼록 각별한 배려를 해 주시기를 간절히 부탁말씀 올립니다)」가 되는 것을 말한다.

애고(愛顧)의 인사말은 일반적으로「なお(또한)」라는 접속사로 시작된다. 그리고「今後とも(금후에도)」로 장래를 지정하고,「何とぞ(아무쪼록, 제발)」라는 수식어 뒤에「ご高配」같은 애고를 나타내는 말을 사용한다. 그리고 그것을「賜りますよう」로 이은 다음「切にお願い申し上げます」로 맺는다. 이런 것들을 바꾸자면 다음과 같이 된다.

- 今後とも …… 將來とも(장래에도) 引き続き(계속해서), 末永く(장차 오래도록)
- 何とぞ …… 何かと(여러 모로) 変りなく(변함없이) これまで同様に(지금까지와 마찬가지로) 旧にも増して(옛보다 더) 倍旧(배전의) 一層(더 한층)
- ご高配 …… ご指導(지도) ご教導(교도) ご愛顧(애고) ご厚情(후정, 후의) ご懇情(간정) ご支援(지원) ご援助(원조) お導き(지도) お添え(원조, 도움)
- を賜ります上う …… いただきますよう(해주시기를) くだされますよう(…해주시기를) む賜りたく(해주시기를) を仰ぎたく(를 청하고자, 를 바라고자) にあずかりたく(를 받고자) の程(해주시기를)
- 切にお願い申し上げます …… 重ねて(거듭) 伏して(삼가, 간곡히), 謹んで(삼가, 정중하게) 心から(진심으로) よろしくお願い申し上げます(잘 부탁 말씀 올립니다) お願い申し上げ, ごあいさつといたします(부탁 말씀 올리고, 인사말로 삼습니다) お願いする次第でございます(부탁하는 바입니다)

경우에 따라서는「ご指導(지도), ご支援の程(지원해 주시기를)」라는 식으로 엮을 적도 있다. 또, 간단히 끝낼 경우에는「なお, 今後ともよろしくお願い申し上げます(또한, 금후에도 잘 부탁 말씀 올립니다)」만으로도 된다.

그런데, 실제에는 이「よろしく(잘 부탁한다)」라는 내용을 좀더 구체적으로 쓰는 것이 좋을 때도 있다. 그럴 경우에는 예를 들면 다음과 같이 된다.

◆何とぞ事情ご了承のうえ, ご協力を賜りますよう, よろしくお願い申し上げます(아무쪼록 사정을 양해하시고, 협력해 주시기 잘 부탁 말씀 올립니다)

◆今後ともご期待におこたえするよう努める所存でございますので, 何とぞよろしくお願い申し上げます(금후에도 기대에 부응하도록 힘쓸 생각이오니 아무쪼록 잘 부탁말씀 올립니다)

때로는, 이런 종류의 요청이나 결심 쪽이 어울릴 때도 있으므로 터득해 놓으면 편리하다.

4) 자애(自愛)·발전(発展)을 빌 때

말문의 끝 쪽으로 오는 인사말이 상대측의 편안함을 비는 자애의 인사말이다. 편지의 종류에 따라서는 난필, 졸문, 귀찮게 한 데 대한 것 등의 여러 가지 진사를 할 필요가 없는 경우도 있다. 훗날의 약속과 답신의 청구도 특별한 경우뿐이다. 애고의 인사말, 전언의 의뢰 등은 생략해도 무방하다. 그러나, 한 가지만 쓰게 된다면 이 자애의 인사말이 가장 일반적이다.

자애의 인사말은「寒き厳しい折から, 一層ご自愛の程, お祈り申し上げます(추위가 심한 때, 더 한층 몸조심해 주시기를 비는 바입니다)」라고 하는 것이다. 우선「寒き厳しい折から」라고, 조건을 제시하며 그런 가운데 상대측이 자애할 것을 자기측이 비는 형식으로

한다. 따라서, 자애의 인사말은 조건의 부분과 비는 부분의 두 가지로 성립되는 것이 일반적이다.

- 寒さ厳しい折から …… 暑さも厳しいこのごろ(더위도 심한 이즈음) 不順の折から((날씨가) 고르지 못한 계절에) 時節柄(때가 때인 만큼) 梅雨の候(장마지절) 向寒の候(추위로 접어드는 때) 猛暑のこのごろ(혹서의 이즈음) 期末ご繁忙のこのごろ(기말의 다망한 이즈음)

- 一層 …… ますます(더욱더) いよいよ(드디어, 마침내) ひとしお(한층 더, 한결) なお一層(더 한층) 一段と(한층, 훨씬)

- 自愛の程 …… ご自重の程(자중해 주시기를) ご養生の御事(섭생해 주시기를) ご加養(섭생, 보양) ご自愛くださるよう(몸조심해주시기를) 一層のご自愛(더 한층의 몸조심) ご自愛専一の程(몸조심에 전념해 주시기를) お体をお大事になさるよう(몸조심해 주시기를) 御身お大切に(옥체(존체) 보심해 주시기를)

- お祈り申し上げます …… 心から(진심으로) 衷心から(충심으로) 切に(간절히) ご念じ申し上げます(기원합니다)

이런 것들을 서로 엮으면 여러 가지의 변화형(変化形)이 가능해지는 것이다.

단, 자애의 인사말이라는 것은 건강을 비는 말이므로 상대측이 회사나 관청이면 해당되지 않는다. 그럴 경우에는 상대측의 번영을 기원하는 말이나 번영의 희망이 된다. 「末筆ながら, 貴店一層のご隆盛をお祈り申し上げます(끝으로, 귀점 더 한층의 융성을 기원하는 바입니다)」라고 하는 것이다. 우선「貴店」이라는 수식어 뒤,「ご隆盛」같은 번영을 축복하는 말을 쓰고「お祈り申し上げます(기원하는 바입니다)」로 맺는다. 따라서, 그것에는 다음과 같은 변화가 가능하다.

- 貴店 …… 貴社(귀사) 貴所(귀소) 貴行(귀행) 貴舘(귀관) 貴舗

(귀포) 貴会(귀회) 御店(귀점) 御社(귀사) 御所(귀소) 御行(귀행) 御会(귀회) 御社運(사운)
- **ご隆盛** ······ 盛運(상승세) 清栄(만강) 盛業(성업) 盛大(성대) 繁栄(번영) 繁盛(번창) 隆運(융운) 隆栄(융영) 隆慶(융경) 隆祥(융상)

그것에 준해 개인의 경우에도「末筆ながら, 貴家ますますのご健勝をお祈り申し上げます(끝으로 귀댁 더욱더 건승함을 비는 바입니다)」로 해도 된다. 이것도 다음과 같이 여러 가지의 변화가 가능하다.
- **貴家** ······ 御家(귀댁) 皆様(여러분) 皆々様(여러분) ご一同様(여러분)
- **ご健勝** ······ 慶福(경복) 清健(청건) 清祥(건승) 清適(청안) 壯健(건강함) 多幸(다행, 다복함) 多祥(다복) 芳清(방청) 雄健(웅건) 発展(발전) 繁栄(번영)

앞에서 기술한「ご自愛」의 형식이 좋은지, 여기에 제시한「ご健勝」가 좋은지는 본문의 내용이나 표현에도 따르는 것이다.

5) 전언의 인사말

자애(自愛) 발전을 기원한 뒤, 특정인에게 잘 전해 달라고 하는 부탁이 있다. 이것이 전언의 인사말이다.

전언의 인사말로는 자기 자신이 직접 의뢰하는 경우와 자기측의 특정인에게서 의뢰를 받을 경우가 있다.「ご母堂様によろしく(자당님에게 안부 전해 주십시오)」라는 형식과「父からもよろしく(아버지께서도 안부 전해 달라고 하십니다)」라는 형식을 볼 수 있기 때문이다. 때로는 이것의 복합으로 자기측의 특정인으로부터 의뢰받은 전언을 상대측의 특정인에게 전해 달라고 의뢰하는 경우도 생긴다.「父からもご母堂様によろしく(아버지께서도 자당님에게 안부 전해 달라고 하십니다)」라고 하는 것이다.

우선 자기 자신이 직접 의뢰하는 경우인데, 그것은 「ご母堂様(はどうさま)にもよろしくお伝(つた)えくださるよう，お願(ねが)い申(もう)し上(あ)げます(자당님에게도 안부 전해 주시기 부탁 말씀을 드립니다)」이다. 이런 경우에는 상대측의 특정인 호칭에 주의하지 않으면 안 된다.

- **ご母堂様(ごぼどうさま)** …… ご尊父様(そんぷさま)(춘부장) ご両親様(りょうしんさま)(부모) ご祖母様(そぼさま)(조모) 奥様(おくさま)(부인) ご主人様(しゅじんさま)(주인, 남편) お子様(こさま)(자제분) ご令息様(れいそくさま)(영식) ご令嬢様(れいじょうさま)(영양) ご令孫様(れいそんさま)(영손) ご令兄様(れいけいさま)(영형) ご令姉様(れいしさま)(영자) ご令弟様(れいていさま)(영제) ご令妹様(れいまいさま)(영매) ご家族の皆様(かぞくのみなさま)(가족 여러분)

- **よろしくお伝えくださるよう** …… よろしくご伝言の程(でんごんのほど)(좋도록 전언해 주시기를) しかるべくご伝声の程(でんせいのほど)(좋도록 전언해 주시기를) ご伝達の程(でんたつのほど)(전달해 주시기를) お執(と)り成(な)しいただきたく(중재해 주시기를) くれぐれもよろしく(부디 잘 부탁합니다) いろいろよろしく(여러 가지로 잘 부탁합니다) 万事(ばんじ)よろしく(모든 일을 잘 부탁합니다)

- **お願い申し上げます** …… 願(ねが)い上(あ)げます(부탁합니다) お願(ねが)いいたしたいと存(ぞん)じます(부탁하고 싶습니다)

끝은 간략히 하면 「よろしく(잘 부탁합니다)」만으로 되나 「よろしくお願い申し上げます(잘 부탁합니다)」 정도는 쓰는 것이 좋다.

다음은 자기측의 특정인으로부터 의뢰받았을 경우인데, 그것은 그 의뢰받은 전언을 자기가 전하는 형식이 된다. 「父(ちち)からも，くれぐれもよろしくとのことでございます(아버지께서도 부디 안부 전해 달라는 것입니다)」가 그것이다. 이런 경우에도 자기측의 특정인 호칭에 주의할 필요가 있다.

- **父(ちち)** …… 母(はは)(어머니) 両親(りょうしん)(양친, 부모) 祖父(そふ)(조부) 祖母(そぼ)(조모) 家内(かない)(집사람, 안사람) 主人(しゅじん)(주인, 남편) 子供(こども)(자식) 息子(むすこ)(아들) 娘(むすめ)(딸) 孫(まご)(손자) 兄(あに)(형) 姉(あね)(누나, 언니) 弟(おとうと)(동생, 아우) 妹(いもうと)(누이동생)

● よろしくとのことでございます …… くれぐれもよろしく(부디 잘 부탁합니다)　よろしく申し上げるようにとのこと(잘 말씀드리라는 것) 厚く御礼申し上げるようにとのこと(깊이 감사의 말씀을 드리라는 것) ようにとの伝言でございます(라는 전언입니다)

다시 구체적으로「父からも, この際十分ご靜養くださるようにとのことでございます(아버지께서도 차제에 충분히 정양해 달라는 것입니다)」등으로 해도 된다.

끝으로 자기측의 특정인으로부터 의뢰받은 전언을 상대측의 특정인에게 전하도록 의뢰할 경우이다. 이것은「父からもご母堂樣によろしくとのことでございます(아버지께서도 자당님에게 안부 전해 달라는 것입니다)」가 된다. 자기측의 특정인 호칭, 상대측의 특정인 호칭에 주의해야 한다는 것은 더 말할 나위 없는 일이다.

그런데, 이상의 여러 가지 전언인데 전언을 의뢰하는 것은 그만큼 상대측에 폐를 끼치는 것이 된다. 따라서 손윗 사람에게 보내는 편지인 경우에는 부부 관계 이외의 사람에게 하는 전언의 의뢰를 실례라고 느끼는 사람도 많다. 그런 경우에는, 특정인을 지정하는 대신에「皆々樣(여러분)」라는 형식도 쓰이고 있다.「いろいろお世話になった皆々樣にも, よろしくお伝えくださるよう, お願い申し上げます(여러 가지로 신세진 여러분에게도 안부 전해 주시기를 부탁드립니다)」가 되는 것이다. 경우에 따라 적당히 가려서 쓰는 마음가짐이 필요하다.

6) 요지(要旨)를 정리하는 말

이상 거론했던 말문(末文)의 인사말은 다음과 같은 것이다. 즉 난필, 졸문, 귀찮게 한 데 대한 것 등의 여러 가지 진사, 그 다음에 훗

날의 약속과 답신의 청구, 그리고 금후에도 잘 부탁한다는 애고의 인사말, 그 다음에 자애와 발전을 기원하는 인사말과 전언의 의뢰이다. 그리고 실제에는 이런 것들을 적당히 취사 선택해서 쓴 뒤, 끝에 오는 것이 여기서 취급하는 요지의 정리이다. 「右, とりあえず御礼申し上げます(위(이상), 우선 감사의 인사를 드립니다)」가 그것이다.

요지의 정리라는 것은 그 편지가 무슨 편지인가를 분명히 하기 위한 것이다. 그와 동시에 편지 전체의 결말도 되는 중요한 부분이다. 그 때문에 일반적으로 행을 바꾸어서 쓰기 시작한다. 그때「右」라고 하는 것 같은 접속의 말을 사용한다. 그런 뒤, 「とりあえず」라는 수식어를 넣고, 「御礼」라는 내용을 나타내는 말을 잇는다. 그리고 끝으로「申し上げました」로 맺는다. 이런 것들을 바꾸게 되면 다음과 같이 된다.

- **右** …… まずは(우선은) ここに(이에, 여기에) まずは右(우선은 이상) 以上ここに(이상 여기에) まずはここに(우선은 여기에) 以上(이상) この段(이 점)

- **とりあえず** …… 取り急ぎ(급한 대로) 簡略ながら(간략하지만) 略儀ながら(생략하옵고, 약식이지만) 失礼ながら(실례지만) 恐縮ながら(죄송스럽지만, 송구스럽지만) 延引ながら(늦어졌지만) 後ればせながら(때늦지만, 뒤늦게나마) 一筆(몇 자)とりあえず書中にて(우선 편지로) 書面をもって(편지로써)

- **御礼** …… ごあいさつ(인사말) ご通知(통지) ご連絡(연락) ご報告(보고) お祝い(축복) お知らせ(소식, 통지) お見舞い(문안, 위문) お悔やみ(조문) ご案内(안내) ご照会(조회) ご返事(회답) ご依頼(의뢰) ご承諾(승낙) お断り(사절, 거절) ご請求(청구) ご勧誘(권유) ご相談(상담, 의논) お願い(부탁) ご激励(격려) ご注意(주의, 조심) おわび(사과, 사죄) 要用のみ(용건만 아룁니다) 用件のみ(용건만 아룁니다)

◉**申し上げます** …… といたします(그렇게 하겠습니다) とさせていただきます(그렇게 하게 해 주십시오) まで(까지) まで申し上げます(까지 말씀드립니다)

편지의 내용으로서 관련된 사항이 두 가지가 있으면, 「ごあいさつかたがたお願い(인사 말씀을 겸해 부탁)」 「御礼を兼ねてご連絡(감사의 인사를 겸해 연락)」 등으로 엮는다. 또한, 본문이 간단할 때에는 요지의 정리도 간략히 하고 묵직할 때에는 그것에 상응하게 묵중하게 하는 것이 원칙이다.

다만, 요지의 정리라는 것은 말문의 중심이다. 따라서 말문의 다른 인사말을 모두 생략해도 요지의 정리만은 쓰는 쪽이 좋은 것이다. 전문을 「前略(전략)」으로 시작하고 형식적인 서두의 인사말을 모두 생략했을 경우에는 말문의 인사말도 적게 한다. 그럴 경우라도 예를 들어 「右、ご通知まで(위(이상), 통지만 아룁니다)」라고 반드시 덧붙여야만 한다. 이렇게 하면 그 편지의 내용이 「통지」라는 것을 재확인할 수 있기 때문이다. 내용이 얼핏 보기에도 분명할 경우에는 「右、取りあえず(위(이상), 우선 아룁니다)」만으로 된다. 이것으로 편지 전체를 매듭지을 수 있기 때문이다. 그런 역할을 하는 것이 요지의 정리이다.

7) 끝맺는 말의 「敬具」 등

말문(末文)의 끝에 오는 것이 「敬具(경구)」 등의 끝맺는 말이다. 끝맺는 말은 앞의 말에 잇지 않고 특별히 마지막 행의 아래에 적는다. 그럴 경우 아래쪽을 한 자 정도 비우도록 한다. 마지막 행 아래에 그럴 만한 여백이 없을 경우에는 다음 행 아래에 쓴다. 또 「敬具」처럼 두 자의 경우에는 보통의 글자수가 아니니, 사이를 좀 비워서 적는 쪽이 정돈이 된다.

어쨌든 간에 끝맺는 말의 「敬具」 같은 것은 방문을 끝내고 마지막으로 현관에서「안녕히 계십시오」라고 말하는 그런 종류의 인사말과 같은 것이다. 그리고 첫머리말과 마찬가지로 여러 가지의 말이 있고, 각각의 머리말에 상응해서 쓰인다. 그런 것들 중에서 가장 일반적인 것이「敬具」와「敬白(경백)」이다.

- 敬具 ……「拜啓」「拜復」에 상응해서 쓰인다.「敬」는「공경하다, 존경하다」「具」는「말하다」로「이상 삼가 말씀드립니다」라는 뜻이 된다. 같은 종류의 말에「拜具(경백, 경구)」「拜白(경백, 경구)」등이 있다.

- 敬白 …… 격식을 차릴 경우,「敬具」보다 정중한 말로써 쓰인다. 따라서「謹啓(근계)」「恭啓(공계)」등에 상응한다.「敬」는「공경하다, 존경하다」「白」는「말하다」로「이상, 삼가 말씀드립니다」라고 하는 뜻이 된다. 같은 종류의 말로써「謹具(근구)」「再拜(재배)」등이 있다. 단「謹啓」에 대해서는「敬具」라도 무방하다.

또한 답신에 쓰이는 것으로서「拜答(배답)」「謹酬(근수)」등도 있으나 일반적이 못된다.「拜復(배복)」「復啓(복계)」에 대해서도「敬具」로 된다.

그런데 편지 중에는 특별히 시급한 것도 있고 또는 전문에 해당하는 인사말의 일부 또는 전부를 생략하는 때도 있다. 그럴 경우에 쓰이는 끝맺음 말이「草々(총총)」나「不一(여불비)」이다.

- 草々 ……「草」는「변변치 않음, 허술함」의 뜻으로,「草々」는「급히 썼기 때문에, 충분히 생각한 바를 나타내지 못했습니다」가 된다. 따라서「急啓(급계)」나「前略(전략)」「冠省(관생, 전략)」등에 대해서 쓰인다.「拜復」나「再啓(재계)」등에 대해서도 그것을 서둘러 썼을 경우에는「草々」로 된다. 이전에는「匆々(총총)」라고도 썼다. 같은 말로서「不一」「不書(불비)」등도 있다.「一々は申し上げませんでした(전부는 말씀드리지 않았습니다)」「意を尽くしてはおりません(생각한 바를 충분히 나타내지는 못

했습니다)」라는 뜻으로, 실례된 말투를 사죄하는 기분도 내포돼 있다.

맺는 말로서「草々」나「不一」를 사용할 때에는 말문의 인사말도 간략하게 한다. 때로는 요지의 정리만으로도 된다.

또한, 여성이면「敬具」같은 딱딱한 한자어를 좋아하지 않을 경우에는「かしこ(이만 줄입니다)」「さようなら(안녕히 계십시오)」로 해도 된다.

- ● かしこ …… 「삼가 공경한다」는 뜻으로 여성 전용의 끝맺음 말.「かしく」라고도 한다. 다시「あらあらかしこ(성의를 다하지 못하여 죄송합니다)」「めでたくかしこ(이만 줄입니다)」등 격식을 갖춘 형식도 있다.
- ● さようなら …… 방문했을 경우와 마찬가지로 남녀 다같이 쓰인다. 그밖에「ではまた(그럼 또)」「ごきけんよう(안녕히 계십시오)」등으로 해도 된다.

또,「一筆申し上げます(몇 자 아룁니다)」같은 문형(文型)의 표현으로는「では、これで失礼いたします(그럼, 이것으로 실례합니다)」등도 있다. 그러나 여성이「敬具」를 써도 무방하다는 것은 머리말의「拝啓」와 마찬가지이다.

끝으로 주의할 것은 연하장이나 절후 문안 등, 첫머리말을 붙이지 않은 것에는 맺는 말도 붙이지 않는다. 따라서 사망 통지, 조위문(弔慰文) 등에도 맺는 말을 붙이지 않는 것이 일반적이다.

(4) 뒤에 붙이는 말로 쓰이는 부분

1) 날짜 쓰는 법

편지의 본문은 전문(前文), 주문(主文), 말문(末文)으로 이어지고 이것으로 끝난다. 그 뒤에 오는 것이 날짜, 발신인명, 수신인명이다.

날짜는 그 편지를 언제 쓴 것이라는 연월일(年月日)로「一九八八年七月十二日(1988년 7월 12일)」처럼 연(年)과 월(月) 일(日)을 쓴다. 이것을 본문 뒤에 행을 바꾸고 쓴다. 그럴 때에 본문보다 2자나 3자를 낮추고 본문보다 약간 작은 글자로 쓴다. 중요한 편지일 적에는「壱千九百八拾八年七月拾弐日처럼「壱・千・百・拾・弐」를 사용해서 쓴다. 단, 일반 편지는「一・二・三・十」로 해도 무방하다.

그런데 날짜는 발신 연월일이라고 하듯이 발신의 연월일을 써야만 하는 것이다. 그러나, 일반 편지의 경우에는 작성과 발신 사이에 시간적인 격차를 두지 않는 것이 일반적이며, 다 쓴 편지는 즉각 우체통에 넣어야 한다. 그런 뒤 우체국의 사정으로 늦어지는 것은 어쩔 수 없다고 보아야 한다. 그 때문에 쓰는 것이 늦어진 답신 같은 것은 날짜만 앞당겨 쓰는 일도 있기는 하나 마감 시간을 엄수하는 우편물은, 발신인이 쓴 날짜가 아니라 집배(集配)의 스탬프 날짜가 기준이다. 또, 각각으로 변화하는 사정의 보고 같은 것이면「一九八九年七月十二日午後八時(1989년 7월 12일 오후 8시)」처럼 시각까지도 써 넣게 된다. 이런 경우에는 다 쓴 시각을 나타내게 되는 것이다. 날짜는 훗날의 증거로서도 유용하고 때로는 권리 의무의 발생과 소멸에도 관계된다. 간단한 항목이라고 해서 소홀히 하는 것은 금물이다.

또한, 이상과 같은 날짜의 쓰기에 대해 예외가 되는 것이 의례적인 편지의 경우이다. 예를 들면 연하장인데, 이것은 전해의 12월 중에 써서 발송함에도 불구하고 날짜는「一月一日」또는「元旦(원단, 설날)」이다. 복중 문안 편지처럼 정확한 날짜를 쓰지 않고「一九八九年盛夏(1989년 성하)」로 하는 것도 있다. 연말의 인사장도「一九八九年師走(1989년 섣달)」로 된다. 경사스러운 초대장이면,「一九八九年十月吉日(1989년 10월 길일)」과 같은 쓰기도 하고 있다.

또,「一九八九年八月　日(1989년 8월　일)」처럼「일(日)」의 숫자 자리를 비우고 인쇄하는 일도 있다. 이것은 실제로 발송할 때에 써 넣는 것이 본래의 형식이기는 하지만, 의례적인 것은 비운 채로도 무방하다. 단, 인쇄한 엽서 같은 것에서「一九八九年 月 日(1989년 월 일)」같은 형식이 되어 있을 경우에는, 사용할 때에 발신 연월일을 써 넣고 발송하는 것이 원칙이다.

2) 발신인명의 취급

여기서 말하는 발신인이란 그 편지를 써서 보내는 사람을 말한다. 일반 편지의 경우에는,「李起哲」(イ キ チォル) 또는 「木村幸二」(き むら こう じ)하는 식으로 쓴다. 가족간의 편지에서는「起哲より(기철로부터)」「幸二より(幸二로부터)」「父(ちち)より(아버지로부터)」등으로도 하지만, 일반 편지에서는 사용하지 않는다. 반드시 날짜의 행 밑, 또는 그 다음 행의 밑에서 다 쓴 것이 본문보다 한 자 정도 위에서 멎도록 한다. 약간 큰 글자로 글자 배치도 간격을 좀 벌려서 쓰면 보기 좋게 정돈된다.

발신인명은 서명(署名)이라고도 한다. 그것은 그 편지의 발신인을 분명히 할 뿐만 아니라, 그 편지 내용에 책임을 진다는 뜻도 내포되기 때문이다. 그 때문에 인쇄한 편지의 경우에도 발신인명만은 자필로 기입하게 된다. 다만, 실제 문제로서 본인이 부재중일 때, 병중일 때 등은 편지 자체를 본인이 직접 쓰지 못할 때가 있다. 그럴 경우에는 본인의 귀가나 회복을 기다리지 못해 대필하게 된다. 대필일 경우에는 발신인명으로서 본인의 이름을 쓴 뒤 다 쓴 좌측 아래에 작게「代(だい)(대)」또는「代筆(だいひつ)(대필)」이라고 곁들인다. 아내가 남편을 대신해서 썼을 적에는「代」대신에「內(ない)(내)」라고 곁들인다. 분주한 남편을 위해 아내가 편지의 대필을 하는 것은 결코 실례가 되지 않는다.

그런데 상업문 등이면 발신인명에 주소, 우편 번호, 전화 번호 등을 곁들이는 것이 일반적이다. 그런 것들은 봉투에 써 있기 때문에 별 문제가 되지 않으나 상업문이면 편지지만이 보존되고 봉투 쪽은 처분되기 때문이다. 따라서, 일반 편지의 경우에도 회사나 관청에 보내는 것에는 주소 등을 덧붙여 쓰는 것이 좋다. 그럴 경우 주소를 발신인명의 우측에 써도 되고 좌측에 써도 되나, 전화 번호는 좌측에다 약간 작은 글자로 적는다.「電話, 東京 (03) 261-3578(전화, 東京 (03) 261-3578)」처럼 곁들이는 것이다.

또 상업문 등에서는 직책이나 소속 부과(部課) 등, 이른바 직함을 붙이는 것이 일반적이다. 그러나, 일반 편지의 형식이면 그같은 직함을 쓰지 않는다. 다만, 수취인이 그 발신인의 성명을 잘 알지 못한다고 생각되는 때도 있다. 예를 들면, 어머니가 자식의 일로 담임 선생에게 보낼 경우 등이다. 그럴 때에는 발신인의 성명을 쓰고, 좌측에는 작게「木村幸二の母(木村幸二의 어머니)」처럼 곁들여 쓴다. 졸업생이 오랫 동안 격조했던 은사에게 보낼 경우에도「一九五一年, 文学部卒(1951년, 문학부졸)」등이라고 덧붙이는 것이 좋다. 요컨대, 수취인의 입장에서 누구로부터 온 편지인지 곧바로 알 수 있도록 하는 것이 중요하다. 따라서「愛読者(애독자)」「会社員(회사원)」「主婦(주부)」등이라고 곁들일 경우도 생기게 된다.

또한, 발신인이 1명뿐만 아니고 2명 이상이 되는 경우의 서식도 문제가 된다. 이른바 연명의 서식인데, 이것은 하위자(下位者)에서부터 차례로 쓴다. 즉, 다음 행의 위에 수신인으로서 수신인명을 쓰는데, 그것에 가까운 쪽이 상위(上位)가 되도록 쓴다. 단, 가족이 연명할 경우에는, 남편의 성명 뒤에 아내, 자식의 이름만 늘어놓는다. 결혼 피로연의 초대장은 신랑의 아버지, 신부의 아버지의 차례, 사망 통지이면 상주, 아내, 자식, 친척 대표, 우인(友人) 대표의 차례가 된다. 그런 것들은 상위 하위의 관계라기 보다는 책임이 무거운 사람을 앞에 쓴다는 취지이다. 따라서, 상하(上下)나 책임의 정도에서 앞뒤로 정할 수 없을 경우에는「五十音(오십음)」순이라도 된다. 대표자 1명만 쓰고「外クラス一同(외 동창 일동)」「外会員一同(외 회원 일동)」「外十七名(외 17명)」등으로 하면, 거기에 적은 대표자가 책임자로 되는 것이다.

3) 수신인명의 취급

다음은 수신인명을 쓰는 법이다. 수신인이란 그 편지를 받는 사람을 말한다. 가족간의 편지는 손윗 사람에 대해「御父上樣(아버님)」손아랫 사람에 대해「二郎さま(二郎님)」등으로 하는 적도 있으나 일반 편지에서는 쓰이지 않는다. 반드시「木村二郎樣(木村二郎씨)」처럼 성과 이름을 쓰고 그것에 경칭을 곁들인다. 쓰는 위치는 발신인명의 다음 행 위로 날짜보다 위이고, 본문보다 약간 아래쪽에 발신인명보다도 큰 글자로 쓴다. 손윗 사람에 대해서는 본문과 같은 높이까지 올려서 경의를 나타내는 때도 있다. 발신인명과 마찬가지로 간격을 약간 벌리고 쓰면 보기 좋게 정돈되는 것이다.

수신인명은 그 편지에 수취인을 분명히 하는 부분이다. 따라서, 글자 표기에 주의하지 않으면 안 된다. 단순히 정중하게 쓰는 것만이 아니고, 자체(字体) 같은 것도 본인이 쓰고 있는 것에 맞춘다. 예를 들면,「清一郎」라고 할 경우의「清」도 본인이「淸」라는 구자체(旧字体)를 쓰고 있으면 방(旁) 밑의 부분을「月」가 아니라「円」으로 쓴다. 자체는 성명 판단과도 관련이 있어 특별히 까다로운 사람도 있으니 주의할 필요가 있다.

그런데, 수신인명도 상업문 같은 것에서는 주소, 우편 번호, 전화 번호를 곁들일 때가 허다하다. 이것은 수중의「부본」으로 남기 때문에 훗날의 연락에 도움이 되기 때문이다. 그러나, 일반 편지의 경우에는 복사로「부본」을 뜨는 일이 드물기 때문에 쓸 필요가 없다.

발신인명에 주소를 곁들였을 경우에도 수신인명은 성명뿐이다. 다만, 직책이나 소속 부과 등은 회사나 관청에 보낼 경우에 덧붙여서 쓰는 것이 좋다. 그것은 수신인명 개인에게 보내기 보다 그 직책에 있는 사람, 또는 그 부과(部課)에 보낸다는 뜻이 강하기 때문이다.

또한 수신인이 1명이 아니고 2명 이상이 되는 연명의 서식인데

그것은 발신인명의 경우와 반대가 된다. 즉, 상위의 사람부터 차례로 써 나간다. 부부 연명의 경우도 남편의 성명 좌측에 「御奧方様(마님)」「御令室様(영부인)」등으로 쓴다. 친자(親子)일 경우에는「御令息様(영식)」「御令嬢様(영양)」가 된다. 형제 자매도 연명일 경우에는 첫 사람만 성명을 쓰고, 그 뒤는 이름만 나열한다. 가족 일동에 대해서는 대표자 한 사람이 성명을 쓰고, 그 좌측에「御一同様(일동)」이 된다. 단, 중심이 되는 사람이 상위자가 아닐 경우에는 수신인을 연명의 형식으로 하지 않고 말문에 전언의 인사말로서「ご尊父様にもよろしくお伝えくださるよう、お願い申し上げます(춘부장에게도 안부 전해 주시기 부탁 말씀 올립니다)」처럼 덧붙인다. 어쨌든 간에 처음에 쓰는 사람이 먼저 읽고 그 다음에 그밖의 사람에게 돌리게 되는 것이다.

4) 경칭을 쓰는 법

수신인명에는 경칭을 곁들인다.「木村幸二様」라고 썼을 경우의「様」가 이것이다. 경칭은 수신인명에 이어서 같은 크기의 글자로 쓴다. 경칭에는 여러 가지가 있으나「様」가 가장 일반적이다.

- 様(씨, 님)……경칭으로는 가장 일반적인 형식이다. 손윗 사람, 동연배(동료), 손아랫 사람의 구별이 없고 또 남녀의 구별도 없이 쓰일 수 있다. 가족 앞으로 보내는 편지이면 손아랫 사람에 대해「さま」라고 가나(かな) 표기로 하기도 하나, 일반 편지에서는 쓰이지 않는다.
- 殿(님, 씨, 귀하)……공용문이나 상업문에서 쓰인다. 단, 상업문이라도 일반 고객에 대해서는「様」이다. 일반 편지의 경우, 과거에는 손윗 사람에게「様」, 손아랫 사람에게「殿」라고 구별한 때도 있었으나, 현재는 손아랫 사람에 대해서도「様」가 좋다.「殿」를 쓰면 마치 손아랫 사람 취급을 한 기분이 강하게 느껴져

바람직하지 않기 때문이다.
- 君(군)……친구나 손아랫 남자에 대해 쓰일 경우도 있으나 일반 편지에서는 쓰이지 않는다. 친구의 경우에「兄(형)」「雅兄(아형, 귀형)」선배의 경우에「大兄(대형, 귀형)」「学兄(학형)」「賢兄(현형)」「老兄(노형)」등도 있으나 일반적으로는「様」로 된다.
- 先生(선생님)……은사 등을 비롯해 의사, 변호사, 국회 의원, 목사, 스님, 화가, 서예가 등에 대해 경의를 담아 쓰는 적이 있다.「先生様」는 경칭이 중복되어서 우습다. 그러나 일반 편지로는「様」를 쓰는 것이 보편적이다. 경의를 나타내는 기분은 오히려「侍史(좌하)」등으로 표시하는 쪽이 좋다.
- 御中……회사, 관청, 학교, 단체 등에 보내는 경우에「様」나「殿」의 대신으로 쓰인다.「御中」는 상대방의 이름 왼쪽 아래에 써서 경의를 나타내는 것이므로, 수신인과 같은 행에는 쓰지 않으며, 다음 행에「御」자를 수신인명의 끝 한 자와 약간 겹칠 정도의 위치에 적는다.
- 各位(각위, 여러분)……동일 성격의 다수인에 대해서 보낼 경우에는「会員各位(회원 각위)」라고 쓴다.

또한 연명의 경우「様」는 각각에게 붙여야 한다. 두 사람 몫을 합쳐서 아래에 크게「様」로 쓰는 것은 바람직하지 않다. 이것에 비해「御中」는 경의를 표하기 위해 이름 왼쪽 밑에 붙이는 것이니 끝에 하나만 곁들이면 되는 것이다.

5) 상대방 이름 밑에 쓰는 경칭에 대하여

수신인명에 곁들이는 것은 경칭만으로 되나 때로는「木村幸二様」하고 적은 뒤, 좌측에「侍史(좌하)」등을 덧붙여 쓸 경우가 있다. 이것이 편지에서 겉봉의 상대방 밑에 쓰는 말이다. 본래는 직접 그 사람에게 보내는 것이 실례라고 해서, 그 곁에 있는 비서역「侍史」를 통해서 보낸다는 뜻이다. 따라서 상대방의 이름 아래에 그런 말을 붙여서 곁들이면 수신인에 대해서 그만큼 경의를 나타낸 것이 된다. 이렇게 곁에 붙여 쓰는 말로 흔히 쓰이는 것은 다음과 같다.

- 侍史(좌하)……손윗 사람에 대해서 가장 일반적으로 쓰이는 말이다.「侍史」란 곁에 있는 비서역으로 비서역을 통해 보낸다는 뜻.「執事(집사)」라고 쓰는 것과 같은 취지이다. 또 그 사람 아래에 놓는다는 뜻으로「台下(대하)」「尊下(존하)」등도 쓰인다.
- 机下(궤하)……동연배(동료)에 대해 쓰인다. 책상 아래에 놓는다는 뜻.「机右(좌우)」「座右(좌우)」「座下(좌우, 귀하)」「案下(안하)」등도 같은 취지. 단, 동연배(동료)에 대해서는 최근에 와서 붙이지 않는 것이 일반적이다.
- 御前(앞)……여성의 경우에 쓰인다. 글자 그대로 그 앞에 놓는다는 뜻. 같은 종류의 말로「御前に」「みもとに」「みまえに」등이 있다.

단 최근에는 곁에 붙여 쓰는 말 자체를 생략하는 일이 허다하다. 손윗 사람에 대해서도「様」만으로도 충분하다고 하기에 이르렀기 때문이다.

또한 봉투에「親展(친전)」등이라고 쓸 경우에는 곁에 붙여 쓰는 말을 곁들이지 않는다.「親展」이란 것은 본인이 직접 개봉해 달라는 뜻이며, 비서역을 통해 보낸다는 취지와 모순되기 때문이다. 또 조위문에도 곁에 붙여 쓰는 말을 곁들이면 안 된다. 조위문은 직접 본인에게 전달할 성질의 것이기 때문이다.

6) 앞에 붙여 쓰는 말의 경우

이상은 일반 편지의 뒤에 붙여 쓰는 말이지만 상업문이나 공용문(公用文)에서는 그런 것들이 모두 앞에 붙여 쓰는 말이 된다. 즉 편지의 처음에 날짜, 발신인명, 수신인명을 쓰기 때문이다. 참고삼아 그 형식을 기술하면 다음과 같이 된다.

　우선, 편지의 첫 행 위에 쓰는 것이 편지 번호와 날짜이다. 편지 번호라는 것은 편지에 매긴 일련 번호로 상업문이나 공용문에서는 매기는 것이 일반적이다.

　다음에 발신인명인데 이것은 날짜를 쓴 다음 행 아래에 쓴다. 그럴 경우 발신인명에 주소, 우편 번호, 전화 번호 등을 곁들이는 것은 편지지는 보존되고 봉투는 처분될 때가 많기 때문이다. 끝으로 수신인명인데 그것은 발신인명의 다음 행 위에 온다. 수신인명에 경칭이 붙는 것은 일반 편지의 경우와 마찬가지이다. 또 수신인명에도 주소, 우편 번호, 전화 번호 등을 곁들이는 데 이것은 수중의「부본」에 그것이 남기 때문에 훗날의 연락에 유용하게 쓰이기 때문이다.

(5) 맨끝으로 돌려진 부분

1) 추신(追伸)을 쓰는 법

　날짜를 쓰고 발신인명, 수신인명을 쓰게 되면 그것으로 편지의 본문은 완결한 것이 된다. 그러나, 실제로 그 뒤에「二伸(추신)」이라는 형식으로 다시 덧붙여서 쓸 경우가 있다. 이것이 추신으로 앞에서 기술한 주문(主文)에 대해 부문(副文)으로 불리는 부분이다.

　추신이라는 것은 주문에 쓰다 빠뜨린 것을 나중에 깨닫고 덧붙여서 쓰는 것이 본래의 형식이다. 즉, 주문을 쓴 뒤에 다시 읽어보고 이런 것을 더 덧붙여서 쓰는 것이 좋겠다든지, 이 부분은 표현이 부족하다고 생각하게 되는 일이 생긴다. 그럴 경우에는 주문을 다시 쓰는 대신에 추신의 형식으로 보완하면 되는 것이다. 따라서 이같은 추신

은 손윗 사람에게 보내는 편지라면 바람직하지 않다고도 한다. 그러나, 추신 중에는 처음부터 추신으로 돌릴 것을 예정하고 주문을 써나간 것도 있다. 「追って 準備の都合もございますので ご出席の有無、来る四月十五日までにご一報くださるよう、お願い申し上げます(그리고(아울러), 준비 사정도 있으니, 출석 유무를 오는 4월 15일까지 기별해 주시기 부탁 말씀올립니다)」 같은 것이 그런 종류의 추신이다.

요컨대, 추신이라는 형식이 있는 이상 이것을 적극적으로 활용하는 셈이다. 그것은 다음과 같은 경우에 활용할 수 있다.

(1) 특별히 주의를 끌 필요가 있는 중요한 사항을 일부러 추신의 형식으로 삼는다. 앞에서 기술한 「追って 準備の都合も…」 등은 그런 종류의 추신이다.

(2) 주문에 쓰면 너무 장황해지는 사항을 특별히 추신으로 돌린다. 주문에 방문하고 싶다는 뜻을 적은 뒤, 「追って 当方としては…(그리고(아울러) 우리 쪽으로서는…)」라고 자기측의 사정을 쓰는 것이 그것이다.

(3) 묵직한 용건을 주문 속에 쓰고 가벼운 용건을 추신에 쓴다. 사례로 뭔가를 선물할 경우에도, 주문은 사례에 중점을 두고 「右、とりあえず御礼まで(위(이상), 우선 감사의 인사를 아룁니다)」 하고 맺는다. 그런 뒤 추신의 형식으로, 「追って 当地のみかん 小々、別便をもってお送りいたしましたので、ご笑納いただければ幸いと存じます(그리고(아울러) 이곳 귤을 약간 따로 보냈아오니, 소납해 주시면 다행이라고 생각합니다)」라는 식으로 덧붙인다. 그런 형식 쪽이 도리어 잘 다듬어질 경우도 많기 때문이다.

이상, 세 가지 경우에는 손윗 사람에게 보내는 편지에 쓰여도 결코 실례가 되지 않는다.

추신은 본문 뒤 1,2행을 비우고 덧붙여서 쓴다. 그럴 때 본문과 구별이 되도록 전체를 본문보다 좀 낮추어 쓰되, 본문보다 좀 작을

듯한 글자로 쓴다. 또한 추신에 쓰이는 「追って(그리고, 아울러)」나 「二伸(추신)」은 첫머리말이므로 그 뒤를 한 자 비우고 쓰기 시작한다. 또는 별행을 잡아도 된다.

- 追って …… 본래는 첨가해서 말할 때에 쓰이는 접속의 말이다. 따라서, 「付け加えて申し上げます(덧붙여 아룁니다)」라는 뜻의 첫머리말이다. 같은 종류의 말에 「なお」「なおなお」「なおまた」 등이 있다.
- 二伸 …… 「二」는 「또다시」「다시 한 번」이고, 「伸」은 「말하다」이다. 따라서, 「또다시 아룁니다」의 뜻이 된다. 같은 종류의 말로는 「追伸(추신)」「追白(추백)」「再白(재백)」「再伸(재신)」 등이 있다.

맺는 말은 특별히 쓰지 않아도 되지만, 써야 할 경우에는 「再拝(재배)」 또는 「以上(이상)」로 한다.

2) 첨서(添書)의 이용

추신과 같은 형식을 취하는 것에 첨서가 있다. 첨서라는 것은 본문에 편의적으로 덧붙여 쓰는 부분이다. 예를 들어, 연하장에서 「謹賀新年(근하 신년)」이라고 쓴 뒤 한 단을 낮추어서 약간 작은 글자로 「旧年中はいろいろお世話になりました。本年も何とぞよろしくお願い申し上げます(지난해에는 여러 가지로 신세를 졌읍니다. 올해도 부디 잘 부탁 말씀 올립니다)」라고 덧붙여 쓰는 것이다. 그럴 경우에는 「追って(그리고, 아울러)」「追伸(추신)」 등의 첫머리말은 쓰지 않으며 그런 점에서 첨서는 추신과는 다르다.

그런 종류의 첨서는 주된 통신에 곁들인다는 점에서 본래는 가벼운 부분이다. 그러나, 실제로는 첨서 쪽이 중요한 통신문이 되는 때도 적지 않다. 예를 들어, 복중 문안편지에 이사 통지를 곁들이는 것 등이 그것이다. 그럴 경우에는 「暑中お見舞申し上げます(복중 문안 말씀 올립니다)」라는 부분이 본문이며, 한 단 낮추어서 약간 작은 글자로 이사를 덧붙여 쓴다. 즉 「このたび次のとおり転居いたしましたので, 併してご通知申し上げます(이번 다음과 같이 이사했으므로 아울러 통지 말씀 올립니다)」이하가 첨서이다. 그러므로, 내용적으로는 복중 문안이 가벼운 부분이고 이사 통지가 묵직한 부분이 된다. 전체로 보면 「暑中お見舞い申し上げます(복중 문안 말씀올립니다)」가 전문(前文)의 역할을 하게 되고 첨서 쪽이 주문(主文)이 되는 형식이다. 요컨대, 복중 문안의 형식을 빌린 이사 통지라고 생각해도 된다. 이런 방법은 형식적인 복중 문안을 실질적으로 하는 점에서 하나의 유효한 이용법이다.

또한, 주된 통신문이 인쇄일 경우에는 그 인쇄문만을 보내면 사무적으로 느껴질 때도 있다. 그런 경우에 몇 자 자필로 덧붙여 쓰는 것도 첨서이다. 예를 들면 연하장인데, 「謹賀新年」 뒤에 「旧年中は(지난해에는……)」까지는 인쇄해 놓는다. 그리고 나서 보내게 될 때에 그 여백에 뭔가 덧붙여 쓴다. 「当地にお越しの節はぜひお立ち寄りくださるよう, お待ちしております(이곳에 행차하실 때는 꼭 들러주시기를 고대하고 있습니다)」「宏もやがて一歳, ようやく片言を話すようになりました(宏도 이럭저럭 한 살, 겨우 서투른 말을 할 수 있게 되었습니다)」등 상대측에 따라 내용을 바꾼다. 받는 쪽으로서는 그 자필로 덧붙여 쓴 몇 자에 대해 도리어 친근감을 느끼는 법이다. 그런 종류의 첨서는 연하장뿐만 아니라 인쇄된 안내장, 인사장 등에 써도 효과적이다.

3) 별기(別記)의 이용법

편지의 주문에 포함시킬 용건은 모두 주문에 포함시켜야 하는 것인지도 모른다. 그러나, 실제로 용건의 전부를 포함시키게 되면, 도리어 장황하게 이어져 이해하기 힘들게 되는 경우도 있다. 그럴 때에 이용되는 것이 이 별기이다.

　예를 들면 동창회 안내장인데 일시, 장소, 회비 등을 담게 된다. 이것을 주문 속에 넣으면「このたび 来る六月二十日（日曜日）午後六時から，東京観光ホテル（港区高輪〇－〇－〇 電話〇〇〇－〇〇〇〇）において第十六回クラス会を， 会費金参千円にて催すことになりましたので…(이번 오는 6월 20일(일요일) 오후 6시부터, 東京 관광 호텔(港区高輪〇－〇－〇 전화〇〇〇－〇〇〇〇)에서 제 16 회 동창회를 열게 되었으므로…)」라고 이어져 매우 번거롭다. 뿐만 아니라 중요한 항목이 본문 속에 파묻혀 버려 알기 힘들게 된다. 받은 쪽에서도 필요한 항목에 붉은 줄을 치게 된다. 그럴 경우에는 그 부분을 별기로 꺼내 조목별로 하는 쪽이 훨씬 알기 쉬운 것이다.

　별기를 이용할 경우에는, 주문 쪽은 「別記のとおり催すことになりましたので，万障お繰り合せのうえご出席くださるようお願い申し上げます(별기와 같이 개최하게 되었으므로, 만사를 제쳐놓고 왕림해 주시기 바랍니다)」로 해 놓는다. 그 중「別記のとおり(별기대로)」라는 것이 별기의 복기(伏記)로 일컫는 부분이다. 별기를 이용할 경우에는 반드시 그런 종류의 복기를 넣는다.「左記のとおり(좌기와 같이)」「後記のとおり (후기와 같이)」「別記のごとく (별기와 같이)」「後記の件につき(후기의 건에 관해)」「後記の条件にて(후기의 조건으로)」등으로, 그 입장에 따라 그것의 상세함을 별기로 돌렸음을 분명히 하는 것이 그런 종류의 복기이다.

　별기의 처음은 행 중간에「記(기)」라 쓰고, 그 뒤에 한데 모은다. 그럴 때 한 자를 낮추거나 좀 작은 글자를 쓰는 것으로 본문과 구별할 수 있도록 한다. 또한 본문 속에 쓰면「ます(입니다)」체로 일관시키지 않으면 안 되나 별기로 하게 되면「である(이다)」체나「조목별 쓰기」라도 된다. 앞에서 기술한 동창회의 별기는 다음과 같이 된다.

記

　　日時　六月二十日（日曜日）午後六時から
　　場所：東京観光ホテル　港区高輪〇一〇一〇
　　　　　　　　　　　　　　　電話〇〇〇一〇〇〇
　　会費：金参千円(当日受付にて払い込むこと(당일 접수에서 불
　　　　　　입할 것))

　별기의 처음은「記」로 쓰는 대신에 예를 들어「第十六回クラス会(제16회 동창회)」라고 표제를 써도 무방하다. 받는 쪽으로서는 이같은 별기 쪽이 알기가 쉽다.

4) 별지(別紙)의 이용법

　별기의 내용이 더욱 많아져 본문과 같은 용지에 다 쓰지 못할 경우에는 그 부분을 다른 용지에 쓰게 된다. 그것이 「별지」이다. 그럴 경우에는 복기 쪽도 「別紙のとおり(별지와 같이)」「同封別紙のごとく(동봉한 별지와 같이)」등으로 된다. 별지 쪽은 행의 처음, 또는 난외에 괄호를 붙여 (別紙)라고 쓴다. 예를 들면 목록이나 여행 일정의 경우인데 그것을 별지의 형식으로 해 놓으면, 받는 쪽에서도 그것만을 따로 활용할 수가 있어 여러 가지로 편리하다.

　또, 별지로 하면 다른 목적으로 작성한 서류를 그대로 동봉할 수도 있다. 「프로그램」이나「영수증」같은 것은 각각 독립된 문서인데, 그것을 그대로 동봉해도 된다. 또한, 그런 종류의 동봉(同封) 문서가 있을 경우에는 만약을 위해 본문 용지의 끝 쪽에 그 취지를 적어 놓는다. 즉, 「同封プログラム壱通(동봉 프로그램 한 통)」「同封領收証壱葉(동봉 영수증 한 장)」등으로 해 놓는다. 이런 형식으로 여러 가지의 서류를 동봉할 수 있는 것도 봉함 편지의 이점이다.

　그런데, 이상이 본래의 별지이나 별지 중에는 복기로서의「別紙

のとおり(별지와 같이)」등을 적지 않은 이용법도 행해지고 있다. 그것은 별지라는 것이 그만큼 따로 할 수 있다는 점을, 적극적으로 이용하는 방법이다. 예를 들면 표면상의 통신을 본문의 형식으로 쓰고, 그것에 대한 주석이나 본심을 별지로 하는 것이 그것이다. 편지 중에는 표면상의 형식으로 다른 사람에게 보이거나, 다른 서류에 부속시키지 않는 것도 있다. 끝으로「ご母堂様にもよろしくお伝えくださるよう、お願い申し上げます(자당님에게도 안부 전해 주시기 부탁 말씀 올립니다)」라고 하면서, 전문(全文)을 보이게 되면 곤란한 것도 있다. 그럴 경우에는 형편이 좋지 않은 부분을 별지로 하고, 그 부분을 분리해 통용시키는 일도 있다.

또한, 동봉이라는 점에서 생각하면 답신용 엽서의 동봉 역시 별지의 일종으로 생각해도 되는 것이다. 때로는 답신용 봉투를 동봉하는 것도 행해지고 있다는 것은 주지하는 바와 같다. 그러나, 동봉한 것 중에는 우편 요금 관계로 별편으로 하는 쪽이 값이 싸게 드는 경우도 있다. 그럴 경우에는 별지가 아니고 별편이 되는 셈이다.

(6) 용지와 봉투를 이용하는 법

1) 용지의 종류와 쓰는 법

보통의 일반 편지는 편지지에 펜으로 쓴다. 과거에는 두루마리에 붓으로 쓰는 것이 정식 편지였으나 현재는 별로 사용하지 않는다. 격식을 차릴 경우에는 두루마리에 먹으로 쓰고 그대로 인쇄한 것도 쓰이나 일반 편지이면 편지지에 펜으로 쓰는 것이 좋다. 잉크는 검푸른 빛이 일반적이나 청색 또는 흑색이라도 무방하다. 청색은 밝은 느낌을 주고, 흑색은 묵직한 느낌을 주므로 내용에 따라 가려 쓰는 것도 한 가지 방법이다.

일반 편지에 쓰이는 편지지의 크기는 표준이 흰 종이에 괘선을 넣은 B5 판 양지(洋紙)이다. 지질에는 여러 가지가 있으나 너무 상질(上質)의 것은 사치스러운 인상을 주고, 갱지는 빈약해 보여 좋지 않다. 외국에 보내는 항공편이면 무게를 줄이기 위해 얇팍한 항공용 편지지를 써도 되지만 일반의 국내용에는 맞지 않는다. 괘선의 간격은 9mm 전후가 일반적이다. 소형(小型)이나 가는 괘선은 여성용, 색이나 무늬가 들어 있는 것은 소녀 취미, 일본 종이의 일본식 편지지는 취미용이다. 일반 편지에는 그런 종류의 색다른 편지지를 쓰지 않는 것이 좋다.

편지에 원고 용지나 리포트 용지를 이용하는 사람도 있는 데, 그런 것들은 본래 원고용의 것이며 편지용은 아니다. 양지를 그대로 손수 재단해서 쓰는 것도 가지고 있는 종이로 임시 변통한 인상을 주어 바람직하지 않다. 또, 회사명이나 관청명이 들어 있는 편지지를 사용하는 것은 공적인 입장에서 보내는 편지에 한정돼 있다. 개인의 용건으로 보낼 경우에 그런 편지지를 사용하면 공사(公私) 혼동의 비난을 면치 못한다. 그러므로 일반 편지용으로는 시판되고 있는 평범한 편지지가 무난하다. 그리고 종류를 정하여 항상 똑같은 편지지를 사용하는 것이 여러 모로 편리하다.

편지지에 쓸 경우에는 상하 다같이 반자(半字) 정도 비우고, 괘선 사이에 글자를 써 간다. 큰 글자로 괘선을 무시할 경우도 있으나, 큰 글자로 괘선을 무시하는 것은 바람직하지 않다. 무슨 일이 있어도 작은 글자는 쓰지 못한다고 하는 사람이면 1행 건너고 써도 된다. 그것도 번거로운 사람은 괘선이 들어 있지 않은 편지지를 사용하는 것이 좋다. 괘선이 없을 경우에는 괘선이 있는 책받침을 받치고, 행의 뒤틀림이 없도록 쓸 필요가 있다.

편지지는 반드시 두 장 이상에 걸치도록 한다. 소정의 위치에 페이지를 가리키는 숫자를 적는다. 단, 뒤에 붙이는 날짜, 발신인명, 수신인명이 두 장에 걸치거나 또는 그 부분만이 다른 한 장의 편지지

처음에 오는 일이 없도록 한다. 그런 경우에는 말문의 인사말 등을 좀 덧붙여서 다음 한 장에 한 줄이라도 좋으니 본문을 쓰고 그 다음에 뒤에 붙이는 말을 적는다. 말문에는 써도 되고 쓰지 않아도 되는 인사말이 있는 것은, 신축 자재이기 때문이다. 하기야 편지의 내용에 따라서는 꼭 전체가 한 장으로 끝나고 말 때도 있다. 그럴 경우에는 따로 똑같은 편지지를 백지인 채로 한 장을 곁들여 전체가 두 장이 되게 한다. 한 장으로 끝나는 편지 중 특별히 짧은 것은 처음 행부터 쓰기 시작하지 말고 1,2 행 비우고 쓰기 시작해도 된다. 또, 첫머리 말의 「拝啓」 등을 별행으로 잡아도 된다. 수신인명을 쓸 때는 발신인명의 뒤 1 행을 비워도 무방하다. 반대로 행수(行數)가 부족할 경우에는 날짜 밑에 발신인명을 써도 된다. 그렇게 하면 뒤에 붙이는 2 행으로 해결되기 때문이다.

끝으로 두루마리의 사용법에 언급하고자 한다. 두루마리는 폭이 좀 넓은 것과, 좁은 것의 두 종류가 있다. 그럴 경우 일반 편지는 폭이 좁은 쪽이 무방하다. 폭이 넓은 것은 축복이나 애도 같은 묵직한 경우에 쓰인다. 색은 둘 다 백색이 정식이다. 다소 빛깔이 있는 일본 종이는 역시 취미용이다.

두루마리에는 이음매가 있다. 그것이 쓰기 시작하는 가까이에 오는 것이면 이음매를 잘라 내고 사용한다. 쓰기 시작은 8cm 정도 비우고, 쓰기 끝은 6cm 정도 비워서 잘라 낸다. 각행은 위쪽을 한 자 정도 비우고 밑을 한 자보다 작게 비우면 보기에 좋다. 1 행에는 12,3 자를 기준으로 하고 행간은 한 자 이하로 한다. 또, 이음매 위에 글자를 쓰지 않도록 한다. 행을 바꿀 때에는 한 자를 낮추지 않고 구두점은 찍지 않는다.

또한, 두루마리는 겉이 바깥쪽으로 되어 있으므로 익숙한 사람은 그것을 왼손에 쥔 채 오른손으로 붓을 잡고, 거침없이 써 나갈 수 있다. 그럴 경우는 써 놓은 부분을 밑으로 늘어뜨리게 한다. 그러나, 지금에 와서는 그처럼 능숙하게 쓸 수 있는 사람이 많지 않다. 그러므로 책상 위에서 조금씩 펼치면서 써 나가면 된다.

2) 봉투의 종류와 사용법

편지지에 쓴 편지는 봉투 속에 넣는다. 봉투는 위에서 넣는 긴봉투(세로 봉투)와 가로에서 넣는 각봉투(가로 봉투)가 있다. 크기는 긴봉투의 경우 세로 20.5cm, 나비 9cm, 각봉투의 경우는 세로 16cm, 나비 11.5cm가 표준이다.

긴봉투는 한 겹짜리 외에 안쪽으로 얄팍한 종이가 있는 두 겹짜리도 있다. 두 겹짜리는 특별히 손윗 사람에게 보낼 때나 정중히 해야 할 경우에 쓰인다. 단, 경사스럽지 못할 경우에는 불행이 겹치는 것을 피한다는 뜻에서 두 겹짜리는 사용하지 않는다. 어느 경우에도 일반 편지로는 백색이 일반적이다. 갈색 봉투는 업무용, 무늬가 있는 것이나 소형은 여성용이며 소형이라고 해도 우편으로 보내는 최소한은 세로 14cm, 나비 9cm 이다. 또한 정형(定型) 우편물의 최대한(最大限)은 23.5cm 에 12cm, 두께 1cm 이다. 이것을 넘는 것이라도 40cm 에 27cm, 두께 10cm 까지는 정형 우편물로서 보낼 수 있다. 그러나, 동봉한 것이 클 경우에는 그것을 별편으로 하고, 편지 쪽은 보통 봉투로 보내는 것이 예의바른 방법이다.

편지지를 봉투에 넣을 때에는 당연한 일이지만 페이지의 빠른 쪽을 위로 하고 맞춰서 글자 쪽을 안쪽으로 하여 접게 된다. 긴봉투의 경우에는 세로의 긴 편지지를 밑으로부터 위로 반을 접고, 또 한 번 밑으로부터 위로 반을 접어 세로의 길이로 한다. 또, 봉투를 뒤집었을 때에, 편지지의 우측이 위로 오도록 편지지의 위아래 끝을 맞춘 곳이 뒤쪽에 오도록 하고 넣는다. 각봉투의 경우에는 세로 길이의 편지지를 밑에서 우측으로 위로 반을 접은 뒤, 좌측에서 우측으로 반을 접어 사각이 되게 한다. 또, 봉투를 뒤집었을 때에 뚜껑이 되는 삼각 부분이 오른쪽에서 겹치도록 하고, 편지지의 끝이 맞은 곳이 위와 오른쪽에 오도록 하고 넣는다. 각봉투의 경우 삼각의 뚜껑이 왼쪽으로부터 겹치듯이 하는 것은 부축의(不祝儀)의 겹치기이니 주의하지 않으면 안 된다. 이런 역(逆) 겹치기는 장례식의 사례 편지 등에 쓰이는 방법이다.

두루마리의 경우에는 긴봉투를 사용한다. 다 쓴 두루마리를 문자면(文字面)이 안쪽으로 되게 끝 쪽에서부터 말아 간다. 그리고, 수신인명의 부분이 접친 금이 되지 않도록 주의해서 평평하게 접는다. 봉투에 넣을 때에는 각행 글자의 위아래가 봉투의 위아래와 똑같아지도록 한다. 부축의의 경우에 일부러 거꾸로 넣는 방식도 있었으나 현재는 별로 쓰이지 않고 있다. 그러나, 거꾸로 넣는 것은 본래 부축의인 경우에 사용하므로 일반 편지에 쓰이면 좋지 못한 연상이 작용해 실례가 되므로 주의해야만 한다.

또한, 봉투의 경우도 편지지와 마찬가지로 회사명이나 관청명이 들어 있는 것은 공적인 입장에서 보내는 편지에 한정돼 있다. 개인끼리의 편지에 그것을 사용하면 공사를 혼동하는 것이 된다. 시판하는 평범한 봉투를 사용하는 것이 무난하다.

3) 겉봉을 쓰는 법

봉투의 겉면에는 그 편지의 수신처를 명확 상세히 쓰고, 수신처 불명이 되지 않도록 한다. 윗부분의 소정(所定)의 위치에 우편 번호를 적고, 왼쪽 위에 우표를 반듯하게 붙인다. 우표는 우편 요금이 부족되지 않도록 주의한다. 평상시에 똑같은 지질의 편지지와 봉투를 쓰고 있으면 최저 요금으로 몇 장까지의 동봉(同封)이 가능한지 짐작되기도 해서 편리하다.

수신처를 쓸 때에는 편지의 본문과 같은 빛깔의 잉크를 사용한다. 본문이 두루마리에 붓으로 썼을 경우에는 먹으로 쓴다. 또, 본문이 종서(縱書)일 경우에는 긴봉투, 각봉투 다같이 봉투를 세로 길이로 사용한다. 그리고, 수신인명이 중앙에 오도록 하고, 그 우측에 수신인명보다 약간 작은 글자로 수신인의 주소를 쓴다. 주소는 도·도·부·현(都道府県)의 이름, 시·군·구(市郡区)의 정·촌(町村)의 이름, 정목(丁目), 자명(字名), 번지로 이어진다. 정목 이하는「一丁目二番三号」를「一一二一三」으로 약해도 된다. 저명한 시(市)의 이름은 군·도·부·현의 이름을 생략해도 된다. 우편 번호가 똑바르면 그 밖이라도 도·부·현의 이름을 생략해도 된다. 동일 시·군·구에다 보낼 경우에는, 군·도·부·현의 이름과 시의 이름을 생략해도 된다. 어쨌든 간에 주소가 길어서 2행에 걸칠 경우에는 정·촌(町村)의 이름에서나, 또는 정촌의 이름 뒤에서 줄을 바꾸고, 계속을 한 줄째보다 좀 낮추어서 적는다.

유숙처 등은 별행으로 하고 좀 작은 글자로「上田樣方(上田씨 댁(방)」「上田樣御內(上田씨 댁)」로 한다. 건물에 명칭이 있을 경우에는「山手壯內(山手壯 안)」「山手マンション二〇三(山手맨션 203)」「公団住宅二-三〇五(公団住宅(2-305)」처럼 적는다. 정식의 주거(住居) 표시이면 실번호(室番号)를 주거 번호로 넣고,「一丁目二番三-二〇三 (1정목 2번 3-203)」이라든지,「一丁目二番三-二-三〇五 (1 정목 2번 3-2-305)」가 된다. 이런 경우에는「山手マンション」이나「公団住宅」을 곁들여 쓰지 않아도 되는 것이다.

수신인 당사자가 여행 도중에 받을 경우에는「第一ホテル気付(第一 호텔 전교)」로 적는 방법도 있다. 수신인보다 먼저 도착한다고 생각될 때에는, 수신인명을 적은 뒤 왼쪽 옆에「倒着予定(도착 예정)」이라든지,「留置(유치)」라고 덧붙여 써 놓는다. 또, 우체국 앞으로 보내 놓고, 수신인 쪽에서 그 우체국을 찾아가 그것을 받는 유치제도(留置制度)도 있다. 여관이 미정인 채로 여행을 할 때에는 우체국에 들를 것을 예정하고, 편지를 그 우체국에 유치하게 되면 확실히 전달된다. 유치 우편의 경우에는 그 우체국의 주소를 쓰고, 수신인명 앞에「城北郵便局留置(城北우체국 유치)」등으로 쓰면 된다. 다만, 유치 기간은 우편물 도착일로부터 10일 이내이다.

수신인명은 대체로 중앙에 오도록 하되 높이는 주소를 쓰기 시작한 첫머리보다 좀 낮추고, 주소보다 좀 큰 글자로 쓴다. 그런 뒤 수신인명과 같은 크기로 경칭의 「樣(씨, 님)」 등을 적는다. 수신인명과 경칭은 편지 뒤에 붙여 쓴 것과 똑같이 한다. 연명의 경우도 마찬가지이다. 뒤에 붙여서 「侍史(좌하)」 등의 경칭을 곁들였을 경우에는 겉봉도 똑같이 적는다. 또한, 봉투의 겉봉 쪽은 그밖에 「親展(친전)」 등의 수신인 이름 옆이나 아래에 써 넣는 말이나, 「願書在中(원서 재중)」 등의 내용 표시어를 좌측의 여백에 적을 경우도 있다.

　일반적으로 수신인 이름 옆이나 아래에 써 넣는 것은 다음과 같은 말이 쓰인다.

- 親展……「親」은 「몸소」, 「展」은 「펴 보다」로, 「본인이 몸소 개봉해 주십시오」라고 하는 뜻이다. 일반 편지는 예를 들면 주인이 부재중일 경우에 부인이 개봉할 때도 있는데, 「親展」이라고 씌어 있으면 당사자 이외의 사람이 개봉해서는 안 된다. 따라서, 특별히 남이 보는 것을 꺼리는 중요한 편지의 경우에는 「親展」이라고 쓴다. 같은 종류의 말에 「直披(친전)」 「親披(친전)」 등도 있다. 특히 손윗 사람에게 보낼 경우에는 「御親展」 「御直披」 「御親披」 라고 한다. 또한, 봉투에 「親展」 등이라고 쓸 경우에는 뒤에 붙이는 수신인명에는 수신인 이름 옆에 붙이는 경칭으로서의 「侍史」 등을 곁들이지 않는다. 비서역을 통해 전달하는 취지와 모순되기 때문이다.
- 至急……특별히 시급을 요할 경우에는 「속달」로 하는 외에 「至急」이라고 쓴다. 「至急」라고 씌어 있으면 본인이 부재중이더라도 누군가 개봉하고 본인에게 내용을 연락한다. 「急用」라고 써도 된다. 반대로 특별히 급한 용무가 아닌 것, 본인이 부재중일 적에는 귀가를 기다려 개봉해도 되는 것은 「平信(평신)」이라고 쓴다. 일반적으로 아무것도 씌어 있지 않으면 「平信」 취급을 하게 된다.

- ◉**拝答** …… 「拝」는 「겸손하다, 자기를 낮추다」, 「答」는 「대답하다, 응답하다」로, 「삼가 대답드립니다」라는 뜻으로 답신의 경우에 쓴다. 같은 종류의 말에 「奉答(봉답)」「貴酬(귀수)」 등이 있다. 또, 그 편지가 답신이 아니고 답신을 원할 경우도 있다. 그럴 때에는 「求返信(답신을 원함)」「待貴答(귀하의 답신을 기다림)」「待貴報(귀하의 서신을 기다림)」 등으로 쓴다.
- ◉**公用** …… 본인이 부재중일 때 그 직무를 담당하는 다른 사람이라도 일을 볼 수 있을 경우에 쓴다. 「公用」라고 쓰게 되면, 담당자가 교체되었을 경우라도, 현재 그 직무를 담당하고 있는 사람에게 보낸 것이 된다. 「公信(공신)」「商用(상용)」 등도 쓴다.
- ◉**使狀** …… 편지를 우편이 아니고 심부름꾼에게 의탁했을 경우에 쓴다. 「使信(사신)」「幸便(좋은 인편)」 등으로도 쓴다. 또 「託田中樣(田中씨에게 의탁함)」이라고 심부름한 그 사람의 이름을 쓸 때도 있다.
- ◉**持参** …… 소개장을 소개받는 본인이 가지고 갈 경우 등에 「田中樣持参(田中씨 지참)」이라고 쓴다. 본인이 동연배(동료) 또는 손윗 사람일 경우에는, 「拝託田中氏(배탁 田中씨)」 등이라고 한다.

또한 특별히 중요한 편지일 경우에는 「書留(등기 우편)」로 할 뿐만 아니라 겉봉의 수신인 이름 옆에 「重用(중용)」라고 쓰기도 한다.

끝으로 「願書在中(원서 재중)」 등의 내용 표시어(表示語)인데, 그것은 다른 편지와 혼동되는 것을 방지하기 위한 것이다. 원서를 제출할 경우에, 특별히 「願書在中」라고 주서(朱書)하는 것을 의무화하고 있는 학교도 있다. 다만, 수신인명을 쓰는 부분에 통신 목적을 위해 쓸 수 있는 것은 5자까지이다. 6자 이상을 쓰게 되면 정형(定形) 우편물 취급을 받지 못한다. 그럴 경우에는 봉투 아래로 3분의 1 이하의 곳에 횡선을 긋고 거기에 용건을 쓰면 된다. 여기에는 「ご主人樣ご不在の場合は、どなたか開封のうえ至急ご連絡ください(주인이

부재중일 경우에는 누구든지 개봉하고서 시급히 연락해 주십시오)」
등의 통신문을 써도 무방하다.

4) 봉투의 뒷면 쓰는 법

 봉투의 뒷면에는 그 편지의 발신인 주소와 성명을 명확 상세히 쓴다. 그것은 발신인을 분명히 할 뿐만 아니라, 수신처 불명일 경우의 반환 처리가 되기 때문이다. 또, 날짜를 쓰고 봉한 곳에「〆(しめ)등의 봉함표를 쓴다.

 발신인의 주소와 성명은 편지의 본문과 같은 색의 잉크를 사용한다. 본문이 먹일 경우에는 먹으로 쓴다. 본문이 종서일 경우에는 종서로 한다. 요컨대 봉투의 겉봉 쓰기와 같은 요령으로 쓰면 되는 것이다. 단, 뒷면을 쓸 경우에는 주소와 성명을 고무 도장으로 해도 되고 또는 인쇄해 놓아도 무방하다. 편지의 본문에 서명이 있으면 봉투의 이서는 서명이 아니라도 실례가 되지 않기 때문이다.

 또한, 봉투의 겉면 3분의 1 이하의 곳에 횡선을 긋고 그 부분을 수신인명 이외의 용도에 사용할 수가 있다. 그 때문에 회사나 관청 등에서는 그 부분에 발신인명의 주소, 회사명, 관청명을 인쇄해 놓는 일도 행해지고 있다. 단, 일반 편지에서는 뒷면에 쓰는 것이 일반적이다.

 발신인의 주소, 성명을 봉투 뒤에 쓸 때에는 긴봉투와 각봉투의 글자 배치가 약간 다르다. 긴봉투의 경우에는 주소를 중앙의 이음매 우측에 봉한 자리보다 낮추어서 쓴다. 그럴 때에 겉면 쓰기의 주소보다 작은 글자로 쓴다. 그리고, 성명을 중앙의 이음매에서 좌측으로 주소보다도 약간 큰 글자로 자간(字間)을 벌리고 쓴다. 단, 시판되는 긴봉투는 우편 번호 기입용의 테가 이음매에서 좌측으로 인쇄되어 있기 때문에 발신인의 주소 성명의 양쪽을 이음매에서 좌측으로 쓰는 것도 행해지게 되었다. 그렇게 해도 무방한 것이다. 각봉투의 경우에는 한복판에 봉한 자리가 오기 때문에 그 봉한 자리에서 좌측으로, 전체로서는 약간 아래쪽에 주소, 성명을 쓰면 된다. 시판되는 각봉투는 봉한 자리에서 왼쪽 아래, 또는 위로 우편 번호 기입용의 테가 인쇄되어 있으니, 그 위아래에 위치하도록 하면 되는 것이다.

발신인의 주소, 성명은 겉면 쓰기의 경우와 똑같은 요령으로 적는다. 요컨대, 그 편지를 받은 상대측이 그대로 수신인명으로서 써도, 똑바로 전달되도록 쓰면 되는 것이다. 단, 유숙처는「山田樣方(山田씨 댁(방))」로 하지 않고, 경칭을 생략한「山田方 (山田댁(방))」로 한다. 여행중에 보낼 경우에는「熱海にて木村幸二(熱海에서 木村幸二)」로 쓰기도 하는데 그것이면 수신처 불명일 경우 허공에 뜨고 만다. 그럴 때에는 발신자의 성명 좌측에 작게 자택의 주소를 곁들여 쓰는 것이 좋다.

날짜는 본문과 똑같은 것을「一九八九年三月五日」처럼 쓴다. 평소에 자주 주고 받을 때에는 연대를 생략하고,「三月五日」만으로도 된다. 그밖에 특별한 경우의 쓰기는 본문과 같아도 된다. 본문을 쓴 날, 봉투를 쓴 날, 실제로 우체통에 넣는 날 등이 달라질 때도 있으나, 날짜로서는 어느 한쪽의 날짜로 통일해도 무방하다. 날짜를 쓰는 위치는 긴봉투의 경우 이음매에서 우측 부분으로 약간 위쪽이다. 어느 경우에도 주소보다 약간 작은 글자로 쓴다.

끝으로「〆」등의 봉함표이다. 일반 편지의 경우에는 봉할 때에 풀로 붙인다. 셀로판테이프나 호치키스를 써서는 안 된다. 그리고, 풀로 붙인 부분에 걸치도록「〆」라고 쓴다. 봉함표에는 다음과 같은 것이 있다.

○ 〆 …… 봉함표라고 한다. 간략하기 때문에 가장 널리 쓰이고 있다.「封(봉)」「締(체)」등의 글자를 쓰기도 한다. 고무 도장의 경우에는「封」를 사용한다.

○ 緘(함) ……「아가리를 닫는다」는 뜻으로 묵직할 경우에 쓰인다. 고무 도장으로「緘」이라고 찍어도 된다. 「封緘」「緘封(함봉)」

「嚴緘(엄함)」「嚴封(엄봉)」등으로 쓰는 적도 있다.
- 寿(수) …… 축의(祝儀)의 경우에 쓰인다. 「賀(하)」라고도 한다. 또 「寿」나 「賀」의 글자가 쓰인 봉인지를 붙여도 된다. 그러나, 축의의 경우 이외에 봉인지를 붙이는 것은 일반 편지로서는 바람직하지 않다.
- つぼみ …… 여성의 경우에 쓰일 때가 있다. 한자로 「蕾(뢰)」 「莟(함)」 등이라고도 쓴다.

특별히 중요한 편지일 경우에는 봉투의 다른 이음매 위에도 봉함표를 쓰는 때가 있다. 그러나, 일반 편지로서는 어지간한 내용이 아닌 한 일반적으로는 쓰지 않는다. 현금 등기 우편용의 봉함지와 압인은 제도상 그렇게 되어 있으며 그것과는 다르다.

5) 가로쓰기에 대하여

일본어를 쓸 경우의 전통적인 쓰기는 우측에서의 세로쓰기이다. 그러나, 구문식(欧文式)으로 좌측에서부터 옆으로 써 나가는 좌횡서(左橫書)도 행해지고 있다. 특히 최근에 와서는 공용문의 가로쓰기에 맞춰 일반 회사에서도 가로쓰기의 편지가 두드러지게 되었다. 그것에 자극을 받아 일반 편지에도 가로쓰기의 형식을 볼 수 있게 되었다. 그래서, 참고삼아 여기서도 가로쓰기에 대해 언급해 두고자 한다.

우선, 전체의 구성으로 세로쓰기의 서간문을 그대로 가로에 쓰는 것은 아니다. 가로쓰기의 경우에는 전체의 구성도 바뀌고, 뒤에 붙는 말이 앞에 붙이는 말이 되기 때문이다. 공용문이나 상업문에서는 뒤에 붙는 날짜, 발신인명, 수신인명을 모두 앞에 붙인다. 즉, 제일 처음에 오른쪽 귀에 날짜를 쓰고 다음에 좌측에다 수신인명을 쓴 다음, 마지막으로 우측에다 발신인명을 쓴다. 그런 뒤 전문, 주문, 말문으로 이어지는 것이다.

그러나, 그 형식은 매우 사무적이고 일반 편지로서는 바람직하지 않다고 한다. 일반 편지의 경우에는 그 중의 발신인명을 뒤에 붙이는 말로 남길 때가 허다하다. 즉, 영문 편지의 형식과 똑같게 하는 것이다. 우선 오른쪽 귀에 날짜를 쓰고, 다음 좌측에다 수신인명을 쓴다. 그런 뒤 전문, 주문, 말문으로 이어지며 끝으로 우측에다 발신인의 서명을 하게 되는 것이다. 또한, 날짜에 대해서는 오른쪽 귀 대신에 말문 뒤로 옮겨 좌측에다 쓰는 방식도 행해지고 있다. 그렇게 되면, 뒤에 붙이는 말 중 수신인명만 앞에 붙이는 말이 되는 셈이다.

다음은 용지와 봉투의 사용법으로 옮긴다. 보통의 세로쓰기 것을 그대로 가로쓰기로 해서 사용해도 된다. 그럴 경우에는 세로쓰기를 시작하는 행이 위로 오도록 가로가 되게 하고, 첫 행의 우측에다 날짜를 쓴다. 단, 최근에는 가로쓰기 용의 세로 길이에 사용하는 편지지도 시판되고 있다. 또는, 영문 편지처럼 괘선이 없는 편지지를 사용하는 것도 한 가지 방법이다.

봉투 쪽은 긴봉투의 경우 우표 부분이 오른쪽 귀에 오도록 가로로 하고 수신인명이 중앙에 오도록 하여 그 위에 주소를 쓴다. 단, 우편번호는 소정의 위치에 세로쓰기의 경우와 같은 방향으로 기입하지 않으면 안 된다. 그것은 기계 처리를 위해 꼭 그렇게 쓰지 않으면 곤란하다는 것이다. 봉투 뒷면에 쓰는 것은 아래쪽 우측에다 발신인의 주소, 성명을 쓴다. 날짜는 위 반분의 좌측에 쓴다. 업무용 봉투이면 봉투의 겉면 아래 3분의1 을 이용해서 발신인명을 인쇄하는 경우도 많으나, 일반 편지에서는 뒷면으로 돌리는 것이 보통이다.

각봉투를 사용할 경우도 가로 길이로 하고, 같은 요령으로 쓸 수 있다. 그러나 각봉투의 경우에는 무리하게 가로 길이를 하지 않아도 충분히 가로쓰기를 할 수 있기 때문에, 세로 길이인 채 사용할 때도 많다. 그럴 경우에는 좌측 위가 우표, 우측 위가 우편 번호인 채, 수신인명의 가로쓰기가 중앙에 오도록 하며 그 위에 주소를 가로쓰기 한다. 각봉투의 경우도 겉면 아래쪽 3분의1 을 발신인의 주소, 성명에 충당해도 되나 일반 편지에서는 뒷면에 쓰는 것이 일반적이다.

다음은 문자법인데 가로쓰기의 경우에는 숫자 쓰는 법과 구두점이 달라지게 된다. 우선 숫자는 산용 숫자(아라비아 숫자)와 병용되기 때문에 수량, 순서 등을 나타내는 숫자는 원칙으로서 산용(算用) 숫자를 사용한다. 그리고,「만(万)」「억(億)」「조(兆)」등의 단위와 합쳐 다음과 같이 쓴다.

　　작은 숫자 : 35　280　45.5　0.78
　　큰 숫자 : 3,245,175　5万(만) 3,481　3億(억)
　　분수・비율 : 3分の(분의)1　2割(할) 3分(분) 4厘(리) 23.4%
　　특별한 숫자 : 電話番号 (전화 번호) (03) 260-3533
　　郵便番号(우편번호) 〒62 〒235-14
　　일시 : 3か月(개월) 1976年(연)
　　　　　　午前(오전) 9時(시) 35分(분)
　　　　　　2日(일)~3日(ないし(내지))
　　기타 : 6・3 制(제) 2部授業(2부 수업)
　　　　　　世界1週(세계일주)

단, 다음과 같은 경우에는 산용 숫자가 아니고 한숫자(漢数字)를 사용하는 것이 일반적이다.

　　일본어 수사(数詞) : 一つ(하나) 三つ(셋) 一月(한 달)
　　개산(概算)의 숫자 : 十二(12)　三人(3명)
　　　　　　　　　　　五,六百万円(5,6 백만엔)
　　고유명사 : 四国 九州　　第一ホテル
　　관용적인 말 : 一休み(잠깐 쉼)
　　　　　　　　二言め(입만 열었다 하면) 七福神(칠복신)
　　기타 : 日本一(일본 제일) 一昨日(그저께) 七五三(축의에 쓰이는 수)

이런 경우「一般の(일반의)」「十分(충분히)」「再三再四(여러번)」등이 한숫자가 되는 것은 당연하다.

90

또, 구두점은 통용문에서는 「,(코머)」와 「.(피리어드)」를 쓰기로 되어 있다. 그밖에 세로쓰기와 같은 「、(점)」「。(종지부)」와 구문식의 「,(코머)」「.(피리어드)」도 있으나 일반 편지로서는 「코머」와 「피리어드」가 무난하다.

끝으로 글자 배치는 가로쓰기의 경우에도 글자 수가 자유롭기는 세로쓰기의 경우와 마찬가지이다. 따라서, 글자 배치에 있어서는 세로쓰기와 같은 요령이 된다. 즉, 상대측의 대명사나 경칭을 붙인 인명 「御・貴・尊・ご・お」등이 붙은 말이 행의 끝에 오지 않도록 한다. 자기측을 가리키는 「小生」「私」등이 행의 처음에 오지 않도록 한다. 또, 상대측의 대명사나 경칭이 붙은 인명을 비롯해, 요컨대 하나의 말을 2행에 걸치지 않도록 한다. 숫자나 금액은 전체가 하나의 말이다. 그밖에 「が・の・に・を・は・も・から・さえ」등의 조사, 「られる・ます」등의 조동사,「趣・由・旨・間」등의 말이 행의 처음에 오지 않도록 한다. 가로쓰기의 경우에도 행의 처음이 소중하고 끝을 미천한 것으로 여기고 있기 때문이다.

(7) 봉함 편지・엽서・전보

1) 편지의 여러 가지 방법

한마디로 편지라고 해도 봉함 편지・엽서・전보 등 여러 가지가 있다. 제각기 특색이 있고 일반 편지도 상대측이나 내용에 따라 가려 써야 한다.

우선, 봉함 편지인데 그것이 편지 본래의 모습으로 생각되고 있다. 즉, 편지라는 것은 발신인 개인으로부터 수신인 개인에게 보내지는 것이기 때문이다. 그 때문에 격식을 갖춘 편지, 손윗 사람에게 보내는 편지, 미지의 사람에게 보내는 편지 등은 결례가 되지 않도록 꼭 봉함 편지로 해야만 한다. 봉함 편지가 정식 편지이고 그 이외의 것은 약식이라는 생각은 지금도 일반적이다.

또한, 봉함 편지를 얼마간 약식화한 것으로 봉함 엽서라는 것이 있다. 우표가 인쇄되어 있는 봉투 겸용의 편지지를 셋으로 접어서 풀을 붙여 보낸다. 즉, 취급도 요금도 봉함 편지와 같으나 봉투와 편지값이 들지 않으니 그만큼 비용이 적게 든다. 그 때문에 일본의 우정성(郵政省 ; 우리 나라의 체신부)도 미니레터의 애칭으로 선전했으나, 어찌된 일인지 일본에서는 별로 보급되지 않고 있다. 역시 약식이라는 점에서 격식을 차린 내용이나 손윗 사람에게 보내기에는 부적당하기 때문이다. 그런 점 가족간에 주고받는 것으로 활용되어도 됨즉하지만 그렇지 못한 것이 현실이다. 일반에게는 봉함 편지가 아니면 엽서로 한다는 생각이 널리 퍼져 있기 때문일 것이다.

그래서, 엽서가 간편한 편지라는 것으로 봉함 편지보다 애호되고 있다. 일부러 봉함 편지를 쓰는 것이 귀찮다는 사람도 엽서는 가벼운 마음으로 쓸 수 있기 때문에 여러 가지로 편리하다. 엽서의 결점은 남이 읽게 된다는 것인데, 일반 편지 중에도 남이 읽어도 무방한 것이 의외로 많다. 단지 읽혀도 무방할 뿐만 아니라, 본인의 부재중에 다른 사람이 읽어 주는 쪽이 유용할 때도 많다. 게다가, 편지지에 써도 한 장도 차지 않는 내용물을 일부러 봉함 편지로 할 필요가 없는 것이다. 업무용의 연락 등에도 엽서를 사용하는 일이 차츰 많아지고 있다. 일반 편지 쪽도 봉함 편지로 회수가 적은 것보다 엽서로 빈번히 보내는 쪽이 효과적이다.

끝으로 전보인데 전보는 본래 시급을 요할 경우에 이용해야 하는 것이다. 전화가 발달한 오늘날, 전보보다 전화 쪽이 효과적일지 모르나 전화를 하면 여러 가지로 세밀히 설명하지 않으면 안 된다. 그런 점에서 그 자체를 정확히 말하는 전보 쪽이 도리어 산뜻하다. 게다가 전화는 한 사람씩 걸게 되면 의외로 시간이 걸린다. 또, 같은 것을 몇 번이나 되풀이하는 것은 전화를 거는 쪽에서 지겨워진다. 그래서,

사망 통지 등 한꺼번에 여러 곳으로 급히 알려야 할 경우에 활용되는 것이 동문(同文) 전보이다. 우선 전보를 치고 그 뒤에 자세한 것을 전화나 속달로 하는 식으로 가려 쓰는 것도 효과적이다.

 전보의 또 한 가지 용도에 경조(慶弔) 전보가 있다. 이른바 축전, 조전(弔電) 등으로 일부러 편지를 쓸 틈이 없는 사람, 편지를 쓰는 것이 귀찮은 사람에게 알맞은 방법으로 애호되고 있다. 결혼식이나 고별식의 경우도 그 식 순서에다 반드시 전보 피로를 끼어 넣을 만큼 일반화되어 있다. 어느 정도 긴 전문으로 보내게 되면 손윗 사람에 대해서도 결코 실례가 되지 않는 것이 그런 종류의 전보이다. 또한, 결혼식이나 고별식처럼 시각이 예정되어 있을 경우에는, 그 시간에 맞추도록 배달 일시(日時)를 지정할 수도 있다. 요컨대, 전보의 속보성(速報性)보다도 그 간편성(簡便性)을 이용한 것이고, 훌륭히 일반 편지의 하나로 되어 있는 것이 그런 종류의 경조 전보이다.

2) 엽서 쓰는 법

 편지의 형식으로서는 봉함 편지의 경우가 기본이 되어 있다. 이 책에는 일반 편지의 형식과 서식으로서 정리한 부분도 봉함 편지를 쓰는 법이다. 그 뒤에 전문, 주문, 말문, 뒤에 붙이는 말 등 상세히 해설한 부분도 봉함 편지의 경우이다. 일반 편지를 쓰는 법으로도 우선 봉함 편지의 형식과 서식에 숙달할 필요가 있다. 봉함 엽서에도 그대로 응용할 수 있다.

 그렇지만 엽서의 경우에는 얼마간 사정이 다르다. 우선 보통 엽서인데 관제(官製), 사제(私製)를 막론하고 통신을 쓰는 부분이 한정되어 있다. 그런 점에서 얼마든지 긴 편지를 쓸 수 있는 것은 아니다. 즉, 사전에 글자의 크기나 글자 배치에 주의하지 않으면 안되는 것이다. 전체가 길어질 것 같으면 작은 글자로 쓰고, 전체가 짧아도 될 것 같으면 좀 큰 글자로 쓴다. 그리고, 다 쓴 뒤에 통신문이 뒷면 전체에 보기 좋게 들어 있지 않으면 안 된다. 또한, 통신문이 너무 길어질 경우에는 겉면 중앙에 줄을 긋고, 그 아래 반분을 통신문으로 사용해도 된다. 그럴 경우에는 우선 뒷면에 쓰고 그런 뒤 겉면으로 이어지게 되는 것이다.

엽서의 글자 배치 조절에는 여러 가지 방법이 있다. 내용이 간단한 경우에는 머리말을 별행으로 잡고 맨끝으로 뒤에 붙는 말로서의 날짜를 넣는다. 그래도 여백이 있으면 여기에 발신인명을 쓴다. 발신인의 주소를 덧붙여 써도 된다. 혹은 수신인명까지 써도 무방하다. 요컨대, 봉함 편지의 뒤에 붙는 말은 주문 뒤에 써 넣어도 되는 것이다. 반대로, 내용이 많을 경우에는 첫머리말 아래를 한 자만 비우고 바로 이어서 뒷면은 통신문으로 메운다. 그리고 뒤에 붙는 말은 모두 겉면에 적은 것으로 겸용시킨다. 그렇게 하면 뒤에 붙는 말이 되는 부분의 증감에 따라 어느 정도의 조절이 가능하다.

또, 엽서의 경우에는 전문에 해당하는 부분을 지나치게 상세히 쓸 필요는 없다. 따라서 「前略(전략)ぜんりゃく」으로 시작해서 전문을 간략하게 하거나 전적으로 생략하는 때도 허다하다. 때로는 「前略」이라는 첫머리말 자체도 생략한다. 「前略」으로 시작했을 경우의 맺음말로 「草々(총총)そうそう」이나, 「前略」을 쓰지 않았을 경우에는 「草々」도 생략한다. 그리고 써 나가는 동안에 주문이 짧게 끝나게 될 경우에는, 말문의 부분을 더 써 넣어 알맞은 길이로 글이 차도록 한다. 전체로서는 큰 글자를 쓰기 시작해 끝 부분이 빡빡하게 차는 것보다는 좀 작은 글자로 쓰기 시작하는 쪽이 좋다. 그리고, 끝으로 말문이나 뒤에 붙이는 말로 조절하면 보기 좋게 문면을 꾸밀 수 있다.

엽서의 겉면 쓰기는 수신인명이 중앙에 오도록 하고, 그 우측에 주소를 쓴다. 윗부분의 소정 난에는 우편 번호를 쓴다. 또, 좌측 우표 아래에 발신인의 주소와 성명을 쓴다. 그리고, 그 주소의 우측 위에 날짜를 쓴다. 날짜에 대해서는 발신인의 주소와 성명의 바로 우표 아래쪽에 가로쓰기의 숫자로 기입하는 방법도 있다. 또한, 엽서의 경우에는, 수신인명에 「侍史」 등의 수신인 이름 옆에 붙는 경칭을 곁들이지 않는다. 그리고, 「親展」 같은 말도 무의미하다.

이상은 보통 엽서의 서식이지만 그림 엽서이면 사정이 좀 다르다. 그림 엽서는 뒷면이 모두 사진 또는 그림으로 되어 있으며 통신문은 겉면 아래 반분에 쓰기 때문이다. 따라서, 문면을 더욱 간략히 하고, 「前略」이나 「草々」를 생략하는 때도 허다하다. 그래도 실례가 되지 않는 것이 그림 엽서의 이점이다. 또한, 수신인명과 그 주소, 우편번호, 발신인명과 그 주소, 날짜의 서식은 보통 엽서의 요령과 마찬가지이다. 단, 전체를 위 반분(半分)에 써야만 하기 때문에 글자는 좀 작게 쓴다. 그럴 경우 발신인의 성명이 아래 반분 쪽에 걸려도 무방하다. 단, 통신문이 위 반분에 조금이라도 걸리면 엽서 취급이 아니고 봉함 편지로 취급된다. 또, 대형(大型)의 그림 엽서 같은 것도 봉함 편지로 취급되므로 우표값을 확인할 필요가 있다.

또한, 엽서에는 왕복 엽서와 소포 엽서도 있다. 왕복 엽서는 답신용 엽서가 붙은 것으로 초대장이나 안내장 등에 쓰인다. 또, 발신인의 사정으로 답신을 받을 때에도 편리하다. 왕복 엽서를 사용할 때에는 답신용 엽서의 겉면에 답신을 위한 주소와 수신인명을 쓰는 것이 일반적이다. 그때에 수신인명 아래에 몸소 「様」나 「御中」를 쓰는 것은 형편이 좋지 않으니 대신에 좀 작은 글자로 「行」라고 써 넣는다. 그것을 답신으로 보낼 경우에는 그 「行」를 지우고 개인 앞이면 「様」, 단체 앞이면 「御中」라고 고쳐 쓰는 것이 예의이다.

끝으로 소포 엽서인데 그것은 소포의 끈에 철사로 잡아매는 형식의 특별 엽서이다. 이전에는 소포와 그 송부(送付) 통지가 별개로 도착했기 때문에 불편도 많아 그것을 해소한 것이 이 소포 엽서이다. 그러나, 모양도 작고 빈약하며 철사로 잡아매는 등 매우 편의적이다. 그 때문에, 용건만 알면 된다는 식의 사무적인 주고받기나 가족간의 주고받기에는 편리해도 일반 편지의 일부로는 썩 바람직하지 못하다. 특히 손윗 사람에게 보낼 경우에는 별편(別便)의 봉함 편지로 해야 한다. 동연배(동료) 관계라도 별편의 엽서로 하는 것이 무난하다. 그럴 때에는 편지가 소포보다 좀 빨리 도착되도록 보내는 것이 예의이다.

3) 전보의 용어에 대하여

전보는 우체국이나 전신국의 창구에서 발신(発信) 용지에 의해 신청하는 외에 전화로 신청할 수도 있다. 그러나, 어쨌든 서두르지 않으면 안 될 경우에 문면의 작성에 시간이 걸리면 도움이 되지 않는다. 전보는 5자 단위로 요금이 달라지기 때문에 글자의 수도 문제이다. 그러나, 실제에는 5자의 증감보다도 전보문의 취지가 옳게 전해지느냐의 여부가 중요하다. 그런 점에서는 전보문에 사용할 수 있는 글자 기호의 종류와, 전보문 특유의 표현을 터득해 둘 필요가 있다.

우선, 전보문에 사용할 수 있는 글자와 기호의 종류인데 알지 못하는 사람이 허다하다. 그것은 다음과 같다.

- 가다까나(かたかな)48자 …… アイウエオ　カキクケコ　サシスセソ　タチツテト　ナニヌネノ　ハヒフヘホ　マミムメモ　ヤユヨ　ラリルレロ　ワヰヱヲン(단, 소문자의 「ヤユヨッ」는 사용하지 못한다)
- 탁음 가나(濁音がな)・반탁음　가나(半濁音がな)　25자 …… ガギグゲゴ　ザジズゼゾ　ダヂヅデド　バビブベボ　パピプペポ(이전에는 2자로 간주했으나 현재는 1자로 친다)
- 숫자 10자 …… 一二三四五六七八九〇
- 기호 다섯 …… ―장음부(長音符), 하향(下向) 괄호, 상향(上向) 괄호, ・소수점(小數點) 또는 중점(中點) 」단락(段落)

또한, 「シュウ」「ショウ」같은 음의 장음을 글로 쓰는 데에 특별한 관용(慣用)이 있다. 그것은, 「シュウ」「ショウ」로 3자가 되기 때문에 구가나(旧仮名) 쓰기를 이용해, 「シウ」「セウ」로 2자가 되게 쓰는 방식이다.

다음에는 전보문 특유의 표현인데, 그런 것들의 주된 것은 다음과 같다.

- **일시(日時)** …… ツキ(월) ヒ(일) ゼ 또는 アサ(오전) ゴ 또는 ヨル(오후)
- **명사 관계** …… フミ(편지) デン(전보) イカガ(형편은 어떻냐?) ヘン 또는 ヘ(답신) フトフミ 또는 イサフミ(자세한 내용은 다음 편지) ヘンマツ 또는 ヘマ(회답을 달라) ウナ(지급) ワレ(나) カネ(돈) デンカワ 또는 デンタメ(전신환) ムカエ(마중) キトク(위독)
- **동사와 기타** …… タツ(출발한다) デタ(출발했다) イク(그곳에 간다) ガス 또는 シユクス(축하한다) イノル(빈다) ミタ(보았다) シヤス(감사한다) シス(사망) アンチヤク(무사히 도착)
- **희망·명령** …… タン(하고 싶다) アイタン(만나고 싶다) コウ 또는 タノム(해 달라) アンシンセヨ(안심하라) コイ 또는 コラレタシ(와 달라) カエレ 또는 カエラレタシ(돌아와 달라) ユテ 또는 マタレタシ(기다려 달라) シラセ 또는 シラサレタシ(보고해 달라) オクレ 또는 オリラレタシ(보내 달라)

이런 것들을 엮어서 「一五ヒゼハジツクムカエタノム」タナカ(15일 오전 8시 도착, 마중 바람」田中)처럼 전보를 치는 것이다.

또한, 발신 용지에는 발신인의 주소, 성명, 전화 번호 등을 기입하는 난이 있는 데, 그 부분은 타전되지 않는다. 따라서, 발신인명을 분명히 하려면 통신문에 넣지 않으면 안 된다. 대개는」을 붙여 본문과 구별하고 그런 뒤에 발신인명을 넣는다. 그때에는 상대측에게 알 수 있을 정도로 간략히 한다.「タナカ(田中)」라든지「タナカタロウ(田中太郎)」나「オオサカ・タナカタロウ(大郎・田中太郎)」를 적당히 가려 쓰는 것이다.

또한, 경조용(慶弔用)으로 이전에는 값싼 경조 전보라는 것이 있

어서 리스트에 실려 있는 예문을 3자분의 요금으로 칠 수 있었다. 예컨대, 　ゴケツコンヲココロカラオイワイモウシアゲマス」タナカタロウ」(결혼을 진심으로 축하합니다」(田中太郞)이면 ヨテサ」タナカタロウ 하면 되었다. 현재는 그 제도가 없어졌으나 이전의 예문은 그대로 참고가 된다. 또, 별도 요금을 내면 경조용의 특별 용지로 배달해 준다. 그밖에 배달 일시를 지정할 수 있다는 것도 앞에서 언급한 바와 같다. (경조 전보의 예문은 「부록 2」참조)

제 2 부

여러 가지 편지의 예문

◆ 사교의 기본이 되는 편지
◆ 형편을 알리는 통지 편지
◆ 초대와 안내를 위한 편지
◆ 축하와 위문의 편지
◆ 여러 가지의 의뢰 편지
◆ 적극적인 제의의 편지
◆ 감사 표시를 하는 편지

제1장 사교의 기본이 되는 편지

1. 연하장 쓰는 법

(1) 새해를 축하하는 말

연하장에는 전문이나 말문이 필요치 않다. 첫머리말의 「拜啓(はいけい)」도, 맺음말의 「敬具(けいぐ)」도 필요치 않다. 가장 간단한 형식은 새해를 축하하는 말인 「謹賀新年(きんがしんねん)(근하신년)」뿐이다. 나머지는 뒤에 붙이는 날짜와 발신인명이 된다.

날짜는 「一九八九年一月一日(1989년 1월 1일)」과 같이 한다. 「一月一日(1월 1일)」 대신에 「元旦(がんたん)(원단)」「元日(がんじつ)(원일)」「歲旦(さいたん)(원단)」「歲首(さいしゅ)(연두, 연초)」「初春(しょしゅん)(초춘)」 등이라고도 쓴다. 단, 이런 것들은 모두 「一月一日」의 뜻이기 때문에 「一月元旦(いちがつがんたん)(1월 원단)」이라고 해

서는 안 된다.

그리고 발신인명의 쓰기인데, 인쇄 연하장의 경우에는 발신인의 주소와 성명까지 인쇄할 경우도 많다. 그러나 주소만 인쇄하고 성명은 본인이 서명하는 것이 좋다. 인쇄 서장(書狀) 중에 하다못해 성명만이라도 본인이 서명하는 것은 역시 성의를 표시하는 것이 되기 때문이다. 게다가 가족이 다 함께 공용(共用)할 수 있다는 이점도 있어 편리하다.

예문 1 기본적인 형(1)

謹賀新年(きんがしんねん)

一九八九年一月一日
〒166 東京都杉並区(とうきょうとすぎなみく) 阿佐ケ谷南(あさガやみなみ) ○-○
○-○○

木村(きむら) 幸二(こうじ)

○ 뜻 …… 삼가 새해를 축하합니다.
○ 새 낱말 …… 謹賀(삼가 축하함) 新年(새해)
○ 비슷한 말과 구 …… 恭賀新年(공하신년) 謹賀新春(근하신춘) 恭賀新春(공하신춘) 新春祝賀(신춘축하) 新春御慶(신춘어경) 新春大慶(신춘대경) 迎春慶祝(영춘경축) 恭賀新禧(공하신희) 謹奉賀新春(年)(근봉하신춘(년)) 賀正(하정) 賀新(하신) 賀春(하춘) 迎春(영춘) 初春(초춘) 御慶(어경) 頌春(송춘) 新禧(신희)

예문 2 기본적인 형(2)

明けまして
　　おめでとう
　　　　ございます
　　一九八九年 元旦
　　　　西海 次郎
　　　　〒104 東京都中央区明石町〇-〇-〇
　　　　　　電話 〇〇(〇〇〇)〇〇〇〇

●뜻 …… 새해를 축하합니다(새해에 복 많이 받으십시오)
●새 낱말 …… 明けまして(해가 바뀌어) おめでとうございます(축하합니다)
●비슷한 말과 구 …… 新年おめでとうございます(明けましておめでとうございます와 같다) 謹んで新年のお喜びを申し上げます(삼가 새해를 축하합니다) 新春をお祝い申し上げます(신춘을(새해를) 축하합니다) 新春をことほぎ謹んで御祝詞を申し上げます(새해를(신춘을) 축하하오며 삼가 축하 말씀 올립니다)

(2) 새해 축하에 곁들이는 말

　새해를 축하하는 말만으로는 확실히 너무 간단하다. 그런 생각이 들 경우에는 그 뒤에다 뭔가 덧붙여 쓰면 된다. 즉, 새해를 축하하는 말을 우선 큰 글자로 쓰고, 그런 뒤에 작은 글자로 인사말을 덧붙인다. 그것이 연하장의 첨서(添書)이다.

연하장의 첨서에도 「拝啓」 등의 머리말을 쓸 필요는 없다. 맺음말 쪽은 「敬白」 「謹言」이라고 붙일 때도 있으나 좀 묵직한 감이 든다. 그러므로, 배열 효과를 노리는 것이 아니라면 맺음말도 붙이지 않는 것이 일반적이다.

예문 3 새해를 축하함

> 謹賀新年
>
> 皆様おそろいにてお元気に新年を迎えられたこととお喜び申し上げます

○**뜻** …… 여러분 모두 다 건강하게 새해를 맞았을 줄로 아오며 축하 말씀 올립니다.

○**새 낱말** …… 皆様(여러분) おそろいにて(모두 다) 元気に(건강하게) 迎える(맞다) お喜び申し上げます(축하합니다, 축하 말씀 올립니다)

○**비슷한 말과 구** …… ますますごきげん麗しく新春をお迎えあそばされ大慶至極に存じます(더욱더 심기 좋으신 가운데 신춘을(새해를) 맞으셔서 지극히 경하스러운 일이라 생각합니다) 謹んで年頭のごあいさつを申し述べ貴家のご幸運をお祈り申し上げます(삼가 연두의 인사 말씀을 올리옵고 귀댁의 행운을 빌어 마지 아니합니다) 輝かしい新年を迎え謹んでご繁栄とご健康をお祈り申し上げます(빛나는 새해를 맞아 삼가 번영과 건강을 비는 바입니다)

예문 4 발전을 바람

> 恭賀新年
>
> 年始に当りご一家皆様のご多幸とご発展をお祈り申し上げます

●뜻······ 연초를 맞아서 가족 여러분의 다복함과 발전을 비는 바입니다.
　●새 낱말······ 年始(연시, 연초) 当り(맞아서) 多幸(다복함)
　●비슷한 말과 구······ 今年もお健やかにご一家皆様ますますのご発展を お祈り申し上げます(올해도 건강하게 가족 여러분 더욱더 발전하시기를 비는 바입니다) 何とぞますますご健勝にてご活躍の程お祈り申し上げます(부디 더욱더 건승하시고 활약해 주시기 비는 바입니다)

예문 5 감사와 부탁

> 謹賀新年
>
> 昨年中は何かとお世話になりありがとうございました 本年も何とぞよろしくお願い申し上げます

●뜻······ 작년 한 해는 여러 가지로 신세를 져 감사했습니다. 올

해도 아무쪼록 잘 부탁 올립니다.

○**새 낱말** …… 昨年中(작년 한 해) 何かと(여러 가지로) 世話になり(신세를 져) ありがとうございました(감사했습니다) 本年(올해) 何とぞ(아무쪼록, 부디, 제발) よろしくお願い申し上げます(잘 부탁합니다)

○**비슷한 말과 구** …… 皆様のご健康とご多幸をお祈りいたしますとともになお一層ご懇情を賜りますようお願い申し上げます(여러분의 건강과 다복함을 비는 것과 동시 더 한층 간정(懇情)을 주시기 부탁드립니다) 平素のご厚情を深謝し本年も何とぞよろしくお願い申し上げます(평소의 후의를 깊이 감사드리오며 올해도 아무쪼록 잘 부탁드립니다) 昨年中は一方ならぬご芳情を頂き心から御礼申し上げます. 本年もよろしくご指導の程お願い申し上げます(작년 한 해는 적지않은 방정(芳情)을 받아 진심으로 감사 말씀 올립니다. 올해도 잘 지도해 주시기 부탁드립니다)

예문 6 복합(複合)의 형

新年おめでとうございます
　お健やかに初春をお迎えのこととお喜び申し上げます
　本年も何とぞよろしくご指導くださるようお願い申し上げます

○**뜻** …… 건강하게 초춘을(새해를) 맞았을 것이라고 축하합니다. 올해도 아무쪼록 잘 지도해 주시기 부탁드립니다.

◉**새 낱말**…… お健やかに(건강하게) 初春(초봄, 초춘, 새해) くださるよう(해주시기를)

◉**비슷한 말과 구** …… 平素は一方ならぬご懇情にあずかりまことにありがたくあつく御礼申し上げます。 何とぞ本年も相変わらずご厚情の程お願い申し上げます(평소에 적지않은 간정(懇情)을 입은 것에 감사하오며 깊이 감사드립니다. 부디 올해도 변함없는 후의를 베풀어 주시기 부탁 말씀 올립니다) 旧年中のご厚情を厚く御礼申し上げますとともに本年も相変わらずよろしくお願い申し上げます(지난 한해의 후의를 깊이 감사드림과 동시 올해도 여전히 잘 부탁드립니다)

(3) 개인적인 기입

　편지라는 것은 본래 개인이 개인에게 보내야 하는 것이다. 따라서 연하장도 각 개인 앞으로 보내는 문면이 각기 다를 수밖에 없다. 그러나 실제로 수많은 연하장을 단기간에 다 쓰게 될 때 개개인을 가려 쓸 수는 없다. 그래서 신년을 축하하는 말「謹賀新年」등의 뒤에 무엇을 쓸 것인지 그 예문을 몇 가지 작성해 놓고 적당히 가려 쓴다. 은사, 은인, 선배, 옛 친구, 친지, 친척, 평소에 자주 만나는 사람, 격조하게 지내는 사람 등으로 몇 가지 예문을 작성하고 가려 쓴다. 그렇게 하면 변화있는 연하장이 된다.

　또, 인쇄 연하장의 경우에도 인쇄면만으로는 개인에 대한 배려가 없게 된다. 그래서 인쇄면의 여백에 뭔가 몇 자 써 넣는 일이 행해지고 있다. 기입하는 내용은 인쇄 문면과 중복되지 않으면 무엇이라도 좋다. 새해를 축하하는 말, 발전을 바라는 말, 감사와 부탁 등 여러 가지의 경우를 생각할 수 있다. 또는 자기측의 개인적인 사정으로 상대방에게도 관심이 있는 일, 상대측의 개인적인 사정으로 자기측이 관심을 가지고 있는 일이라도 좋다. 인쇄면만으로는 받은 쪽도 읽어 주지 않는다. 그러나 뭔가 몇 자라도 덧붙여 씌어 있으면 읽게 되는 법이다. 평소 격조하게 지내고 있어도 그때에 뭔가 기억해 주기만 하면, 그것이 두 사람의 관계를 유지하는 데 있어서 큰 역할을 하게 되는 셈이다.

예문 7 새해를 축하함

謹賀新年

ご新居にて奥様とお二人だけの新年本当におめでとうございます

○뜻 …… 근하신년. 새 집에서 부인과 두 분만의 신년, 진정으로 축하드립니다.

○새 낱말 …… 新居(새 집, 새 살림) 奥様(부인) 二人だけの(둘만의) 本当に(정말로, 진정으로)

○비슷한 말과 구 …… 明るい春をお迎えの趣, 心からお喜び申し上げます(밝은 봄을 맞으셨다니 진심으로 축하합니다) ご長男とともにお迎えの新年, ほんとうにおめでとうございます(맏아드님과 함께 맞으시는 새해, 진정으로 축하드립니다) 奥様の一日も早いご快復をお祈り申し上げます(부인의 하루라도 빠른 쾌유를 비는 바입니다)

예문 8 감사를 담고서

> 明けまして
>   おめでとうごいす
>
>   折りに触れてはお教えいただいたことを思い起し,
>   心を新たにしております

○ 뜻 …… 새해를 축하합니다. 기회 있을 때마다 가르침받은 일을 생각해 내고 마음을 새롭게 하고 있습니다.

○ 새 낱말 …… 折りに触れては(기회 있을 때마다) お教えいただいたこと(가르침을 받은 일) 思い起し(생각해 내고) 新たに(새롭게) しております(하고 있습니다)

○ 비슷한 말과 구 …… 今年もまたご指導いただければ幸いと存じます。何とぞよろしくお願い申し上げます(올해도 또 지도받을 수 있다면 다행으로 알겠습니다. 부디 잘 부탁드립니다) いつも何かとお心に掛けてご指導いただいておりますこと, まことにありがとうございます。 厚く御礼申し上げます(늘 여러 가지로 걱정하시며 지도해 주신 데 대하여 진정으로 감사합니다. 깊이 감사드리는 바입니다)

예문 9 개인적인 사정(1)

> 恭賀新年
> 昨年中はいろいろお世話になりました。本年も何と

ぞよろしくお願い申し上げます
十月に 娘光子が 嫁ぎ, 京都におります

○뜻 …… 공하신년. 작년 한 해는 여러 가지로 신세를 졌습니다. 올해도 부디 잘 부탁드립니다. 10월에 딸 光子가 출가해, 京都에서 삽니다.

○새 낱말 …… いろいろ(여러 가지로) 嫁ぎ(출가해)

○비슷한 말과 구 …… 今年こそ雪もたっぷりとのこと, 早速御地に出掛けたいと存じます(올해야말로 눈도 충분하다니 즉시 그곳에 가고 싶습니다) 当方相変わらずもたもたと生きております(우리쪽은 변함없이 꾸물거리며 살고 있습니다) アメリカの話, いつかいろいろ伺わせていただきたいと存じます(미국 이야기, 언젠가 여러 가지를 여쭈어 보고자 합니다)

예문 10 개인적인 사정(2)

賀 正

謹んで年頭のごあいさつを申し述べ
貴家のご幸運をお祈り申し上げます
昨秋には大変勝手なお願いを申し上げ, 失礼いたしました. その後は万事順調に進んでおりますので, 何とぞご休心くださるよう, お願い申し上げます

● 뜻 …… 삼가 연두의 인사 말씀을 올리며 귀댁의 행운을 비는 바입니다. 지난 해 가을에는 모두 제 편리한 대로만 부탁을 드려 실례했습니다. 그후는 모든 일이 순조롭게 진행되고 있으니 부디 방념해 주시기 부탁 말씀 올립니다.

● 새 낱말 …… 昨秋(지난해 가을) 大変(대단히, 매우) 勝手な(제 편리한 대로의) お願い(부탁) 申し上げ(말씀드려) 順調に(순조롭게) 進む(나아가다, 진행하다) 休心(방념)

● 비슷한 말과 구 …… 御地出張の際には一方ならぬお心配りを頂きまことにありがとうございました。厚く御礼申し上げます(그곳에 출장갔을 때에는 적지않은 배려를 해 주셔서 진정으로 감사했습니다. 깊이 감사 말씀 올립니다) 先日はいろいろ失礼いたしました。またお会いできる日を楽しみにしております(요전에는 여러 가지로 실례했습니다. 또 만나게 될 날을 고대하고 있습니다) 昨秋○○君にお会いし、最近のご活躍を伺いました。一層のご発展,お祈り申し上げます(지난 해 가을에 ○○군을 만나서 최근의 활약을 들었습니다. 더 한층의 발전을 비는 바입니다)

(4) 통지문 등을 겸함

연하장은 「謹賀新年」을 주로 하는 편지이다. 그러나, 연하장을 보내는 시기에 뭔가 달리 통지하지 않으면 안 될 사항이 있으면 그것을 겸해도 된다. 전화 개통의 통지, 전화 번호 변경 통지, 이사 통지, 취직 인사, 전근 인사, 결혼 인사 등도 무방하다. 출장, 귀국, 병의 쾌유, 연간 예정(年間予定) 등 일부러 인사장으로 하면 요란스러워지게 되는 것도 연하장을 겸해서 보내면 자연스럽게 알릴 수 있다.

또, 그런 종류의 통지나 인사말은 시기적으로 연하장과 맞지 않을 경우도 생긴다. 그럴 때에는 복중 문안과 겸해도 된다. 그밖에 한중

(寒中) 문안, 늦추위 문안, 늦더위 문안, 장마철 문안 등의 이른바 절후 문안도 그렇게 하면 유효하게 사용할 수 있다.

예문 11 이사 통지를 겸하여

明けまして
　　おめでとうございます

　　　このたび後記(ごうき)のところに新築転居(しんちくてんきょ)いたしました．
　　武藏野(むさしの)の面影(おもかげ)も残(のこ)る新興住宅(しんこうじゅうたく)でございます．
　　お近(ちか)くにおいでの節(せつ)はぜひお立(た)ち寄りの程(ほど)，お
　　待(ま)ちしております．
　　一九八九年一月一日
　　　　　〒242　神奈川県大和市(かながわけんやまとし)　つきみ町(ちょう)　〇－
　　〇－〇
　　　　　　　　　　　　　橋本一郎(はしもといちろう)

○**뜻** …… 이번에 후기의 곳에 신축 이사했습니다. 武藏野(埼玉県(きいたまけん)남부에서 東京都(とうきょうと)에 걸쳐 펼쳐지는 평야)의 모습도 남아 있는 신흥 주택입니다. 근처에 오셨을 때는 꼭 들러 주시기 고대하고 있겠습니다.

○**새 낱말** …… このたび(이번) ところ(곳) 転居(이사) 面影((옛날의)모습) 残る(남다) 近くに(근처에) お立ち寄りの程(들러주시기) お待ちする(기다리다, 고대하다)

○**비슷한 말과 구** …… このたび，私(わたくし)ども東京(とうきょう)を離(はな)れ，左記(さき)に転居(てんきょ)い

たしましたのでお知らせ申し上げます(이번에 저희들은 東京을 떠나 좌기에 이사했으므로 알려드립니다) 昨年暮れに転居し, 次のとおり 現住所を改めました. 併せてごあいさつ申し上げます(작년 연말에 이사해, 다음과 같이 현주소를 변경했습니다. 아울러 인사 말씀 올립니다) 最近またもや引っ越しましたので, 住所錄のご訂正をお願い 申し上げます(최근에 또다시 이사했으므로 주소록의 정정을 부탁드립니다) かねて療養中のところ, 昨年暮れに退院いたしました. 入院中一方ならぬご配慮にあずかりましたこと, ここに厚く御礼申し上げます(전부터 요양중이던 바, 작년말에 퇴원했습니다. 입원중 적지 않이 배려해 주신 데 대하여, 이에 깊이 감사 말씀 올립니다)

(5) 연하장의 사례 편지

연하장은 교환 형식이 된다. 그러나, 연말에 연하장을 보내지 않았던 상대측으로부터 받을 경우도 있다. 그럴 때에 보내는 것이 연하장의 사례 편지이다.

연하장의 사례 편지는 보통 연하장에 몇 자 덧붙여 쓰는 형식으로 된다. 인쇄한 연하장을 사용할 경우에는 그 여백에 쓴다. 문제는 덧붙여 쓰는 말인데, 상대측과의 관계에 따라 얼마간 바꾸는 것이 바람직하다. 상대측이 개인적인 첨서를 써 보냈을 경우에는 그것에 따라 첨서를 쓰게 되면, 그만큼 두 사람의 관계가 긴밀해져 효과적이다.

다만, 손윗 사람으로부터의 연하장에 대해서는 다소 사정이 달라지게 된다. 일반적으로 연하장에 대해서는 대등한 경우에 교환하고, 손윗 사람에 대해서는 이쪽에서 먼저 보내야 하며, 손아랫 사람에 대해서는 받고 나서 보내도 되는 것이다. 따라서 문제는 손윗 사람에게서 먼저 연하장을 받는 일이 없도록 평소에 명부를 정리해 놓아야 한다. 그러나, 만전을 기하지 못해 받는 일도 생긴다. 그럴 때에는 당연히 연하장의 사례 편지를 하게 된다. 그것에 대해서는 각별히 정중하게 다루어 실례가 되지 않도록 힘써야 한다.

또, 설날에 여행하는 경우도 있다. 고향 같은 데에 돌아가 느긋하게 지내고 막상 돌아와 보니 손윗 사람으로부터 연하장이 와 있다. 그럴 경우 1월 7일까지이면 연하장의 첨서에 사정을 적어도 무방하다. 그러나, 8일 이후에 연하장을 보낸다는 건 정말 얼빠진 짓이다. 그럴 경우에는 사과를 겸한 편지의 형식으로 하는 것도 한 가지 방법이다.

또한, 본인이 출장중이기 때문에 집에 있는 가족이 응대하는 적도 있다. 그럴 경우 일부러 연말에 대필로 연하장을 보낼 필요는 없다. 새해가 되어 받은 분에 대해서만 사정을 설명한 사례 편지 전용의 연하장을 보내면 된다. 본인이 병으로 입원중인 경우 등에도 그것에 준하면 된다.

예문 12 간단한 사례 편지

謹賀新年

早々にご丁寧なお年賀狀, ありがとうございました

○뜻 …… 근하신년. 바쁘신 가운데 정중한 연하장, 감사했습니다.
○새 낱말 …… 早々に(바쁘신 중에) 丁寧な(정중한)
○비슷한 말과 구 …… このたびは早々にご丁重な賀狀を頂き, まことにありがとうございました(이번에 바쁘신 가운데 정중한 연하장을 주셔서 진정으로 감사했습니다)

예문 13 첨서에 대하여

明けまして
　　おめでとうございます

　　　おかげさまにて，二人だけの楽しいお正月を迎え
ることができました

○ **뜻** …… 새해를 축하합니다. 덕분에 둘만의 즐거운 설날을 맞을 수 있었습니다.
　○ **새 낱말** …… おかげさまにて(덕분에) 楽しい(즐거운)
　○ **비슷한 말과 구** …… おかげさまにて，久方ぶりに二人だけの新年を楽しんでおります(덕분에 오래간만에 둘만의 새해를 즐기고 있습니다) おかげさまにて，妻も快方に向かっておりますこと，感謝至極に存じます(덕분에 아내도 차도가 있는 데 대하여 지극히 감사하는 바입니다)

예문 14 손윗 사람에 대하여

謹賀新年

　早々とご丁重なお年賀狀を頂き，恐縮至極に存じます。
昨年中はいろいろお世話になりましたこと，心から御礼申し上げます。本年も何とぞ倍旧のご指導を賜りますよう，よろしくお願い申し上げます。

> 末筆ながら，先生ますますのご発展，切にお祈り申し上げます
> まっぴつ　　せんせい　　　　　　　　はってん　　せつ　　いの　　もう
> 　　　　　　　　　　　　　　　　　　　　　　　　　　　　あ

○**뜻** …… 근하신년. 바쁘신 가운데 정중한 연하장을 주셔서 송구스럽기 짝이 없습니다. 작년 한 해는 여러 가지로 신세진 데 대하여 진심으로 감사 말씀 올립니다. 올해도 배전의 지도를 해 주시기 잘 부탁드립니다. 끝으로 선생님 더욱더 발전하시기 간절히 비는 바입니다.

○**새 낱말** …… 恐縮至極に存じます(송구스럽기 짝이 없습니다) 倍旧(배전) 末筆ながら(끝으로) 切に(간절히)

○**비슷한 말과 구** …… ご懇切なご指導を賜ってやがて一年，その実り多い成果に，心から感謝しておる毎日でございます(자상하고 친절한 지도를 해 주신 지 이럭저럭 1년, 그 결실 많은 성과에 진심으로 감사하고 있습니다)

예문 15 부재중인 당사자를 대신하여

> 謹賀新年
> きんがしんねん
> 　このたびは，ご丁寧なお年賀状ありがとうございました．　父(幸二)は，○○商事株式会社の海外視察員として，母(年子)とともに，目下ロンドンに滞在しておりますのでので，そちらへ回送させていただきます．なお，帰国は今年七月ごろになる予定でございます．

●뜻……이번 정중한 연하장을 주셔서 감사했습니다. 아버지(幸二)는 ○○상사 주식회사의 해외 시찰원으로서 어머니(年子)와 함께, 현재 런던에 체재하고 있기 때문에 그곳으로 회송시키겠습니다.
또한 귀국은 금년 7월쯤이 될 예정입니다.
●새 낱말……とともに(와 함께) 目下(현재) そちら(그것, 그쪽) なお(또한) ごろになる(경이 될)
●비슷한 말과 구……主人は九月ごろ帰国の予定でございます(남편은 9월쯤 귀국할 예정입니다) 父は目下入院加療中でございますが、漸次快方に向かっておりますので、何とぞ休心の程、お願い申し上げます(아버지는 현재 입원 가료중이지만 점차 차도가 있으므로 부디 방념해 주시기 부탁 말씀 올립니다)

2. 절후의 문안 편지

(1) 복중의 문안 편지

여름 무더위가 한창일 때에 문안 편지를 드린다. 그것이 복중의 문안 편지이다. 7월이 되면 일본 우정성(체신부)은 복중 문안 편지용 엽서를 팔기 시작한다. 뒷면에 엷은 색의 시원해 보이는 그림이 그려져 있는 엽서이다. 그밖에 보통 엽서를 사용해도 된다. 사제(私製) 엽서에 자신이 직접 그림을 그려도 된다.
복중 문안 편지는 7월 하순이 가장 적당하다. 절기상으로는 7월

23 일경이 대서(大暑)이고 그 전후가 가장 무더운 날씨이다. 8월 8일경이 입추(立秋), 그 뒤는 가을이 된다. 입추 앞의 18일간이 토왕지절, 그 무렵의「경(庚)」날을「복(伏)」이라 하여 초복, 중복, 말복을 합쳐서 삼복, 요컨대 혹서 기간이 된다.

또한, 첨서를 쓴다면 더위를 나타내는 말이 중심이 된다. 盛夏(성하) 盛暑(성서, 성하) 酷暑(혹서, 무더위) 極暑(극서, 혹서) 猛暑(맹서, 혹서) 炎暑(혹서, 무더위) 炎熱(염서, 혹서) 등 여러 가지가 있다. 이전에는 「炎威耐え難く(炎威) 견디기 어려우며)」라든지, 「苦熱さながら釜中にあるを覚えしめ(혹서에 마치 솥 안에 있음을 느끼게 하여)」등이라고도 썼다. 도시에서는 냉방 시설이 갖추어져 있기는 해도 바깥공기는 변함이 없다. 단, 곳에 따라서는 고원의 산뜻함을 만끽하고 있는 곳도 있다. 그런 사람에게 복중의 문안 편지는 우습다고 할 수도 있으나, 복중이라는 것은 달력에 있어서의 계절이며 복중의 문안 편지로 되는 것이다. 특수한 사정이 있으면 첨서의 형식으로 언급하는 것이 효과적이다.

예문 1 기본적인 형

暑中お見舞い
申し上げます

一九八九年 盛夏
〒112東京都文京区大塚〇-〇-〇〇
大森 泰雄

○ 뜻 …… 복중 문안드립니다
○ 새 낱말 …… 暑中(복중 삼복 때) お見舞(문안, 위문)

◉비슷한 말과 구······ 謹んで暑さのお見舞いを申し上げます (삼가 복중 문안드립니다)

예문 2 첨서를 곁들임

> 謹んで暑中お伺い申し上げます。
> 今年の暑さは殊の外でございますが皆様にはいかがお過ごしでしょうかお見舞い申し上げます。

◉뜻······ 삼가 복중 문안드립니다. 금년의 더위는 각별한 데 여러분께서는 어떻게 지내십니까, 문안 말씀 올립니다.

◉새 낱말······ 謹んで(삼가) 殊の外(의외로, 뜻밖에) いかが(어떻게) 過ごす(지내다)

◉비슷한 말과 구······ 今年の暑気は格別にて、まことに炎熱燒くがごとしとも申しましょうか (금년의 여름 더위는 각별해 참으로 염열 타는 것 같다고나 할까요) 新聞によれば二十年来の暑さとのこと (신문에 의하면 20년래의 더위라고 하니) ご老母様にはこの酷暑にお障りでもと, 一同心配しております (노모님께서는 이 혹서에 탈이라도 나실까 봐 모두 걱정하고 있습니다)

예문 3 복중 문안의 사례 편지

> このたびは, ご丁寧な暑中のお見舞い, ありがとうございました。厚く御礼申し上げます。仰せのとおりの暑さに, 全く閉口させられる毎日でございますが, おかげさまにて一同元気に過ごしておりますので, 何とぞご

休心くださるよう，お願い申し上げます。なお　旧盆には，家族そろって，郷里広島に墓参の所存でございます。暑さもまだまだ厳しい折から，一層のご自愛，お祈り申し上げます。
　　　一九八九年八月三日

○뜻 …… 이번 정중한 복중의 문안 편지 감사했습니다. 깊이 감사 말씀 올립니다. 말씀하신 대로의 더위에 정말 질색을 하게 되는 나날이기는 합니다만, 덕분에 모두 건강하게 지내고 있으니 부디 방념해 주시기 부탁 말씀 올립니다. 또한, 음력 우란분에는 가족 모두가 함께 고향 広島에 성묘갈 생각입니다. 더위도 아직은 심한 때, 더 한층의 몸조심을 비는 바입니다. 1989년 8월 3일

○새 낱말 …… このたび(이번) 仰せのとおりの(말씀대로의) 暑さ(더위) 全く(정말, 완전히) 閉口させる(질색을 하게 되다) 旧盆(음력 우란분) 墓参(성묘함) 所存(생각) まだまだ(아직) 自愛(몸조심)

○비슷한 말과 구 …… 一同別条もなく仕事に励んでおりますので, ご安慮くださるよう，お願い申し上げます(모두 별일 없이 일에 힘쓰고 있으니 마음 놓으시기 부탁 말씀 올립니다) 先日来幾分暑気あたりの気味にて弱っておりますが，さほどの異状もなく勤務しております(요전부터 다소 더위먹은 기운으로 쇠약해지고 있습니다만, 별 이상 없이 근무하고 있습니다) 暑さは更になお続くとか，十分ご自愛くださるよう，お祈り申し上げます(더위는 다시 더 계속된다고 하니 충분히 몸조심하시기 비는 바입니다)

(2) 늦더위의 문안 편지

　복중의 문안 편지를 쓰려고 생각하면서 분주히 지내다 보니 어느새 8월이다. 8월에 들어서서 입추(8월 8일경)를 넘기면 달력상으로는 벌써 가을이다. 이제 와서 복중의 문안 편지를 보낼 수도 없는 일이다. 그럴 때에 보내는 것이 늦더위의 문안 편지이다.
　입추가 지나면 아침저녁은 견디기 쉬워진다. 그러나, 낮에는 여전히 더위로 견디기 어렵다. 더위가 한창 일 때에 무리를 해서 몸에 이상이 생기는 일도 적지않다. 그럴 적에 복중의 문안 편지에 준해 보내는 것이 이 늦더위의 문안 편지이다. 늦더위가 이어지는 8월 한 달은 늦더위의 문안 편지가 이상하지 않다.
　늦더위의 문안 편지도 복중의 문안 편지에 준한 절후의 문안 편지이기 때문에, 복중의 문안 편지용 엽서를 이용해도 된다. 나머지 더위를 나타내는 말이 중심이 된다. 残暑(잔서, 늦더위) 秋暑(추서, 가을 더위) 晩夏(만하, 늦여름) 暮夏(모하, 늦여름) 残炎(잔염) 등과, 또한 태풍이나 토왕지절의 파도도 계절의 말이다. 실제로는 입추가 지나서 도리어 더 더울 경우도 있다. 그럴 때에는 그것을 솔직이 글로 써서 나타내는 것이 효과적이다.

예문 4 기본적인 형

残暑お伺い
　申し上げます

```
　　一九八九年八月
　　　　　〒450 名古屋市中村区島崎町 ○○
　　　　　　　　　　金山 一平
```

○뜻 …… 늦더위에 문안드립니다

○새 낱말 …… 残暑(늦더위)

○비슷한 말과 구 …… 謹んで残暑お見舞い申し上げます(삼가 늦더위에 문안드립니다)

예문 5 첨서를 곁들임

```
謹んで残暑のお見舞いを申し上げます
　残暑とは名のみにて、まことに盛暑にも劣らぬ毎
日 皆様にはいかようにお過ごしでしょうかお伺い
申し上げます。
```

○뜻 …… 삼가 늦더위에 문안드립니다. 늦더위라고는 이름뿐이고 참으로 성서(盛暑)에 못지않은 나날, 여러분께서는 어떻게 지내십니까, 문안 말씀 올립니다.

○새 낱말 …… 名のみにて(이름뿐이고) 劣らぬ(못지않은, 뒤지지 않은) いかように(어떻게)

○비슷한 말과 구 …… 残暑一段と厳しい昨今、先生にはお変りもなくお過ごしでしょうか、案じております(늦더위가 한결 심한 요즈음 선생님께서는 탈없이 지내시는지 걱정하고 있습니다) 立秋も既に過ぎ去った今日、暑さも今しばらくとは存じますが、皆様一層のご用

心肝要かと存じ，ご自愛の程，お祈り申し上げます(입추도 이미 지나간 요즈음, 더위 역시 앞으로 당분간이라고는 생각합니다만, 여러분 더 한층의 조심이 중요하다는 생각에서 몸조심해 주시기 비는 바입니다)

예문 6 늦더위의 문안에 대한 사례 편지

残暑お見舞い
　　申し上げます
このたびはご丁重な残暑のお見舞い頂き，恐縮に存じます．仰せのとおり秋とは名のみの昨今ではございますが家族一同無事に過ごしておりますゆえ，何とぞご放念くださるよう，お願い申し上げます．

○뜻 …… 늦더위에 문안드립니다. 이번 정중한 늦더위 문안 편지를 받아 송구스럽게 생각합니다. 말씀대로 가을이라고는 이름뿐인 요즈음이기는 합니다만, 가족 모두 무사히 지내고 있으니 부디 방념해 주시기 부탁 말씀 올립니다.

○새 낱말 …… 昨今(작금, 요즈음) 家族一同(가족일동, 가족 모두)

○비슷한 말과 구 …… 私どもおかげさまにて無事家業に励んでおりますので，他事ながらご休心くださるよう，お願い申し上げます(저희들은 덕분에 무사히 가업에 힘쓰고 있으니 관계없는 일이지만 방념해 주시기 부탁 말씀 올립니다) 私ども幸いに異狀もなく(저희들은 다행히 이상 없이) このたびはご丁寧なお見舞い，厚く御礼申し

上げます(이번 정중한 문안 편지 깊이 감사 말씀 올립니다) 幸い皆様お健やかにお過ごしとのこと，何よりとお喜び申し上げます(다행히 여러분 건강하게 지내신다니 다행한 일인 줄로 알고 축하하는 바입니다)

(3) 한중(寒中) 문안 편지

 겨울의 가장 추울 때에 안부를 묻는 것이 한중 문안 편지의 취지이다. 한중 문안 편지는 복중의 문안 편지만큼 일반적은 아니다. 그러나, 주거(住居) 표시의 변경이나 전화 개통의 통지, 또는 여러 가지의 인사장을 겸하게 하자면, 가장 좋은 절후 문안 편지의 한가지이다.
 한중 문안 편지는 대한과 소한 기간에 보낸다. 1월 20일경이 대한이고, 그 무렵이 가장 춥다고 한다. 그리고 입춘(2월 4일경)이면, 달력상으로는 봄이다. 따라서, 한중 문안 편지는 1월 중순이나 하순이 적당하다. 설날에 여행을 떠났다가 느긋하게 돌아와 보니, 자기 측에서 보내지 않았던 사람의 연하장도 있다. 그럴 경우에는 한중 문안 편지의 형식으로 보내는 것도 한가지 방법이다.
 또한, 첨서를 곁들이자면 추위를 나타내는 말이 중심이 된다. 厳寒(혹한) 厳冬(엄동) 酷寒(혹한) 極寒(극한, 혹한) 烈寒(열한, 혹한) 寒気(한기, 추위) 寒威(한위) 寒天(한천, 겨울 하늘) 寒冷(한랭) 寒風(한풍) 北風(북풍) 寒雨(한우, 찬비) 冷雨(냉우, 찬비) 積雪(적설) 豪雪(대설, 큰눈) 吹雪(눈보라) 등 여러 가지가 있다. 북쪽은 난방 시설이 모든 면에 빈틈없어 그다지 춥지 않다. 그렇게 춥지 않은 지방에 추위가 닥치면 한결 추위를 느끼게 된다. 그런 추위의 사정을 구체적으로 쓰는 것도 실감을 느끼게 하는 법이다.

예문 7 기본적인 형

> 寒中お見舞い
> 　申し上げます
>
> 　一九八九年 厳冬
> 　　〒001 札幌市北八条西○丁目○○ 田中方
> 　　　　　　　　　　　　　　北野 八郎

- ●뜻…… 한중 문안드립니다. 1989년 엄동
- ●새 낱말…… 寒中(소한부터 대한사이) 厳冬(엄동)
- ●비슷한 말과 구…… 謹んで寒さのお見舞いを申し上げます(삼가 한중 문안드립니다)

예문 8 첨서를 곁들임

> 謹んで寒中お伺い申し上げます
>
> 厳寒の折から皆様にはいかがお過ごしでしょうか
> お見舞い申し上げます。
> 　一九八九年一月

- ●뜻…… 삼가 한중 문안드립니다. 엄한지절(厳寒之節) 여러분께서는 어떻게 지내십니까, 문안 말씀 올립니다.
- ●새 낱말…… 厳寒の折から(혹한지절) 皆様(여러분)

○**비슷한 말과 구**……皆様にはお変りもなくお過ごしでしょうか一同案じております(여러분께서는 변함없이 지내시는지 모두 염려하고 있습니다)

예문 9 한중 문안의 사례 편지

寒中お見舞い
申し上げます

このたびは，ご丁寧な寒中お見舞い，ありがとうございました。おかげさまにて一同無事消光しておりますゆえ，何とぞご放念の程，お願い申し上げます。

○**뜻**…… 한중 문안드립니다. 이번 정중한 한중 문안 편지 감사했습니다. 덕분에 모두 무사히 소일하고 있으니 부디 방념해 주시기 부탁 말씀 올립니다.

○**새 낱말**…… 消光(소일) おりますゆえ(있으니)

○**비슷한 말과 구**……先日はご丁重なご年始状，ありがとうございました。新年を郷里岡山にて過ごし，返事も申し上げず失礼いたしました(요전의 정중한 연하장 감사했습니다. 새해를 고향 岡山에서 지내느라 답장도 드리지 못하고 실례했습니다) 運も悪く新年を病院にて送りましたが，このほどようやく退院いたしましたので，ご休心の程，お願い申し上げます(운수 사납게 새해를 병원에서 보냈습니다만, 최근에 겨우 퇴원했으니 방념해주시기 바랍니다) このたびわざわざ寒中の起居をお見舞いくだされ，ありがたく厚く御礼申し

上げます(이번, 일부러 한중의 기거를 문안해 주셔서, 감사하오며 깊이 감사 말씀을 올립니다)

(4) 늦추위의 문안 편지

한중의 문안 편지를 보내는 시기는 연하장과 그다지 차이가 없다. 같은 1월에 두 번이나 문안드린다는 것이 아무래도 바람직하지 못하면, 늦추위의 문안 편지라는 것이 있다. 2월 4일경이 입춘, 이때부터 달력상으로는 봄이 된다. 그러나 추위는 한층 더 심한 나날이다. 그럴 때에 한중 문안 편지의 형태에 준해서 보내는 것이 늦추위의 문안 편지이다.

늦추위의 문안 편지도 추위를 나타내는 말이 중심이 된다. 실제로는 입춘을 넘기고 도리어 추운 때도 많다. 2월 하순이 되어 갑작스러운 눈이 내릴 때도 있다. 그러나 추위는 이미 혹한이 아닌 늦추위면 残寒(잔한, 늦추위) 春寒(춘한, 봄추위), 季冬(계동, 늦겨울), 晩冬(만동, 늦겨울) 등의 용어를 써야 한다. 그리고 「余寒とは申しながら(늦추위라고는 하지만)」余寒かえって厳しい折から(늦추위가 도리어 혹독한 때)」「寒威去りがたいみぎり(추위의 위세가 떠나지 않고 있는 때)」 등으로 하는 것이다.

늦추위의 문안 편지 형태로 하면 추위가 지속되는 2월까지는 가능하다.

예문 10 기본적인 형

余寒お伺い

```
　申し上げます
　一九八九年二月
　　　　〒166　東京都杉並区高円寺南　○－○－○○

　　　　　　　　中山　信次郎
```

- ○뜻…… 늦추위에 문안드립니다.
- ○새 낱말…… 余寒(늦추위)
- ○비슷한 말과 구…… 二月も半ば過ぎながら，寒さ更に衰えぬ今日このごろ，皆様にはいかがご起居の趣でおいてでしょうか 案じております(2월도 반은 지났지만 추위는 조금도 약해지지 않은 요즈음, 여러분께서는 어떻게 기거하고 계시는지 염려하고 있습니다) 二三日は暖かい日和が続いたためか，寒気一段と切実に感じられる昨今(2,3일은 따뜻한 날씨가 계속된 탓인지, 추위가 한결 절실히 느껴지는 요즈음)

예문 11 늦추위 문안에 대한 사례 편지

```
余寒お見舞い
　申し上げます

　このたびは，ご丁寧な余寒お見舞いを賜り，ありがたく
厚く御礼申し上げます．おかげさまにて，一同異状な
く起居しておりますので，何とぞご休心の程お
願い申し上げます．
```

● 뜻 …… 늦추위에 문안드립니다. 이번 정중한 늦추위 문안 편지를 주셔서 감사하오며 깊이 감사 말씀을 드립니다. 덕분에 모두 이상 없이 기거하고 있으니 부디 방념해 주시기 부탁 말씀 올립니다.
● 새 낱말 …… 賜り(주셔서) 起居(기거, 행동 거지)
● 비슷한 말과 구 …… 昨今流行の感冒ようやく下火とはいうものの, まだまだ油断もなりませんゆえ, 特にご自愛専一の程, お祈り申し上げます(요즈음 유행하는 감기도 겨우 수그러지기는 했지만, 아직은 방심할 수 없으니 각별히 몸조심에 전념하시기 비는 바입니다) おいおい暖かくなるとは存じますが, 油断禁物のこととて, ご自愛くださるよう, お祈り申し上げます(점차 따뜻해진다는 것은 알지만 방심은 금물이라 몸조심하시기 비는 바입니다)

(5) **장마철의 문안 편지**

더위나 추위와 관련해서 문안 편지를 보내는 것은 매우 자연스러운 일이다. 그러나, 그밖에도 그렇게 부자연스럽지 않은 절후의 문안 편지가 있다. 그것이 장마철의 문안 편지이다. 6월 중순부터 7월 상순에 걸쳐 부슬부슬 내리는 비는 집안도 음침하고 기분도 좋지 않다. 그런 사정을 헤아려 절후 문안 편지의 형태를 취하는 것이 말하자면 장마철의 문안 편지이다.

하기야, 장마철의 문안 편지라는 것은 복중의 문안 편지와 한중의 문안 편지만큼 일반적은 못된다. 오히려 상점 같은 데서 고객의 안내에 이용할 정도의 것이다. 그러나, 6월 중순이면 4월에 일어났던 일신상의 변동이 일단락 될 때이므로 취직, 전근 등 알릴 사항도 많다. 그럴 경우에, 복중의 문안 편지를 기다리지 않고 보내려면, 장마철 문안 편지의 형태를 빌리는 것이 가장 적당하다.

즉, 단순한 절후 문안 편지로서의 「梅雨お見舞い申し上げます(장마철 문안드립니다)」는 별로 보지 못한다. 그러나 통지문이나 인사장을 겸하는 형태는 더욱 적극적으로 활용해도 된다. 이사 통지, 또는 취직, 전근, 결혼의 인사 등에도 이용할 수 있는 것이 장마철의 문안 편지이다.

예문 12 기본적인 형태

> 梅雨お見舞い
>   申し上げます
> 一九八九年六月
>   〒155 東京都世田谷区下北沢 ○-○-○
>   宮田 洋平

○ **뜻** …… 장마철 문안드립니다

○ **새 낱말** …… 梅雨(장마 ; 일본에서 6,7월에 걸쳐 내리는 비)

○ **비슷한 말과 구** …… うっとうしい長雨の毎日, 皆様にはいかがお過ごしでしょうか お伺い申し上げます(후텁지근한 장마의 나날 여러분께서는 어떻게 지내시는지 문안드립니다) さわやかな梅雨明けを夢みて, その日その日を送る今日このごろです(산뜻하게 장마가 끝나기를 꿈꾸며 그날 그날을 보내는 이즈음입니다)

예문 13 인사장을 겸한다

> 謹んで梅雨のお見舞いを申し上げます

去る三月〇〇大学商学部を卒業後，この四月より〇〇商事株式会社に就職し，開発課に勤務しております。今後とも培旧のご教示，ご激励を賜りたく，何とぞお願い申し上げます。

○ 뜻 …… 삼가 장마철 문안드립니다. 지난 3월 〇〇대학 상학부를 졸업한 후, 지난 4월부터 〇〇상사 주식회사에 취직하여 개발과에 근무하고 있습니다. 앞으로도 배전의 교시와 격려를 해 주시기 부디 부탁 말씀 올립니다.

○ 새 낱말 …… 去る(지난) この(지난) より(…부터)

○ 비슷한 말과 구 …… 去る四月一日の定期異動により，大阪支店勤務と相成りましたので，このたび家族を呼び寄せ下記に居を定めました。今後とも一層の教導，ご授助を賜りたく，ここにお願い申し上げます(지난 4월 1일의 정기 이동에 의해 大阪 지점 근무로 되었으므로, 이번 가족을 불러 와서 하기에 거처를 정했습니다. 앞으로도 더 한층의 교도와 원조를 해 주시기 이에 부탁드립니다)

예문 14 장마철 문안의 사례 편지

ご丁重なお見舞い，恐縮に存じます。一同無事消光しておりますゆえ，何とぞご休心くださるよう，お願い申し上げます。なお，このたび大阪ご勤務になられたとのこと，ご栄転お喜び申し上げます。ご家族の皆様も，新しいご出発に大きな夢を託しておられることかと存じます。

気候不順の折から一層ご自愛のうえ，ますますの
ご活躍，ご発展，心からお祈り申し上げます。

○뜻…… 정중한 문안 편지 송구스럽게 생각합니다. 모두 무사히 소일하고 있으니 부디 방념해 주시기 부탁 말씀 올립니다. 또한, 이번 大阪 근무를 하게 되셨다니, 영전을 축하하는 바입니다. 가족 여러분도 새로운 출발에 큰 포부를 가지고 있을 것으로 생각합니다. 기후 불순한 때 더 한층 몸조심하시고, 더 한층의 활약과 발전을 진심으로 비는 바입니다.

○새 낱말…… なられたとのこと(되셨다니) 新しい(새로운) 大きな(큰) 夢を託す(포부를 가지다) 心から(진심으로)

○비슷한 말과 구…… このたびはご丁寧なお見舞い, ありがたく拝受いたしました(이번 정중한 문안 편지 감사히 잘 받아 보았습니다) 懇ろな梅雨お見舞い, 恐縮至極に存じます(정중한 장마철 문안 편지 송구스럽기 그지없습니다) なお めでたくご退院とのこと, ご家族皆様のお喜びもさぞやと拝察いたします(또한, 경사스럽게 퇴원하신다니 가족 여러분도 필시 기뻐하시리라고 배찰합니다)

3. 선물에 곁들이는 편지

(1) 복중 선물과 연말 선물

평소 신세지고 있는 사람에게 감사한 마음으로 선물을 하게 된다. 그럴 경우에 연 1회이면 연말 선물, 2회이면 음력 7월의 보름날 백중 선물을 하게 된다.

어느 쪽의 경우에도 항상 신세지고 있는 사례의 표시이고, 이미 받은 은고에 대한 감사의 마음이 중심이 된다. 원래는 물건을 가지고 직접 상대방을 방문하고 사례의 인사말을 해야만 한다. 그러나 그렇게 되면 일일이 받는 쪽도 큰일이기 때문에 백화점 같은 데서 배달하도록 한다. 그럴 때, 그저 물건을 전하는 것뿐이면 너무 형식적이므로 몇 자 적는 것이 예의에 합당하다.

따라서, 그런 종류의 선물 편지는 항상 신세지고 있는 것을 감사하는 마음이 주가 되고 앞으로도 부디 잘 부탁한다는 형식으로 맺는다. 물건도 사례의 표시이며, 요컨대 백중의 인사, 연말의 인사이다. 그런 의미에서 너무 값비싼 것을 보내어 상대방이 부담을 느끼게 하는 것은 바람직하지 않다. 또, 앞으로 특별한 편의를 받기 위해 사전에 건네 준다는 형식이 되어서도 안 된다. 결백한 사람일 경우에는 되돌려 보내는 경우도 있어 도리어 역효과를 낳게 된다.

그런 종류의 선물 편지는 회사나 상점이 고객에게 보낼 경우에 동문(同文)의 것을 인쇄하는 것이 일반적이다. 그러나 개인의 경우에는 저마다 받고 있는 은고가 다르므로 실제로는 같은 문장을 이용하더라도 일일이 자필로 성의를 다해 써야 한다.

예문 1 복중 선물을 과장에게

拝啓　盛夏の候, 課長様をはじめ皆様には, ますますご健勝のこととお喜び申し上げます。さて, 平素はいろいろとお世話になっておりますこと, 心から御礼申し上げます。ついては, 本日, お中元のおしるしにもと存じ,

果物など取りそろえ，デパートより配送させました。お口に召すかどうか心配しておりますが，ご笑納いただければ幸いと存じます。なお 今後とも一層のお導きを賜りたく，切にお願い申し上げます。
暑さ厳しい折から，ご自愛専一の程，お祈り申し上げます。
右，とりあえず御礼まで申し上げます。敬具

○뜻 …… 근계 성하지절, 과장님을 비롯한 여러분께서는 건승하실 줄로 아오며 축하하는 바입니다. 그리고, 평소에 여러 가지로 신세지고 있는 데 대하여 진심으로 감사 말씀 올립니다. 따라서, 금일 백중 선물의 표시라도 하는 생각에서 과일 등을 두루 갖추어 백화점에서 배달시켰습니다. 구미에 맞을지 걱정하고 있습니다만 소납해 주시면 다행으로 알겠습니다. 또한 앞으로도 더 한층의 지도 있으시기 간절히 부탁 말씀드립니다. 더위가 심한 때 몸조심에 전념하시기 비는 바입니다. 이상, 우선 사례 말씀 아룁니다. 경구

○새 낱말 …… ついては(따라서, 그래서) 本日(금일, 오늘) 取りそろえ(두루 갖추어) 配送(배송, 배달) お口に召すかどうか(구미에 맞을지)

○비슷한 말과 구 …… 社長様をはじめご家内皆様には(사장님을 비롯한 가족 여러분께서는)ご一家皆様には(가족 여러분께서는)平素は何くれとお世話になっておりますこと(평소에 여러 가지로 신세지고 있는데 대하여)

예문 2 격조했던 데 대한 사과의 연말 선물

拝啓 寒さひとしお身にしみるこのごろ，いかがお過し

でしょうか，お伺い申し上げます。当方一同，おかげさまにて変りなく消光しておりますゆえ，ご放念の程，お願い申し上げます。
　さて，今年もいろいろとご厚情にあずかりましたこと，心から感謝しております。ついては，お歳暮のおしるしにもと，郷里の名産少々，小包便にてお送りするよう，手配いたしました。つまらぬものではございますが，お茶請けにでも，ご笑味いただければ幸いと存じます。
　なお，今後とも倍旧のご懇情を賜りますよう，謹んでお願い申し上げます。
　寒さに向かう折から，一層ご自愛くださるよう，切にお祈り申し上げます。
　右，ごぶさたおわびかたがた御礼まで。敬具

　○뜻……근계 추위가 한결 사무치는 이즈음 어떻게 지내시는지 문안드립니다. 이쪽 일동, 덕분에 탈없이 소일하고 있으니 방념해 주시기 부탁 말씀 드립니다.
　그리고, 올해도 여러 가지로 후의를 입은 데 대하여 진심으로 감사하고 있습니다. 따라서, 연말 선물의 표시삼아 고향의 명산을 약간 준비하여 소포로 보냈습니다. 하찮은 것이기는 합니다만 다과 때에라도 웃으며 맛보아 주시면 다행으로 알겠습니다. 또한 앞으로도 배전의 간정을 주시기 삼가 부탁 말씀 드립니다. 추위가 다가오는 때, 더 한층 몸조심하시기 간절히 비는 바입니다.
　이상 격조한 데 대한 사과를 겸해 사례 말씀 아룁니다. 경구
　○새 낱말……身にしみる(사무치다) 変りなく(변함 없이, 탈없이) 歳暮(연말 선물) 郷里(향리, 고향) 少々(약간) 手配(수배, 준비)

お茶請け(다과) 笑味(웃으며 맛보다) 寒さに向かう(추위가 다가오다) かたがた(아울러, 겸하여)

◉비슷한 말과 구······ ごぶさたのおわびかたがたお伺いするつもりでおりましたが, 代わりに(격조했던 사과를 겸해 찾아 뵙고자 했지만 대신으로) 租末ではございますが, 私ども二人の見立てによるものゆえ(변변치 않은 것이기는 하지만 우리 두 사람이 보고 고른 것이니) いつも同じものばかりにて, お恥かしい次第ではございますが(항상 똑같은 것이라 부끄럽기는 하지만)

(2) 기회 있을 때마다 하는 선물

친하게 지내는 상대방에 대해 서로 선물을 한다. 특별히 값비싼 것을 선물하는 것도 아니고 특별한 의도가 있는 것도 아니다. 그러한 기회가 있을 때마다 하는 선물이다.

그런 종류의 선물로는 계절적인 고장의 명산물 등이 가장 적당하다. 여행에서 돌아오거나, 또는 여행지에서 그 고장의 명산물을 선물하는 것도 좋다. 선사받은 물건을 남에게 나누어 주는 것도 좋다. 때로는 손수 가꾼 초화(草花)나 손수 만든 수예품 같은 것도 보낼 수 있다. 그런 일이 대인 관계를 유지하는 데 있어서 큰 역할을 하게 되는 것이다.

그리고 평소에 그런 관계를 맺고 있으면 특별한 볼일이 생겼을 경우에 의논하러 가기도 쉽고, 상대방도 다른 경우와 달리 친절하게 생각해 준다. 그러나, 선물할 때마다 그 같은 꿍꿍이 속을 가지는 건 좋지 않다. 뭔가 저의가 있어서 선물한다는 인상을 주면 도리어 좋지 않다.

따라서 그런 종류의 선물에 곁들이는 편지는 그 선물이 정말로 자연스럽지 않으면 안 된다. 그리고, 상대가 진심으로 기뻐해 주는 것이 제일이다. 그밖의 말을 곁들이려면 상대방에 걱정을 끼치지 않을 만한 자기측의 근황 등이 무난하다.

예문 3 선사받은 물건을 나누어 줌

拝啓 秋も深まるこのごろ, 相伝わらずご健勝のこととお喜び申し上げます。 なお, 当方一同 おかげをもって無事消光しておりますゆえ, ご心配ご無用かと存じます。
さて, このたび茨城の兄から, くりを送ってまいりました。裏山で取れたそのままとのことにて粒も ふぞろいゆえ, お恥ずかしい次第ではございますが, 味だけは格別かと存じます。 ついては, 折角の秋の味覚を独り占めに致すのももったいなく, 少々お福分けを思い立ちました。季節の野趣など, お楽しみいただければ幸いと存じます。時節柄, 一層のご自愛, お祈り申し上げます。 ご家族の皆様にも, 何とぞくれぐれもよろしくお伝えくださるよう, お願い申し上げます。 右, とりあえずご案内まで. 敬具

●뜻……근계 가을도 깊어가는 이즈음 변함없이 건승하실 줄로 알고 축하하는 바입니다. 또한, 우리도 덕분에 무사히 소일하고 있으니 걱정 안 하셔도 될 줄로 압니다.
그리고 이번 茨城의 형으로부터 밤을 보내왔습니다. 뒷동산에서 수확한 것 그대로의 것이라 밤알도 고르지 못해 부끄럽기는 합니다만 맛만은 각별할 것으로 압니다. 따라서, 모처럼의 가을 미각을 혼자

차지하는 것도 과분하여 조금 나누어 드릴 생각을 했습니다. 계절의 야취 등 즐겨 주시면 다행이라고 생각합니다.

　때가 때인 만큼, 더 한층의 몸조심 빌어 마지 아니합니다. 가족 여러분에게도 부디 안부 전해 주시기 부탁드립니다. 이상, 우선 안내 말씀 아룁니다. 경구

　　◉**새 낱말** …… 心配無用(걱정할 필요가 없음) 野趣(야취, 소박한 맛) 時節柄(때가 때이니 만큼) ご案内まで(안내 말씀 아룁니다)

　　◉**비슷한 말과 구** …… まことに少々ではございますが, 当地の名産ぶどう, 別便をもってお送りいたしましたので, ご笑味くださるよう, お願い申し上げます(참으로 적습니다만 이곳 명산 포도, 별편으로 보냈으니 웃으며 맛보아 주시기 부탁드립니다) いつも上等なものばかりご賞味なさる皆様には, 少々お口汚しかも存じませんが, ご高評いただければ幸いと存じます(항상 고급품만 상미(賞味)하시는 여러분에게는 좀 변변치 못한 음식일지 모르나, 고평(高評)해 주시면 다행으로 알겠습니다) 別に珍しい品ではございませんが, 当地の 名物でございますので(별로 진귀한 물건은 아니지만 이곳의 명물이기 때문에)

예문 4 손수 뜬 레이스를 선물함

拝啓　梅雨空のうっとうしいこのごろ, 皆様にはお変わりもなくお過ごしでしょうか, お伺い申し上げます。平素はとかくご無音に打ち過ぎ, まことに恐縮に存じます。さて, このたび別便をもってごぶさたおわびまでに, 手芸のレース品をお送りいたしました。

家内が暇に任せて編み出したもの、どうやら人様にもお目に掛けられるに至りましたので、ご高評いただければ幸いと存じます。いずれにいたしましても、気を打ち込む対象のできましたことは一つの取り柄。おかげにて最近は一家円満、他事ながらご休心の程、お願い申し上げます。
気候不順の折から、一層ご自愛くださるよう、心からお祈り申し上げます。
まずは、とりあえずごきげんお伺いかたがた、ご案内申し上げます。敬具

●뜻 …… 장마철 날씨가 후텁지근한 이즈음 여러분께서는 변함없이 지내시는지 문안드립니다. 평소는 이것저것 오랫 동안 소식 드리지 못해 참으로 송구스럽게 생각합니다.
그런데 이번 별편으로 격조했던 사과를 겸해 수예 레이스 물건을 보냈습니다.
아내가 짬이 나는 대로 짜낸 것으로 그럭저럭 남에게도 보일 수 있게 되었으므로 고평해 주시면 다행으로 알겠습니다. 어쨌든 간에 열중할 수 있는 대상이 생겼다는 것은 한가지 장점으로 덕분에 요즈음은 일가 원만하니 관계없는 일이지만 방념해 주시기 부탁 말씀 드립니다.
기후 불순한 때, 더 한층 몸조심하시기 진심으로 비는 바입니다.
여하간에 우선 문안을 겸해 안내 말씀 아룁니다. 경구

●새 낱말 …… 梅雨空(장마철 날씨) 無音に打ち過ぎ(오랫 동안 소식 드리지 못하와) 暇に任せて(짬이 나는 대로) 編み出す(짜내다, 고안해 내다) どうやら(그럭저럭) 人様(남, 타인) 打ち込む(열중하다, 전념하다) ごきげんお伺い(문안드림)

○**비슷한 말과 구** …… お口に合わないかと存じますが、ご高評を賜れば幸いと存じます(입에 안 맞지 않을까 하고 생각합니다만, 고평을 해 주시면 다행으로 알겠습니다)アクセサリーなどご趣味に合うもの、いろいろお持ち合せかと存じますが(액세서리 등 취미에 맞는 것 여러 가지 갖고 있을 것이라고 압니다만)家内手製のネクタイにも、また別の味わいがあるかと存じ(아내가 손수 만든 넥타이에도 또 다른 정취가 있지 않을까 해서)

(3) 복중 선물과 연말 선물

    선물을 받으면 사례 편지를 쓰는 것이 예의이다. 백화점에서 배달되면 수령했다는 도장을 찍고, 등기 우편으로 보내면 배달은 되겠지만 선물한 쪽에서는 무사히 배달되었는지 궁금한 법이다. 특별히 사례의 편지를 기대하고 있는 것은 아니지만, 배달되었다는 것을 확인하고 싶어하는 마음을 가지는 것은 당연하다. 그것에 부응해 몇 자 적는 것이 선물의 사례 편지이다.

    따라서, 선물의 사례 편지는 명칭은 사례 편지이기는 해도 무사히 배달되었다는 뜻을 빠뜨리고 쓰면 안 된다. 무사하지 못하고 뭔가 손상이 있었으면 솔직이 그 사실을 언급하는 것이 좋다.

    상대방은 송구스럽게 여기지만, 똑같은 실수를 다시 재현하지 않도록 힘쓰기 때문이다. 또, 언제 받았느냐 하는 것도 보낸 쪽에서는 여러 가지로 참고가 된다. 이틀 만에 당도했는지, 1주일이 걸렸는지 그것은 다음에 보낼 때의 물건 종류하고도 관계가 있기 때문이다.

    그런데 본래의 사례 편지로서의 성격인데, 상대측에서는 물건 선택에 고생했을 것이다. 따라서, 그 고생에 보답할 만한 사례의 말이 필요하다. 그러자면 「좋은 물건을 주셔서」 등의 추상적인 표현은 좋지 않다. 구체적인 감상을 몇 자 덧붙여 적으면 선물한 쪽에서도 기분이 좋다. 또 칭찬이 과해서 선물한 쪽이 얼굴을 붉힐 것 같은 표현은 바람직하지 않다. 아무렇지도 않은 듯이 감사의 뜻을 나타내 양자 사이에 뿌듯한 친근감이 오가는 형식이 될 수 있으면 그것이 가장 좋다.

예문 5 복중날에 과일을 받고

拝復 このたびはご丁寧なお手紙ありがとうございました. ますますお元気にてご活躍の趣, 心からお喜び申し上げます.
さて, デパートからお送りの品々, 昨日無事拝受いたしました. 好物の果物をいろいろ取りそろえてお選びくだされましたこと, 厚く御礼申し上げます. 末筆ながら, 皆様のご多祥をお祈り申し上げます.
まずは, とりあえず御礼まで. 敬具

○뜻……배복 이번 정중한 편지 감사했습니다. 더욱더 건강하게 활약하고 계신다니 진심으로 축하하는 바입니다.

그리고, 백화점으로부터 보내신 물건들 어제 무사히 잘 받았습니다. 좋아하는 과일을 여러 가지 두루 갖추어 골라주신 데 대하여 깊이 감사 말씀 드립니다. 끝으로 여러분의 다복함을 비는 바입니다. 우선 사례 말씀아룁니다. 경구

○새 낱말……品々(여러 가지 물건) 好物(좋아하는 음식) 多祥(다복함)

○비슷한 말과 구……ご懇情あふれる品々賜り(간정 넘치는 여러

가지 물건을 주셔서)ご懇篤なごあいさつを賜り，また見事なご名産の桃をご恵与くだされ(지극한 인사 말씀을 주시고, 또 멋진 명산의 복숭아를 혜여해 주셔서)

예문 6 선물을 나누어 준 것을 받고

拝復　ご丁寧なお手紙．ありがとうございました．ますますご多祥の趣，お喜び申し上げます．
さて，昨日は，すばらしい秋の味覚，くりのおすそ分けにあずかり，ありがとうございました．早速ゆでて賞味いたしましたところ，さすがに取りたての味覚，市販のものとは比べ物にならず，風味も格別と感謝しております．ここに家族一同に代わり，厚く御礼申し上げます．ご令兄様にも何とぞよろしくお伝えくださるよう，お願い申し上げます．
まずは，とりあえず御礼まで，敬具

○뜻 …… 배복 정중한 편지 감사했습니다. 더욱더 다복하시다니 축하하는 바입니다. 그리고, 어제는 근사한 가을의 미각, 선물로 받은 밤을 나누어 주셔서 감사했습니다. 즉시 삶아서 상미(賞味)했더니 과연 갓 딴 미각이 시판하는 것과는 비교가 되지 않고 풍미도 각별하다고 감사하고 있습니다. 이에 가족 모두를 대신해 깊이 사례 말씀 드립니다. 영형에게도 부디 안부 전해 주시기 부탁드립니다.
이상 우선 사례 말씀 아룁니다. 경구

　　○새 낱말 …… すばらしい(근사하다, 멋지다, 훌륭하다) ゆでる

(삶다) 取りたて(갓 따옴) 比べものにならず(비교가 안 되고) 風味(풍미)

○**비슷한 말과 구** …… 多少熟し過ぎておりましたが, 味はまた格別ゆえ, 楽しく賞味いたしました(얼마간 너무 익은 것이었지만, 맛은 또 각별하기 때문에 즐겁게 상미했습니다) 荷扱い乱暴のためか, 箱もこわれておりましたが, 賞味には差し支えなく一同安心いたしました(하물 취급이 난폭한 탓인지 상자도 망가져 있었지만 상미에는 지장이 없어 일동은 안심했습니다)

4. 연말 연시의 인사 편지

(1) 연말을 맞고서

　한 해의 끝에 선물하는 연말 선물의 경우에도 선물 편지를 곁들이는데, 이것은 항상 신세지고 있는 사례의 말이 중심이 된다. 그것에 비해, 연말 인사장의 경우는 자기측의 근황 보고가 중심이 된다. 또, 그같은 근황 보고를 필요로 하는 상대측은 그렇게 많지 않다.
　연말 인사의 근황 보고는 구체적으로 쓰는 것이 좋다. 그러나, 구체적이라고는 해도 1년간의 사항 전부에 걸치는 것은 불가능한 일이다. 그래서 초점을 좁히게 되는 데, 그 편이 상대방에게도 강한 인상을 주게 되고 그만큼 친밀감을 느끼게도 한다. 문제는 무엇에 초점을 좁히느냐 하는 것인데, 상대측에게 걱정을 끼치지 않는 사항으로 한

다. 그것만 꺼내면 걱정을 끼칠 것 같은 사항이라도 이미 해결된 것이라면, 그 해결을 강조함으로써 걱정을 끼치지 않게 된다. 그리고, 그럴 때의 해결에는「おかげさまにて(덕분에)」라는 말을 넣도록 한다. 설사 상대방과 관계가 없는 사항이라도 그것을「おかげさま(덕분)」이라고 감사하는 것이 일반적인 방식이기 때문이다.

하기야, 돌이켜 보면 완전히 불행한 한 해였을 때도 있다. 그럴 경우에는 다가올 새해 광명을 찾아 내고, 그것을 향한 결심 형식으로 정리하는 것이 좋다. 어쨌든 간에, 상대측에서는 연말의 바쁜 때에 받는 편지라는 것을 잊어서는 안 된다.

예문 1 은사에의 직장 보고

拝啓 寒さ一段と身にしみるこのごろ，先生には，その後いかがお過ごしでしょうか，お伺い申し上げます。
さて，今年も残り少なくなりましたが，振り返って全く新しい人生を踏みざ出したことを，改めて感じる昨今でございます。軽済界の不況が，これほど商社の活動に影響するとは思いも奇らぬことでございました。そのうえ他の商社との競争だけでなく，社内の同僚もまた競争相手にあることを，ひしひしと感じております。その点学生時代のような甘えは許されず，一日一日が真剣勝負といっても過言ではございません。ついては，先生のお言葉を身に刻み，新入社員としての謙虚な気持ちを失わず，職場に慣れること第一にと進んでまいりました。おかげさまにて六か月の試用期間も大過なく過ぎ，去る十月一日にはようやく正社員としての辞令を頂きましたこと，

ここに謹んでご報告申し上げます。このうえは初心を忘れず、ひたすら社務に専念いたす覚悟でございますので、何とぞ今後とも倍旧のご指導を賜りますよう、伏してお願い申し上げます。
寒さ一段と厳しさを加える折から、先生にも一層ご自愛、ご発展の程、心からお祈り申し上げます。
右、年末に際し、ごあいさつ申し上げます。敬具

○뜻 …… 근계 추위가 한층 뼛속까지 스며드는 이즈음, 선생님께서는 그후 어떻게 지내시는지요, 문안드립니다.

그리고 올해도 얼마 남지 않았는데, 뒤돌아보고 완전히 새로운 인생을 내디뎠음을 새삼스럽게 느끼는 요즈음입니다. 경제계의 불황이 이처럼 상사의 활동에 영향을 미친다고는 생각도 못했던 일입니다. 게다가 다른 상사와의 경쟁뿐만 아니라, 사내의 동료 역시 경쟁 상대라는 것을 뼈저리게 느끼고 있습니다. 그 점, 학생 시대 같은 안이함은 허용되지 않고, 하루하루가 목숨을 건 싸움이라고 해도 과언이 아닙니다. 따라서, 선생님의 말씀을 명심해 신입사원으로서의 겸허한 마음을 잃지 않고, 직장에 익숙해지는 것을 제일로 정진해 왔습니다. 덕분에 6개월의 시용(試用) 기간도 대과없이 넘기고, 지난 10월 1일에는 마침내 정사원으로서의 사령을 받은 일, 이에 삼가 보고 말씀 아룁니다. 이제는 초심을 잊지 않고 오로지 사무(社務)에 전념할 각오이오니 부디 앞으로도 배전의 지도를 해 주시기 삼가 부탁 말씀 올립니다.

추위가 한층 더 심해지는 때, 선생님께서도 더 한층 몸조심과 발전하시기 비는 바입니다.

이상, 연말을 맞아 인사 말씀 올립니다. 경구

○새 낱말 …… 身にしみる(뼛속에 스며들다) 残り少なくなり

ました(얼마 남지 않았습니다) ひしひしと(뼈저리게) 甘え(안이함, 안이한 생각) 真剣勝負(목숨을 건 싸움) 身に刻み(명심하고) ひたすら(오로지) 伏して(삼가, 간곡히)

○비슷한 말과 구 …… 母校の先輩が, 親身になって世話してくださるのも, 本当にありがたいと感謝しております(모교의 선배님이 육친 같이 돌봐 주시는 것도 정말 고마운 일로 감사하고 있습니다) 養成期間中訓練は一通りでなく, 幾度かやめようかやめようかと考えましたがその都度ご推薦狀のことを思い起こし, 何とか踏みとどまりました(양성 기간 동안의 훈련은 이만저만이 아니라, 몇 번이나 그만두려고 생각했습니다만, 그때마다 추천장에 대한 생각을 하고 그럭저럭 버티었습니다) ようやく正社員に採用されましたこと, ひとえに先生のおかげと感謝しております(마침내 정사원으로 채용된 데 대하여, 오로지 선생님의 덕택이라고 감사하고 있습니다)

예문 2 친한 친구에의 인사

拝啓　木枯らしに, 一段と寒さを感じるころとなりました. その後ごぶさたいたしましたが, ご壮建にてご精励でしょうか, お伺い申し上げます.
さて, 一九八九年もあとわずかという今日, 久方ぶりに小暇を得て, ここにお手紙を差し上げることにいたしました. 顧みれば学校を出てここに十余年, 全く感慨無量というところかと存じます. その間, 一年早く結婚されたそちらには, 既に栄さんも成長され, 来年は少学校にご入学かと拝察いたします. こちらもおかげさまにて文江が幼稚園に通い, 何かとにぎやかな毎日でございます.

好きな魚釣りも、仕事の関係から ごぶさたしており
ますが、振り返って、家族一同病気もせずに一年が過ぎ
去るということ、これが幸福というものかと、しみじみ
感じるこのごろでございます。このしんみりとした気持ち、
そちらには分かっていただけると思い、一筆したためるこ
とにいたしました。お読み捨てくださるよう、お願い申し
上げます。
ついては、無事ご越年の程、心からお祈り申し上げます。
そうして、ご多幸な新年をお迎えくださるよう、併せてお祈り
申し上げます。和子様にもくれぐれもよろしくお伝えの
程を。昭子からも皆様によろしくとのことでございます。
まずは、年末のごあいさつかたがた、近況ご報告まで申し
上げます。敬具

○뜻……근계 쌀쌀한 바람에 한층 추위를 느끼는 때가 되었습니다. 그후 격조하였습니다만 건강하시고 정려하신지요 문안드립니다. 그런데, 1989년도 얼마 남지 않은 오늘, 오래간만에 잠시 틈이 나기에 이에 편지 드리기로 했습니다. 회상하면 학교를 졸업하고 어언 10여년, 정말 감개 무량하다고 하지 않을 수 없습니다. 그간 1년 일찍 결혼하신 당신네는 이미 榮도 성장해 내년에는 소학교(국민학교)에 입학한다고 배찰합니다. 우리도 덕분에 文江가 유치원에 다녀 여러 가지로 왁자지껄한 나날입니다. 좋아하는 낚시도 일 관계로 찾지 못하고 있지만, 돌이켜 보니 가족 모두가 병도 앓지 않고 1년이 지나가 버리는 것, 이것이 행복이라는 것인가 하고 절실히 느끼는 요즈음입니다. 이 절실한 마음, 당신네는 알아주시리라고 생각해 몇 자 적기로 했습니다. 읽은 후 버리시기 부탁드립니다.

그리고 무사히 해를 넘기시기 진심으로 비는 바입니다. 또한 다복한 새해를 맞으시기 아울러 비는 바입니다. 부인(和子)에게도 부디 안부 말씀 전해 주십시오. 우리 집 사람(昭子)도 여러분에게 안부 전해 달라고 합니다. 이상 연말 인사를 겸해 근황 보고 드립니다. 경구

○새 낱말…… 木枯らし(쌀쌀한 바람, 늦가을부터 초겨울에 걸쳐 부는 쌀쌀한 바람) 顧みれば(뒤돌아보면, 회상하면) にぎやか(왁자지껄함, 떠들썩함) しみじみ(정말로, 절실하게) 読み捨てる(읽은 후 버리다)

○비슷한 말과 구…… もう一度やり直すこともできないのが人生とか、これもやむをえないとあきらめる昨今でございます(다시 한 번 할 수도 없는 것이 인생이라니, 이것도 어쩔 수 없는 일이라고 체념하는 이즈음입니다)　生存競争の激しい今日、うっかり心を打ち明ける友も得らぬまま、そちらに手紙を書くことにいたしました(생존 경쟁이 심한 오늘날, 무심코 마음을 털어 놓을 친구도 얻지 못한 채 당신에게 편지를 쓰기로 했습니다)　何とぞそちらにおいてもよい年をお迎えなさるよう、心からお祈り申し上げます(부디 당신께서도 좋은 해를 맞으시기 진심으로 비는 바입니다)

(2) 연시(年始)를 맞고서

1년의 처음에 보내는 인사장이라는 점에서 연시 인사장은 연하장과 비슷하다. 그러나, 연하장은 새해를 축복하는 말이 중심이고, 그 이외의 첨서도 형식에 흐르기 쉽다. 그것에 비해 연시 인사장은 자기 측의 근황 보고가 중심이 된다.

연시 인사장의 근황 보고는 연말의 경우와 마찬가지로 구체적으로 쓰는 것이 좋다. 그러나, 구체적으로 말해서 연말 쪽이 과거 1년에

대한 제재(題材)를 구하는 데 비해, 연시 쪽은 새로운 1년에 대한 포부와 결심이 중심이 된다. 가족의 일, 직장의 일, 생활 환경의 일, 취미의 일, 그것에서 밝은 데를 찾아 서로 상쾌해지는 내용이 되게 정리한 것이 연시 인사장이다. 그러나 사회에서 전반적으로 밝은 데를 찾는 일 같은 건 전혀 불가능할 경우도 적지않다. 그러나, 그런 사회 정세 속에서도 어딘가에 희망을 찾아내 뭔가 발전을 원하고, 조촐하면서도 사는 보람이 있는 1년으로 하고 싶다는 마음이 귀중하다. 그런 점에서 서로 격려하는 형식이 되게 하는 것도 하나의 방법이다. 일반적으로 새해가 되면 누구든지 조금은 상쾌해지는 법이다. 따라서 연시 인사장은 연하장과 달리 새해가 된 다음에 쓰는 것이 좋다.

또한, 연말 인사장을 보낸 상대측에게 연시 인사장을 다시 보내는 것은 중복이 된다. 어느 쪽으로 하느냐 하는 것은 그 내용에 따르는 것이 좋다.

예문 3 처가에 대한 새해 인사

拝啓 新春の候, 皆様には, お元気にてご越年のこと拝察いたします。明けましておめでとうございます。
おかげさまにて, 私ども両親をはじめ一同, 無事にてよい年を迎えましたので, ここにご報告申し上げます。
さて, 私も年末には大みそかまで仕事に追われ, ようやく小暇を得た次第でございます。昨年中は, 一方ならぬご厚情にあずかりながらごぶたのみに打ち過ぎ, 申し訳なく存じております。
今年も何とぞご高配を賜りますよう, 切にお願い申し上

げます。なお，友子もすっかり所帶慣れし，家事も万端
怠りなく，本当によく務めてくれますので，一同心から感
謝しております。
ついては，兩親からの增り物として，母の見立てにより
このたび晴れ着を調えることになりました。大層よく似
合うので，近く髮も整えて写真を撮り，ご高覽に供したい
と存じます。何とぞご期待の程，お願い申し上げます。
兩親をはじめ友子からも，くれぐれもよろしくとのことで
ございます。末筆ながら，皆樣一層のご慶福，心からお
祈り申し上げます。
まずは，新年のごあいさつといたします。敬具

○뜻 …… 근계 신춘지절, 여러분께서는 건강하게 한해를 넘겼으리라고 배찰합니다. 새해에 복 많이 받으십시오. 덕분에 저희들은 부모님을 위시해 모두 무사히 좋은 새해를 맞았으므로 이에 보고드립니다.

그리고, 저도 연말에는 섣달 그믐날까지 일에 쫓기다 잠시 틈을 얻게 된 것입니다. 작년 한 해는 적지않은 후의를 입었으면서도 격조하게 지내 죄송하게 생각하고 있습니다. 올해도 부디 각별히 배려해 주시기 간절히 부탁드립니다. 또한 집 사람(友子)도 완전히 살림을 익혀, 만단의 방심도 않고 정말 잘해 주고 있으므로 모두가 진심으로 감사하고 있습니다. 그래서 부모님으로부터의 선물로서, 이번 어머니가 보고 고르신 나들이옷을 맞추게 되었습니다. 매우 잘 어울리므로 곧 머리도 가다듬게 하여 사진을 찍고, 고람할 수 있도록 하겠습니다. 아무쪼록 기대하시기 부탁드립니다. 부모님을 비롯한 집 사람(友子)으로부터도 부디 안부 전해 달라고 합니다. 끝으로, 여러분 더 한층의 경복(慶福)을 진심으로 비는 바입니다.

이상, 새해 인사로 삼습니다. 경구

● **새 낱말**······ 大みそか(섣달 그믐날) 所帯慣れし(살림을 익히고) 万端怠りなく(만단의 방심도 않고) 増り物(선물) 晴れ着(나들이옷) 整える(맞추다, 가다듬다) 似合う(어울리다) 高覧に供する(고람할 수 있도록 하다)

● **비슷한 말과 구**······ 今年は雨の寒い元旦ではございますが めでたくとそをくみ交わし、ここに新しい年を迎えることになりました (올해는 찬 비가 내리는 설날이기는 하지만, 경사스럽게 도소주를 주고받으며 이제 새로운 해를 맞게 되었습니다) 春子も精一杯の努力にてお正月の支度を整え、重詰めも見事に出来上がりましたこと、ご報告申し上げます(春子도 힘껏 노력해 설날 준비를 갖추고, 요리를 찬합에 담는 일도 완전히 다 되었음을 보고드립니다)

예문 4 연시를 맞아 옛 친구에게

新年おめでとうございます。 お元気にてご越年のことと拝察いたします。こちらも何となく越年いたしましたので、ご休心の程、お願い申し上げます。 ここに久方ぶりにくつろぎ、突然お便りいたしたくなりましたこと、何とぞお許しの程を。
さて、顧みれば、学校を出てここに三年、そちらはいち早くご結婚に踏み切り、既に一児の父となられたこと、まことにうらやましい次第と存じます。 ついては、こちらもいつまでも独身というわけにいくまいと、このたび両親の勧めに従うこととなりました。 相手は父

の会社に勤めるお嬢さんにて，ご両親は薬局を経営されております。結婚式にはぜひそちらにもご出席いただく，その節は何とぞよろしくお願い申し上げます。なお，結婚後は，そちらをまねて両親とも別居の予定にて，新婚家庭の営み方その他，ご伝授いただければ幸いと存じます。奥様にも何とぞよろしくお伝えの程を。
寒さ一段と厳しさを加えるこのごろ，一層ご自愛のうえ，ますますご発展の程，お祈り申し上げます。
右，とりあえずご報告かたがた，新年のごあいさつといたします。敬具

○뜻 …… 신년을 축하합니다. 건강하게 한해를 넘겼을 줄로 배찰합니다. 저 역시 아무 일 없이 한해를 넘겼으니 방념해 주시기 부탁드립니다. 이에 오래간만에 편히 쉬며 갑자기 소식을 전하고 싶어진데 대하여 부디 용서해 주시기를.

그리고, 회상하면 학교를 졸업하고 이에 3년, 귀형은 재빨리 결혼을 결단하여 벌써 한 아이의 아버지가 되신 것을 대단히 부러운 일로 생각하는 바입니다. 따라서 나도 언제까지나 독신일 수는 없다는 생각에 이번 부모님의 권고를 따르기로 했습니다. 상대는 아버지의 회사에 근무하는 아가씨로, 부모님들께서는 약국을 경영하고 있습니다. 결혼식에는 꼭 귀형도 참석해 주시기 바라며, 그때는 아무쪼록 잘 부탁드립니다. 또한, 결혼 후에는 귀형을 본받아 부모님과는 별거할 예정이라 신혼 가정을 영위하는 법과 그밖의 일을 전수해 주시면 다행으로 알겠습니다. 부인에게도 부디 안부 전해 주시기를.

추위가 한층 기세를 더해 가는 요즈음, 더 한층 몸조심하시고 더욱더 발전하시기 비는 바입니다.

이상, 우선 보고 겸 새해 인사로 삼습니다. 경구

●새 낱말······ くつろぐ(편히 쉬다) そちら(그쪽, 당신, 귀형) いち早く(재빨리), うらやましい(부럽다) こちらも(이쪽도, 나도) 勸め(권고, 권유) 從う(따르다) お孃さん(아가씨) 營み方(영위하는 법) その節(그때)

●비슷한 말과 구······ お互いに人生肯定の意気に燃えて前進いたしたく, ここに決意を新たにする次第でございます(서로가 인생 긍정의 의기에 불타서 전진하고자, 이제 결의를 새롭게 하는 바입니다) アパート一間の正月など, まことに殺風景, 今年こそは獨立を目ざし, 努力を傾ける所存でございます(아파트 단간방의 설 같은 건 참으로 살풍경, 올해야말로 독립을 향해 노력을 기울일 생각입니다) 新春を迎え, 新しいお惠みがご家庭とお仕事の上に降り注ぐことを, 切にお祈り申し上げます(신춘을 맞아 새로운 은총이 가정과 하시는 일 위에 쏟아져 내리기를 간절히 비는 바입니다) 皆樣にとって一層充實した輝かしい年でありますように, お祈り申し上げます(여러분에게 더 한층 충실된 해가 되기를 비는 바입니다)

(3) 크리스마스 카드 쓰는 법

생활이 국제적으로 되면 외국인과도 교류 관계를 맺게 된다. 그럴 때 상대방이 기독교도이면 크리스마스 카드를 쓰게 된다.

크리스마스 카드의 경우, 연하장 같은 특별 취급은 하지 않으나 크리스마스를 축하하는 말과 날짜, 서명만 있으면 개봉(開封) 우편물을 값싸게 보낼 수 있다. 해마다 11월이 되면 우체국 창구에 어느 나라에는 언제까지 보내면 된다는 일람표가 나붙는다. 선편일 경우에는 값이 싸지만, 1개월 이상이나 걸리는 나라가 있으니 날짜를 잘 맞추어서 보낸다. 항공편이면 늦어도 1주일 정도면 도착하지만 값이 비싸다. 그리고 12월 24일까지는 상대방에 도착하도록 보내는 것이 일반적인 예의이다.

예문 5 크리스마스를 축하함

> 楽しいクリスマスを
>   お祝い申し上げます
>   一九八九年十二月
>   呉 文元(オ ムンウォン)

○뜻 …… 즐거운 크리스마스를 축하합니다.

○새 낱말 …… 楽しい(즐겁다)

○비슷한 말과 구 …… クリスマスおめでとうございます(크리스마스 축하합니다) 謹んでクリスマスのお喜びを申し上げます(삼가 크리스마스를 축하하는 바입니다) 謹んでクリスマスの御祝詞を申し上げます(삼가 크리스마스를 축하하는 바입니다) クリスマスを衷心よりお祝い申し上げます(크리스마스를 충심으로 축하하는 바입니다) 謹んでクリスマスのごあいさつを申し上げます(삼가 크리스마스 인사드립니다)

예문 6 첨서를 곁들임

> クリスマスおめでとう
>   あなたとあなたのご一家が楽しいクリスマスをお迎えになりますように, 心からお祈り申し上げます.

⊙뜻 …… 크리스마스를 축하합니다. 귀하와 귀하의 일가가 즐거운 크리스마스를 맞으시기 진심으로 비는 바입니다.
　　⊙새 낱말 …… 一家(일가, 한 가족)
　　⊙비슷한 말과 구 …… 海外にて奥様とお二人だけのクリスマスト新年, 心からお祝い申し上げます(해외에서 부인과 두 사람만의 크리스마스와 새해를 진심으로 축하하는 바입니다) クリスマスに当たり皆々様のご多幸とご発展をお祈り申し上げます(크리스마스를 맞아 여러분의 다복함과 발전을 비는 바입니다) 楽しいクリスマスを迎え謹んでご繁栄とご健康をお祈り申し上げます(즐거운   크리스마스를 맞아 삼가 번영과 건강을 비는 바입니다)

(4) 상중(喪中)인사와 상중 문안

　가족이 죽은 해의 그믐에는 연하장을 교환하고 있는 범위에서 상중 인사장을 보낸다. 시기는 12월 15일 이전에 상대방이 연하장을 쓰기 전에 배달되도록 한다.
　그런 경우의 복상하는 범위는 지방에 따라 다르나, 일반적으로는 부모와 부부, 자식 등으로 그쳐도 된다. 그 이상 먼 관계이면 설을 상중으로 할 필요가 없다. 다만, 특별히 부모를 대신해 신세를 진 분이나 가족과 다름없는 동거 친척 등으로 복상할 경우도 있어 일률적으로는 말할 수는 없다.
　상중 인사장에는 전문과 말문을 쓰지 않는다. 첫머리의「拝啓」도 맺음말의「敬具」도 필요치 않다. 그리고, 연말 연시의 인사를 사양하는 말이 중심이 된다. 그런 뒤 필요에 따라 첨서를 곁들이지만 개인적인 기입은 하지 않는다. 날짜는「一九八九年十二月」로 하거나,「一九八九年十二月 日」라는 형으로「日」앞을 비워 놓는다.「一九八

「九年師走(しはす)」라는 형도 행하여지고 있다.

　인쇄했을 경우에는 발신인명의 주소, 성명까지 인쇄하는 대신 주소만 하고, 성명은 자서(自署)하는 것이 좋다. 전체의 배치에서 주소가 우측에 오느냐, 좌측에 오느냐 하는 것은 어느 쪽이라도 무방하다. 그러한 취급은 연하장의 경우와 마찬가지이다. 또한, 인쇄할 경우 이전에는 검은 테 안에 인쇄했으나 최근에는 검은 테를 두르지 않은 형도 볼 수 있게 되었다. 또 검은 테를 두르더라도 진한 굵은 테가 아니라 가느다란 엷은 흑색이 많다.

　그런데 상중의 인사장을 받은 경우이지만 연하장은 당연히 사양한다. 특별히 평소에 얼굴을 대하고 있는 사람이나 그 시기 이외에도 편지를 교환할 기회가 있을 경우 등은 굳이 답신할 필요도 없다. 그러나, 연하장을 사양하는 대신 격조했던 사과의 뜻으로 쓰고 싶을 때도 있다. 그럴 경우에 보내는 것이 상중 문안이다. 내용은 상중으로 쓸쓸한 설날을 맞는 데 대한 동정의 말이나, 고인에 대한 추억 등이 중심이 된다. 또, 필요에 따라 연말과 연시 인사장으로 해도 된다.

　또한, 상중 인사장을 보내는 것은 개인의 경우이고 회사나 상점 같은 데는 상중이라는 것이 없다. 개인 경영의 상점에서 주인이 죽었더라도 그것은 개인의 문제이고, 그 상점에서는 일반적으로 연하장을 보내도 된다. 다만, 가족이 개인의 입장에서 사교 관계로 보낸다면 역시 인사장이 된다.

예문 7 기본적인 형

喪中(そうちゅう)につき年末年始(ねんまつねんし)の
　ごあいさつご遠慮申(えんりょもう)し上(あ)げます
　一九八九年十二月

〒990　山形市香澄町　○－○○
長井　正夫

- 뜻……상중이므로 연말 연시의 인사를 사양합니다.
- 새 낱말……につき(…이므로, …때문에) 遠慮(사양)
- 비슷한 말과 구……喪中につき年頭のごあいさつ謹んでご遠慮申し上げます(상중이기 때문에 연두의 인사는 삼가 사양합니다) 喪中につき年末年始の礼を欠かせていただきます(상중이기 때문에 연말 연시의 예를 갖추지 않습니다)

예문 8 첨서를 곁들임

亡夫正男の喪に服しておりますので
　年末年始のごあいさつを失礼いたします

　　生前はもとよりその後も何かとご懇情を賜りあ
　　りがたく厚く御礼申し上げます。
一九八九年十二月　日
　　　　　　木下　直子
　　　〒391　前橋市本町　○－○－○
　　　電話(○○○○)　○○－○○○○

- 뜻……망부 正男의 복상중이기 때문에 연말 연시의 인사를 결례합니다.

　생전에는 말할 것도 없고 그후도 여러 가지로 간정을 주셔서 감사하오며 깊이 감사의 인사를 드립니다.

○**새 낱말** …… 喪に服しておりますので(복상중이기 때문에) もとより(말할 것도 없고)

○**비슷한 말과 구** …… 春に亡くなりました母の服喪中でございますので年末年始の辞をご遠慮申し上げます(봄에 돌아가신 어머니의 복상중이기 때문에 연말 연시의 인사를 사양합니다)

예문 9 인사장의 형

初冬の候 ご清適のことと存じます.
今秋父周一郎が死去いたしましたので
年賀のごあいさつなどご遠慮申し上げます.
時節柄一層のご自愛お祈り申し上げます.
　　一九八九年 師走

○**뜻** …… 초동지절 청안(평안)하실 줄로 압니다. 금년 가을 아버지 周一郎가 사망하셨기 때문에 연하의 인사 같은 건 사양합니다. 때가 때인 만큼 더 한층의 몸조심 비는 바입니다. 1989년 섣달

○**새 낱말** …… 清適(청안, 평안) など(…등, 같은 것) 師走(섣달)

○**비슷한 말과 구** …… 本年三月十一日, 父利光が心不全のため他界いたしました. 行年七十八歳でございました(금년 3월 11일, 아버지 利光가 심부전 때문에 타계하셨습니다. 향년 78세였습니다) 日ごろのご芳情に御礼申し上げるとともに皆様のよきご越年をお祈り申し上げます(평소의 방정에 감사 말씀을 드리는 동시 여러분의 좋은 월년을 비는 바입니다)

예문 10 연말의 상중 문안

拝復 このたびは、ご丁寧な喪中のごあいさつ、ありがとうございました。お寂しいお正月をお迎えになること、心からご同情申し上げます。何とぞご自愛のうえ、一日も早くお元気を取り戻されるよう、お祈り申し上げます。
まずは、略儀ながら 喪中お見舞い申し上げます。敬具

🔴 **뜻** …… 복계 이번, 정중한 상중의 인사말 감사했습니다. 쓸쓸한 설날을 맞으신 데 대하여 진정으로 동정하는 바입니다. 부디 몸조심하시고, 하루 빨리 원기를 되찾으시기 비는 바입니다.
　이상, 생략하옵고 상중 문안드립니다. 경구

🔴 **새 낱말** …… 一日も早く(하루 빨리) 元気(원기, 기운, 건강) 取り戻す(되찾다) 略儀ながら(생략하옵고, 약식이지만)

🔴 **비슷한 말과 구** …… ご服喪中とのこと、お年賀差し控えさせていただきます(복상중이라니 신년 축하를 삼가겠습니다) ご服喪中の新年、さぞかしお寂しいことと拝察いたします(복상중의 새해, 필시 쓸쓸할 줄로 배찰합니다)

예문 11 연시의 상중 문안

拝啓 年改まりましたが、その後いかがお過ごしでしょうか。喪に服しておられることと存じ、年始のごあいさつ、ご遠慮申し上げます。
顧みれば、昨年の十一月、小学校一年にまでお育てのお

子様を交通事故で亡くされたお嘆き，さぞやとご同情申し上げます。ついては，お寂しいお正月，お悲しみもひとしおのことと拝察いたします。何とぞ，今年こそはこのお悲しみを乗り越え 新しい道を切り開かれるよう， 切にお祈り申し上げます。
まずは，喪中お見舞い申し上げます。敬具

○뜻 …… 근계 한해도 바뀌었는데, 그후 어떻게 지내십니까? 복상중인 줄로 알아 연시의 인사를 사양합니다.

뒤돌아보면 작년 11월, 국민학교 1학년까지 키우신 자식을 교통사고로 잃으신 슬픔, 어떨까하고 동정하는 바입니다. 따라서 쓸쓸한 설날, 슬픔도 한층 더할 줄로 배찰합니다. 아무쪼록 올해만은 슬픔을 극복하시고 새로운 길을 개척하시기 간절히 비는 바입니다. 이상, 상중 문안드립니다. 경구

○새 낱말 …… 年も改まりましたが(해도 바뀌었습니다만) 育てる(키우다) こそ(…야말로, …만은) 乗り越える(타고 넘다, 뛰어 넘다, 극복하다)

○비슷한 말과 구 …… 昨年は何とも申し上げようもないお嘆きのうちに過ごされましたが，今年こそは皆々様の上に新しい希望のあるよう， 心からお祈り申し上げます(지난 해는 뭐라고 말씀드릴 바 없는 슬픔 속에 지내셨지만 올해만은 여러분 위에 새로운 희망이 있으시기 진심으로 비는 바입니다) ご服喪中とも存じませずに賀狀を差し上げ，はなはだ失礼いたしました．さぞ皆々様にはお寂しくおいでのこととお察し申し上げます(복상중인지도 알지 못하고 연하장을 드려 몹시 결례했습니다. 틀림없이 여러분께서는 쓸쓸해 하고 계실 줄로 짐작됩니다)

제 2 장 형편을 알리는 통지 편지

1. 여러 가지의 통지 편지

(1) 이사를 알림

　이사했다는 것을 알리는 편지가 이사 통지이다. 이사했으면 우체국에 소정의 양식으로 계출해 놓으면 1년간은 우편물을 회송해 준다. 그러나, 대인 관계를 유지하려면 연하장을 교환하고 있는 범위에서 이사 통지를 보내지 않으면 안 된다. 독립된 통지서가 아니라, 연하장이나 절후 문안 편지의 첨서로도 된다는 것은 이미 언급한 바와 같다.
　이사 통지는 이사한 곳의 새 주소가 중심이 된다. 어디에서 어디로 이사했는지 분명히 하기 위해 이전의 주소를 병기해도 된다. 이사하면 전화 번호가 바뀔 경우도 많으므로 전화 번호도 덧붙여 쓴다. 미처 가설하지 못했을 경우에도 번호만 알면 「근일(近日) 개통 예정」이라고 해 놓는다. 내방자가 많을 경우에는 간단한 코스와 알기 쉬운 지도를 덧붙여서 곁들여도 된다. 그것에 의해 구체적으로 인상짓게 하는 것은 여러 모로 편리하다.

또, 새로운 환경에 대해 뭔가 덧붙여 쓰는 것도 효과가 있다. 그리고 끝으로 「꼭 한 번 와 주십시오」라고 쓰는 것이 일반적이며 이 말은 발림말이고 초대장은 아니다. 그런 이사 통지를 받아도 방문에 대한 승낙, 사절(謝絶) 답신은 필요하지 않다.

답신을 내게 되면 이사에 관해 일부러 알려준 데 대한 감사의 말로부터 시작한다. 그것이 신축에 의한 이사이면 신축 축하 형식으로 한다. 그렇지 않더라도 그 이사의 유리한 점을 문제삼아 부럽게 느끼는 마음을 담는 것이 좋다.

또한, 이사 통지를 받으면 수중의 주소록을 정정해 놓는다. 나중에 연하장 같은 것을 무심코 옛 주소 앞으로 보내는 것은 뭐라고 해도 실례이다.

예문 1 교외로 신축 이전

拝啓　若葉の緑もすがすがしいこのごろ，お変わりもなくお過ごしでしょうか，お伺い申し上げます．
さて，私どもこのたび住み慣れた杉並を離れ，戸塚の奥に新築転居いたしましたので，ここにご通知申し上げます．
　旧住所　　　〒167　東京都杉並区井草〇-〇-〇
　新住所　　　〒233　横浜市港南区上永町〇〇〇〇
　　　　　電話(000)〇〇〇-〇〇〇〇
この辺りは新しく開けに住宅地のため，まだ買物にも不便を感じますが，新鮮な空気に恵まれ，命の延びる思い

をしております。近くにはハイキングコースもござい
ますので、ぜひ一度おいでくださるよう、お待ちしてお
ります。
まずは、とりあえず転居ご通知まで。敬具
　　一九八九年五月　日
　　　　　　　　　　井上　勇

○뜻 …… 근계 새 잎의 푸른 빛도 시원한 이즈음 변함없이 지내시는지요 문안드립니다. 그런데 우리들 이번에 정든 杉並를 떠나 戶塚의 외진 곳으로 신축 이사했으므로 이에 통지드립니다. 옛 주소 〒167 東京都杉並区井草○－○－○ 새 주소 〒233 横浜市港南区上永町○○○○ 전화 (○○○)○○○－○○○○

이 주변은 새로 개척한 주택지이기 때문에 아직 쇼핑에도 불편을 느끼지만, 신선한 공기가 풍족해 수명이 연장되는 기분이 듭니다. 근처에는 하이킹 코스도 있으니 꼭 한 번 와 주시기 고대하겠습니다. 이상, 우선 이사 통지드립니다. 경구 1989년 5월 일 井上 勇

○새 낱말 …… 若葉の緑(새 잎의 푸른 빛) すがすがしい(시원하다, 상쾌하다) 住み慣れた(정든) 買い物(쇼핑) 空気に恵まれ(공기가 풍족하고) 命が延びる(수명이 연장되다)

○비슷한 말과 구 …… さて、小生このたび左記へ転居いたしましたので、ここにご通知申し上げます(그리고, 소생은 이번에 좌기로 이사했으므로 통지드립니다) どこか手ごろなところをと深しておりましたところ、適当な家が見付かりましたので(어디든 알맞은 곳을 하고 찾고 있었던 바, 적당한 집이 발견되었기 때문에)

예문 2 공단 주택에 당첨되고

拝啓 秋冷の候,皆様には,ますますご健勝のこととお喜び申し上げます。
　さて,このたび念願の公団住宅に当せんし,ようやく後記のように独立いたしましたのでここにお知らせいたします。国電根岸線港南台駅下車,徒歩十分のところにございますので,お近くへお越しの節はぜひお立ち寄りの程,お待ちしております。
　右,転居ご通知申し上げます。敬具
　　一九八九年十月二十三日
　　　　〒233　横浜市港南区日野町〇〇〇〇
　　　　　　　港南台めじる団地〇〇－〇〇〇
　　　　　　　山本　秀一
　　　　　　　電話(〇〇〇)〇〇－〇〇〇〇

○뜻 …… 근계 추랭지절, 여러분께서는 더욱더 건승하실 줄로 알아 축하하는 바입니다. 그리고 이번 염원하던 공단 주택에 당첨되어, 가까스로 후기처럼 독립했으므로 이에 알려드립니다. 国電根岸線 港南台駅 하차 도보로 10분의 곳에 있으니 근처에 행차하였을 때는 꼭 들러주시기 고대하고 있겠습니다.
　이상, 이사 통지드립니다. 경구
　　　1989 년 10 월 23 일
　　　　　　〒233　横浜市港南区目野町〇〇〇〇
　　　　　　　　港南台めじる団地〇〇－〇〇〇
　　　　　　　　山本　秀一
　　　　　　전화 (〇〇〇)〇〇〇－〇〇〇〇

○**새 낱말** …… とうせん(당첨) ようやく(가까스로) お越しの節(왕림(행차)했을 때) お立ち寄りの程(들르시기)

○**비슷한 말과 구** …… 新宿から西武線にて四十分, 小平駅からバス十分のところにございます(新宿에서 西武線으로 40분, 小平역에서 버스로 10분의 곳에 있습니다) このたびの家は高台にて, 朝夕はさわやかな秋色を楽しんでおります(이번 집은 돈대에 있어 아침 저녁은 산뜻한 가을 경치를 즐기고 있습니다)

예문 3 신축 이사의 답장

拝復このたびはご丁寧なご通知, ありがたく拝見いたしました。 いつもごぶさたしておりますこと, 心からおわび申し上げます。
さて, かねてご新築中のご新居めでたくご完成とのこと, 心からお祝い申し上げます。 特にご環境は空気が新鮮とのこと, ご健康には何よりと存じ, ご家族の皆様も, さぞお喜びのことと拝察いたします。 この上は, ご生活も新たにますますご発展の程, 心からお祈り申し上げます。 今後とも何とぞよろしくお導きの程, お願い申し上げます。
右, とりあえず御礼かたがたお祝いまで. 敬具

○**뜻** …… 이번 정중한 통지 감사히 잘 받아 보았습니다. 늘 격조하고 지내는 데 대하여 진심으로 사과 말씀드립니다.
　그리고, 전부터 신축중인 새 집 경사스럽게도 완성된 일, 진심으로 축하 말씀 드립니다. 특히 환경은 공기가 신선하다니 건강에는 가장 좋다고 생각해, 가족 여러분도 틀림없이 기뻐하실 줄로 배찰합니다. 이제는 생활도 새롭게 더욱더 발전하시기 진심으로 비는 바입니다. 앞으로도 아무쪼록 잘 인도해 주시기 부탁드립니다.

　이상, 우선 감사의 인사를 겸해 축하 말씀 아룁니다. 경구

　　○새 낱말 …… かねて(전부터) 新居(새 집) めでたく(경사스럽게) 何より(가장 좋은, 무엇보다도) よろしく(좋도록, 적절히)

　　○비슷한 말과 구 …… 新建材にて新感覚ご新居とのこと(새 건재에 새 감각의 새 집이라고 하니)　かねてのご理想どおりのご普請かと拝察いたします(전부터의 이상대로의 건축 공사인 줄로 배찰합니다)

예문 4 공단 주택 입주의 답신

拝復　ただいまは転居のご通知, ありがとうございました。その後ごぶさたいたしましたこと, 心からおわび申し上げます。
　さて,　このたびはご念願の公団住宅に当せんされたとのこと, 本当におめでとうございます。港南台といえば, 横浜市が最も力を入れている新興住宅地とのこと, 新しい人生を踏み出されるには申し分ないところかと拝察いたします。何とぞこれを機にますご発展の程, お祈り申し上げます。
　右, ごぶさたおわびかたがたお喜びまで。敬具

　　○뜻 …… 복계 이번 이사 통지 감사했습니다. 그후 격조한 데 대하여 진심으로 사과 말씀 드립니다.

그리고, 이번 염원하던 공단 주택에 당첨되셨다니 정말 축하합니다. 港南台라고 하면 橫浜市가 가장 주력하고 있는 신흥 주택지라고 하니, 새로운 인생을 내딛기에는 나무랄 데 없는 곳이라고 배찰합니다. 부디 이것을 기회로 더욱더 발전하시기 비는 바입니다.
　이상, 격조 사과를 겸해 축하 말씀 아룁니다. 경구
　●새 낱말……ただいまは(「방금, 지금 막」의 뜻이지만, 여기서는 「이번」의 뜻) 力を入れる(주력하다, 힘을 주다) 踏み出す(내딛다, 출발하다) 申し分ない(나무랄 데 없다, 흠잡을 데 없다) 機に(기회로)
　●비슷한 말과 구……万事に計画的なご性格ゆえ,ご理想おり運びのことと存じます(모든 일에 계획적인 성격이시니 이상대로 진행되실 줄로 압니다) ご不自由なご同居生活を解決されたとのこと, 마こ とにおめでとうございます (부자유스런 동거 생활을 해결하셨다니 참으로 축하합니다)

(2) 연락 관계의 변경

　이사를 한 것은 아니지만 연락해 놓지 않으면 지장을 주는 사항이 있다. 주거(住居) 표시의 변경이나 전화 번호의 변경이 그것이다. 이전의 주거 표시라도 편지는 배달되나 이쪽에서 보내는 편지의 주소가 낯설면 상대측은 수상하게 생각한다. 주거 표시의 변경은 이사와 똑같은 취급을 하는 것이 바람직하다. 그같은 말은 전화 번호의 변경에 대해서도 말할 수 있다. 이전의 전화 번호로 걸면, 테이프가 자동적으로 가르쳐 주기도 하나, 그만큼 상대측을 번거롭게 하는 것이 된다. 평소 전화 연락하는 범위에는 꼭 통지해 놓아야만 한다.
　전화라고 하면 현대 생활에 불가결의 존재이다. 그러나, 신청해서 바로 가설된다고 할 수 없다. 좀처럼 가설이 되지 않으면 자신은 말할 것도 없고 상대측에도 불편을 끼치는 일이 많다. 그럴 때, 전화가 개통되었다는 것은 가장 좋은 소식, 꼭 통지해 주지 않으면 안 된다. 또, 버스 노선이 개통되었거나 새 역이 생긴 일 등으로 교통이 편리해지는 경우도 있다. 시각표가 개정되고, 운행 회수가 늘어나는 때도 있다. 그런 사항도 자주 방문하는 상대측에게는 그때마다 알려주어야 한다. 직장으로 연락해 오는 상대측에 대해서는 배치 전환은 말할 것도 없고 오피스의 이전, 전화 번호의 변경 등도 역시 알려주어야 한다.

또한, 본격적인 변경은 아니더라도 일시적인 변경이 생길 때도 있다. 신축 때문에 일시 다른 곳에 살거나, 여행 때문에 일시 집을 비우게 되는 일 등이 그것이다. 새로이 다녀야 할 데가 생겼기 때문에 집에 있는 날이 바뀌는 일도 생긴다. 집을 보는 사람이 없기 때문에 낮 사이의 전화 연락에 응대할 수 없게 되는 일도 있다. 요컨대 종전대로의 대인 관계를 유지하는 데에 관계가 있는 변경을 알리는 것이, 바로 연락 관계의 변경이라는 통지 편지이다.

예문 5 주거 표시의 변경

拝啓　木枯らしに一段と寒さを感じる昨今，皆様いかがお過ごしでしょうか，お伺い申し上げます。
さて，このたび当地にて住居表示の改正が行われ，去る十二月一日より次のように変更になりましたので，ここにご通知申し上げます。
　　旧住所　　〒230　横浜市鶴見区鶴見町〇〇〇
　　新住所　　〒230　横浜市鶴見区寺谷〇-〇-〇〇
寺谷というのは この辺りに古くからある地名の一つで，歓迎する向きも多いとのことでございます。　寒さに向か

う折から，皆様一層ご自愛の程，心からお祈り申し上げます。
右，とりあえずご通知まで．敬具

● 뜻……근계 쌀쌀한 바람에 한층 추위를 느끼는 이즈음, 여러분 어떻게 지내시는지요 문안드립니다.
그리고, 이번 이곳에서는 주거 표시의 개정이 행하여져, 지난 12월 1일부터 다음과 같이 변경이 되었으니 이에 통지드립니다.
　옛 주거 표시　〒230 横浜市鶴見区鶴見町○○○
　새 주거 표시　〒230 横浜市鶴見区寺谷○-○-○○
寺谷란, 이 부근에 옛적부터 있는 지명의 하나로 환영하는 경향도 많다는 것입니다. 추위가 다가오는 때, 여러분 더 한층 몸조심하시기 진심으로 비는 바입니다.
이상, 우선 통지드립니다. 경구

　● 새 낱말……当地(당지, 이곳) 古くから(옛적부터) 向き(경향)
　● 비슷한 말과 구……このたび，次のように 住居表示が変更になりましたので，ここにご通知申し上げます(이번 다음과 같이 주거 표시가 변경되었으니 이에 통지해 드립니다) 虎の門という由緒深い地名に郷愁を感じますが，これも時勢の流れかと存じます(虎の門이란 유서 깊은 지명에 향수를 느끼지만, 이것도 시대 추세의 흐름인 줄로 압니다)

예문 6 전화 개통의 통지

拝啓 春暖の候，皆様にはますますご多祥のことと拝察し，お喜び申し上げます。

> さて，永らく不便をお掛けしておりました電話のことで
> ございますが，このたびようやく次のように開通いたし
> ましたので，ご通知申し上げます。
> 　　　東京(○○) ○○○-○○○○
> 右，とりあえずご通知申し上げます。敬具

○뜻 …… 근계 춘난지절, 여러분께서는 더욱더 다복하실 줄로 배찰하옵고 축하하는 바입니다.

그리고, 오랫 동안 불편을 끼쳤던 전화이온 데 이번 가까스로 다음과 같이 개통되었으므로 통지 말씀 드립니다.

　　　東京(○○) ○○○-○○○○

이상, 우선 통지 말씀드립니다. 경구

○새 낱말 …… 永らく(오랫 동안) 不便(불편) お掛けしておりました(끼치고 있었던)

○비슷한 말과 구 …… このたび，来る一月一日より電話番号が次のように変更になりますので，ここにご通知申し上げます(이번 오는 1월 1일부터 전화 번호가 다음과 같이 변경이 되니 이에 통지 말씀 드립니다) このたび，次のように電話が増設されましたので，一層ご利用の程，お願い申し上げます(이번 다음과 같이 전화가 증설되었으니 더 한층 이용하시기 부탁 말씀 드립니다)

(3) 물품 발송의 통지

물품을 보내거나 돈을 보내거나 할 때, 그 취지를 편지로 연락하는 것도 통지 편지이다. 다만, 선물할 마음이 있으면 통지하는 편지의 형식이 아니라 선물 편지를 이용하게 된다. 그 점에 있어서 통지 편지는 사무적인 색채가 강한 것이다.

물품을 보낼 경우 인쇄물같이 편지에 동봉하는 것도 있고, 동봉할 수 없는 것은 별편으로 보낼 경우도 있다. 동봉할 경우에는 편지에 그 취지를 적는 것과 동시, 끝에「동봉물(同封物)」로서 명기한다. 별편으로 보낼 경우에는 그 취지를 적은 편지를 보낸다.

어느 경우에도 언제, 누가, 누구에게, 무엇을, 얼마만큼, 어떤 방법으로 보냈는가를 명기하지 않으면 도움이 되지 않는 것이다.

그같은 말은 송금할 경우에도 마찬가지이다. 현금 등기 우편에 현금을 동봉하거나 환을 동봉하고 등기 우편으로 보낼 때도 있다. 동봉했을 경우에는 끝에「동봉물」로서 명기한다. 상대측의 은행 구좌 등에 직접 불입할 경우에는 대체 예금처럼 편지에 해당하는 통신문을 통신란에 써 넣을 경우를 제외하고 별도로 통지 편지가 필요하다. 요컨대 언제, 누가, 누구에게, 무슨 대금으로서 얼마를 어떤 방법으로 보냈는가를 알려주기 위한 편지가 필요하다.

한편 물품이나 돈을 받는 쪽도 확실히 입수했다는 취지의 통지 편지를 보내지 않으면 안 된다. 그럴 경우에도 언제, 누가, 누구에게서, 무엇을, 얼마만큼, 어떤 방법으로 받았는지 또는 언제, 누가, 누구에게서, 무슨 대금으로, 얼마, 어떤 방법으로 받았는가를 명기한다. 수령증 같은 것을 동봉할 경우에는 그 취지를 적고 끝에「同封受領証壱葉(동봉 수령증 1매)」와 같이 적는다. 또, 일부러 보내준 일에 대해 사의를 표하는 것이 일반적이다.

그리고, 받은 물품이 부족하거나 손상이 있거나, 금액이 틀렸으면 순순히 수령한 통지 편지를 쓸 수는 없다. 그럴 경우에 쓰이는 것이 나중에 나오게 되는「항의 편지」이다.

예문 7 기념 사진을 동봉

拝啓 花の便りに 心を浮き立つころとなりました。 お元気にてご消光のことと 存じます。
さて，このほど 家族一同にて 記念の撮影をいたしましたので，ここにご同封いたします。 ご覧のとおり一同元気にて何の心配もこれなく，他事ながらご休心の程， お願い申し上げます。 なお，ご感想などお漏らしいただければこの上もない幸いかと存じます。 末筆ながら，ますますのご活躍，心からお祈り申し上げます。
右，とりあえずごあいさつまで。 敬具

○**뜻** …… 근계 꽃 소식에 마음 들뜨는 철이 되었습니다. 건강하게 소일하실 줄로 압니다.

그리고, 최근 가족 일동이 기념 촬영을 했으므로 이에 동봉합니다. 보시는 바와 같이 모두 건강하고 아무 걱정도 전혀 없으니, 방념해 주시기 부탁 말씀 드립니다. 또한, 감상 같은 것을 말해 주신다면 더없는 다행으로 알겠습니다. 끝으로, 더 한층의 활약을 진심으로 비는 바입니다.

이상, 우선 인사 말씀 아룁니다. 경구

○**새 낱말** …… 花の便り(꽃 소식) 浮き立つ(들뜨다) このほど(최근) ご覧のとおり(보시는 바와 같이) 漏らす(누설하다, 말하다) この上もない(더없는)

○**비슷한 말과 구** …… 先日ハイキングの際に撮りました写眞ようやく出来あがりましたので， ご同封いたします(전날 하이킹 때에 찍은 사진, 겨우 완성 되었으므로 동봉합니다) いつもながらの失策恐

縮に存じますが，ご笑納の程，お願い申し上げます(늘 저지르는 실책 송구스럽게 생각하지만 소납하시기 부탁 말씀 드립니다)

예문 8 별편 소포로 송부

拝復 このたびはご丁寧なお手紙，ありがたく拝見いたしました．ますますご健勝のこと，心からお喜び申し上げます．
さて，お申し越しの当地名産「ぜんまい」の件，早速適当なものを見繕い，本日小包便にて三キロほどご送付いたしましたので，両三日中にはお手元に届くかと存じます．今年は不作のため値も張るとのことでございますが，ご送金の範囲にて購入いたしましたので，その点ご心配なくご査収の程，お願い申し上げます．
末筆ながら，ご一同様のご慶福，心からお祈り申し上げます．奥様にもよろしくお伝えくださるよう，お願い申し上げます．
右，とりあえず送付ご通知まで．敬具

●뜻 …… 복계 이번 정중한 편지 감사히 잘 받아 보았습니다. 더욱더 건승하시다니 진심으로 축하하는 바입니다.
그리고, 전언하신 이곳 명산「고사리」의 건, 즉시 적당한 것을 골라서 오늘 소포편으로 3kg쯤 송부했으니 2,3일 안에는 수중에 배달될 것으로 것으로 압니다. 올해는 흉작이기 때문에 값도 비싸리라는 것이지만 송금의 범위에서 구입했으니 그 점 걱정마시고 검수하시기 부탁 말씀 드립니다.

끝으로 여러분의 경복을 진심으로 비는 바입니다. 부인께도 안부 전해 주시기 부탁 말씀 드립니다.
　이상, 우선 송부 통지 아룁니다. 경구

　○**새 낱말** …… 申し越し(편지 등의) 전언　ぜんまい(고사리, わらびの 별칭) 見繕う((물건을 보고) 적당히 고르다) 兩三日(2,3일) 不作(흉작) 値も張る(값도 비싸지다) 査收(검수)

　○**비슷한 말과 구**……お電話にてご依頼の資料, ようやく調いましたので(전화로 의뢰한 자료 겨우 갖추어졌으므로)　視聴覚校材用のスライドのカタログ一式(시청각 교재용 슬라이드의 카탈로그 한 벌) 商品見本の件, 入手可能なものなど取り集め, 本日小包便にてご送付いたしました(상품 견본의 건, 입수 가능한 것 등을 수집하여 오늘 소포편으로 송부했습니다)

예문 9 은행 불입의 통지

　拝啓　晩秋の候貴店ますますご隆盛の段, 慶賀の至りに存じます。
　さて, 先日お取り付きいただきましたカーテンの代金, 金弐万参千円の件, お申し越しのとおり本日○○銀行日本橋支店, 貴店口座にお振り込みいたしました。ついては, ご査収のうえ領収証　ご送付くださるよう, お願い申し上げます。　末筆ながら, 貴店一層のご発展, お祈り申し上げます。
　右, とりあえず送金ご通知まで。敬具

　○**뜻** …… 근계 만추지절, 귀점 더욱더 융성하시는 점 경축하는 바입니다.

그리고, 전날 장치해 주신 커튼 대금 일금 2만 3천엔의 건, 전언하신 대로 오늘 ○○은행 日本橋 지점, 귀점 구좌에 불입했습니다. 그러니, 검수하신 뒤 영수증을 송부해 주시기 부탁 말씀 드립니다. 끝으로 귀점 더 한층의 발전을 비는 바입니다.

이상, 우선 송금 통지 아룁니다. 경구

●새 낱말 …… 慶賀の至りに存じます(경축하는 바입니다) 取り付ける(장치하다, 설치하다, 달다)

●비슷한 말과 구 …… お申し越しの金拾弐万円, ここにご送付いたしますので, ご査収くださるよう, お願い申し上げます(소액 우편환으로 동봉하니 검수해 주시기 부탁 말씀 드립니다) 先月分購入代金, 本日ご指示のとおり○○銀行丸の内支店, 貴社口座あてご送金いたしましたので(지난달치 구입 대금 오늘 지시대로 ○○은행 丸の内 지점, 귀사 구좌 앞으로 송금했으니)

예문 10 등기 소포를 무사히 받음

拝復 このたびはご丁重なお手紙, ありがとうございました.
ますますご勉学の趣, 心からお喜び申し上げます.
さて, ご丁寧にも書留小包便にてご返送の「世界文学辞典」, 本日確かに落手いたしました. いろいろとお役に立ったとのこと, 何よりと存じます.
なお, ご慎重な荷造りのため, いささかの損傷もなく無事到着いたしましたので, その点ご休心くださるよう, お願い申し上げます.

寒さに向かう折から一層ご自愛のうえ，ますますご研究の程，お祈り申し上げます。
右，とりあえずご返信まで．敬具

○뜻 …… 복계 이번 정중한 편지 감사했습니다. 더욱더 면학하신다는 말씀 진심으로 축하하는 바입니다.

그리고, 정성스럽게도 등기 소포로 반송한「세계 문학 사전」오늘 확실히 받았습니다. 여러 가지로 유용하셨다니 다행으로 압니다.

또한, 신중히 짐을 꾸렸기 때문에 조금도 손상되지 않고 무사히 도착했으니 그 점 방념해 주시기 부탁 말씀 드립니다.

추위가 다가오는 때 더 한층 몸조심하시고 더욱더 연구하시기 비는 바입니다.

이상, 우선 답신드립니다. 경구

○새 낱말 …… 丁寧にも(신중하게도) 書留小包(등기 소포) 落手((편지를) 받다) お役に立つ(유용하다, 도움이 되다) 何よりと存じます(다행으로 압니다) 荷造り(짐을 꾸림)

○비슷한 말과 구 …… 駅留の小荷物壱個ただいま受け取ってまいりました(역 유치의 소하물 한 개, 방금 받아왔습니다) 小包のほうは包装が多少破損しておりましたが，中身には何らの異状もございませんので，ご休心の程，お願い申し上げます(소포는 포장이 다소 파손되어 있었지만 속은 하등의 이상도 없었으니 방념해 주시기 부탁 말씀 드립니다)

(4) 고용 관계의 통지

사람을 부탁하거나 수당을 지불하는 등, 그 취지를 연락하는 것이 그런 종류의 통지 편지이다. 뭔가 일을 부탁할 경우에 구두로 해도 되고 전화로 해도 된다. 그러나, 부탁을 받는 쪽은 뭔가 나중에 증거가 되는 것을 원한다. 회사나 관청에서는 임명장을 쓰게 되지만 가정의 경우에는 그런 요란스러운 일은 하지 못한다. 그런 경우에 임명장 역할을 하는 것이 바로 통지 편지라고 할 수 있다.

따라서 그런 종류의 통지 편지에는 언제부터, 무엇을, 얼마 만큼의 수당으로 부탁한다는 것을 명확히 써 놓지 않으면 안 된다. 그와 동시, 당신이 와 주었으면 한다, 그 일은 이러저러한 의의가 있다는 식으로 쒸여 있으면 그만큼 자극이 되기도 한다. 그런 점이 회사나 관청의 무미 건조한 채용 통지하고는 달라야 할 것이다.

또한, 일을 부탁하면 당연히 수당을 내게 된다. 그 수당에 대해 말하자면, 지불 통지가 필요한 일도 생긴다. 또, 일이 끝나 해고하는 일도 있고, 근무 태도가 나빠서 더 이상 출근할 필요가 없게 되는 일도 생긴다. 그런 경우의 임명장에 해당하는 것도 역시 통지 편지의 형이 되는 셈이다.

그런 종류의 통지 편지일 경우에 조심하지 않으면 안 되는 것은 엽서가 아니라 봉함 편지로 하는 쪽이 좋다는 것이다. 엽서는 약식이고 어쩐지 중후한 맛이 없다. 또, 엽서면 남이 보게 될 염려가 있어 당사자에게 형편이 좋지 않은 일도 없다고는 할 수 없다. 특히 채용하지 않는다는 통지나 해고 통지 같은 건 봉함 편지의 형식으로 해야 한다. 그밖에도 받는 쪽의 입장도 배려해야만 한다.

예문 11 가정부의 의뢰

拝啓　寒さも和らぎ一雨ごとに春めいてまいりました。
その後いかがお過ごしでしょうか、お伺い申し上げます。

さて，このたび小生宅へ来ていただくようになりましたこと，心から感謝しております．ついては，来る四月一日より仕事をしていただきたく，ここにご通知いたします．仕事の内容は前にも申しましたとおり家内と協力しての家事一般となりますが，幸い家内も健康にて，二人の男の子も自分のことは自分でするようにしつけてあり，それほどつらい仕事にはならないかと思われます．また，こういう形で家事に親しむことは，壮来主婦の座に納まるときの準備としても，大いに役立つことと存じます．何とぞそのおつもりで仕事に興味を持たれるよう，心から期待しております．
なお，申し遅れましたが，お手当のほうは，毎月十五日に金参万円ということにいたします．また，物価の値上がりによる増額については，一年後に改めて相談いたしたいと存じます．
ついては，四月一日をお待ちいたします．ご家族の皆様にも，何とぞよろしくお伝えの程を．
右，とりあえずご通知まで．敬具

○뜻 …… 근계 추위도 누그러지고 비올 때마다 봄다와지고 있습니다. 그후 어떻게 지내시는지요, 문안드립니다.

그리고, 이번 우리 집에 오시게 된 데 대하여 진심으로 감사하고 있습니다. 따라서, 4월 1일부터 일을 해 주십사 하고 이에 통지합니다. 일의 내용은 전에도 말씀드린 대로 집사람과 협력해서 하는 가사 전반이 되겠으나, 다행히 집사람도 건강하고 두 사내 아이도 자기 일은 손수 하도록 버릇을 가르쳐 놓아, 그다지 힘든 일은 되지 않을 것으로 압니다. 또, 이런 형식으로 가사를 가까이하는 것은 장차 주부의 자리에 들어앉을 때의 준비로도 크게 도움이 될 것으로 압니다. 부디 그런 생각으로 일에 흥미를 가지시기 진심으로 기대하고 있습니다. 또한, 미처 말하지 못했습니다만 수당은 매달 15일에 일금 3만엔으로 하겠습니다. 또, 물가의 상승에 따른 증액에 대해서는 1년 후에 다시 의논하고자 합니다.

그러면, 4월 1일을 고대하겠습니다. 가족 여러분들께도 부디 안부 말씀 전해 주십시오.

이상, 우선 통지합니다. 경구

●새 낱말 …… 和らぎ(누그러지고) 春めいて(봄다와지고) しつける(버릇을 가르치다) つらい(괴롭다, 고통스럽다) 納る(들어앉다) 改めて(다시)

●비슷한 말과 구 …… 小生宅にてお伝いいただけるとのこと, については, 一度お目に掛かってご懇談いたしたいと存じますが, ご都合いかがでしょうか(저희 집에서 가정부 일을 해 주실 수 있으시다니 그렇다면 한 번 만나뵙고 간담하고자 합니다만 형편이 어떻겠습니까) 一度ご当人とご懇談いたしたく ついては, ご当人にもその旨ご連絡くださるよう, お願い申し上げます(한 번 본인과 간담하고자 하니, 따라서 본인에게도 그 뜻을 연락해 주시기 부탁 말씀 올립니다)

2. 여러 가지의 인사 편지

(1) 직업상의 일에 대하여

사회 생활을 하는 데 있어서 직업이란 것은 중요한 요소이다. 따라서, 직업상 사정의 변경이 있으면 그 사실을 공표하게 된다. 그것이 직업에 관한 인사 편지이다. 그런 종류의 인사 편지는 어디에 취직했다가 어디로 옮겼다는 것을 명확 간결히 적고 부디 잘 부탁한다는 형이 되게 한다. 그와 동시에, 이전의 사정에 있어서 여러 가지로 신세진 일을 감사하는 것도 잊어서는 안 된다. 문제는 그 취직한 곳에 대해 어느 정도 상세히 쓰느냐 하는 것인데, 회사명과 근무지 정도면 된다. 필요한 상대측에게는 첨서의 형으로 덧붙여 쓰는 것이 효과적이다.

그런데, 직업에 관한 일은 임명장을 받아보지 않으면 확정되지 않는다. 따라서, 사전에 문안을 짜는 것은 되지만 임명장을 받기 전에 인쇄하는 것은 삼가는 것이 현명하다. 신규 채용에서는 훈련 기간중이나 시용(試用) 기간중의 신분, 근무처가 불안할 때도 많다. 그럴 경우에는 정규 발령을 받고서 보내도 된다.

또한, 직업에 관한 사정의 변경에는 주소의 변경을 수반할 때도 많다. 그럴 경우에는 주소 변경 통지를 겸한 형이 편리하다.

예문 1 정년 퇴직에 즈음하여

謹啓　晩秋の候，いよいよご健勝のことと拝察し，お喜び申し上げます。
さて，私儀去る十一月二十六日，〇〇化工株式会社を定

年退職いたしましたので,ごあいさつ申し上げます。顧りみれば,三十二年の永きにわたり,公私供に絶大な ご芳情を賜りましたこと,まことにありがたく,厚く御礼申し上げます。なお,当分の間は静養に心掛け,第二の人生を歩む所存でございますので,何とぞ倍旧のご配慮を賜りますよう,伏してお願い申し上げます。
末筆ながら ご多幸をお祈り申し上げます。
まずは,書中をもって退職のごあいさつといたしたく,よろしく お願い申し上げます。敬白

○뜻 …… 근계 만추지절, 더욱더 건승하실 줄로 배찰하옵고 축하하는 바입니다.

그리고, 저로 말하자면 지난 11월 26일, ○○ 화공 주식회사를 정년 퇴직했으므로 인사를 드립니다. 돌이켜보면, 32년의 긴 세월에 걸쳐 공사 공히 절대한 방정을 입은 데 대하여, 참으로 감사하옵고 깊이 감사 말씀 드립니다. 또한 당분간은 정양에 힘쓰고 제2의 인생을 살아갈 생각이오니, 부디 배전의 배려를 해 주시기 간절히 부탁 말씀드립니다.

끝으로, 다복하시기를 비는 바입니다. 이상 편지로 퇴직 인사를 삼고자 하오니 잘 부탁드립니다. 경백

○새 낱말 …… 永きにわたり(긴 세월에 걸쳐) 所存(생각) 歩む(걷다) 当分の間(당분간)

○비슷한 말과 구 …… 卒業とともに○○化学株式会社に就職相かないましたこと, まことに望外の幸いと存じ, ご報告申し上げます(졸업과 동시에 ○○화학 주식회사에 취직할 수 있은 데 대하여, 참으로 기대 이상의 행운인 줄로 알아, 보고 말씀 아룁니다) ここに四

年にわたるご懇篤なご指導に衷心より感謝し，今後とも一層のご芳情を切にお願い申し上げます(이에 4년에 걸친 지극한 지도를 충심으로 감사하옵고, 앞으로도 더 한층의 방정을 간절히 부탁드립니다)

(2) 영업에 관련된 일에 대하여

　사정 변경이란 입장에서는 영업에 관련되는 것도 있다. 개업, 전업, 또는 휴업, 폐업 등이 그것이다. 그런 종류의 인사 편지는 영업상에도 필요하며, 그것이 상업문으로서의 안내 편지가 된다. 그것에 대해, 대인 관계로 개인이 보내는 것이 여기서 취급되는 영업에 관해서의 인사 편지이다. 그런 종류의 인사 편지라도, 어디에 무엇을 개점하고, 어떻게 변경했다는 것이 명확 간결히 나타내지 않으면 안 된다. 그와 동시, 지금까지 여러 가지로 신세진 것에 감사하고 앞으로도 아무쪼록 잘 부탁한다는 식으로 정리한다. 그 점, 영업상의 안내장에 비하면 두드러지게 수수하다. 영업상의 안내장은 편지 형식에 의한 광고문이며, 영업 내용과 함께 흥미를 자아내는 말을 덧붙이지 않으면 소용이 없다. 그것에 대해 개인으로서 보내는 것은 대인 관계에서의 인사이기 때문이다.
　그러나, 상인으로서는 모든 활동이 영업에 관련되는 것이며, 어디에 어떤 목표 대상이 되는 고객이 있을지 모른다. 그것을 개척하는데 일조가 되면 그 이상 좋은 일은 없다. 그런 점에서 개업, 전업 같은 것은 어느 정도 광고적 성격을 띠어도 어쩔 수 없는 것이다. 그것에 비하면 휴업이나 개업은 그 자체가 수수한 일이다. 오히려 사실을 선선히 말하고 지금까지의 은고에 감사하는 것을 중심으로 해야만 한다.

예문 2 레코드점을 다방으로

拝啓 春暖の候皆様お変わりなくお過しのこごとと存じ, お喜び申し上げます。
さて, かねてより大岡山銀座にレコード店「エンジェル」を営んでおりましたところ, 不況のあおりを受けて思うに任せず, このたび改装のうえ, 喫茶店「エンジェル」を開業いたしました。レコード店として永らくお世話になりましたこと, ここに厚く御礼申し上げるとともに, 喫茶店「エンジェル」に絶大なご愛顧を賜りますよう, 伏してお願い申し上げます。なお 特にコーヒーについては, 独特の調製に自信を得ましたので, お誘い合わせのうえぜひご来店の程, 併せてお願い申し上げます。
まずは, とりあえず開店のご案内まで。敬具

○뜻 …… 근계 춘난지절, 여러분 변함없이 지낼 줄로 알아 축하하는 바입니다.

그리고, 이전부터 大岡山銀座에 레코드점「엔젤」을 경영하고 있다가, 불황의 여파로 뜻대로 되지 않아 이번 개장하여 다방「엔젤」을 개업했습니다. 레코드점으로서 오랫 동안 신세진 데 대하여 이에 깊이 감사 말씀 드림과 동시, 다방「엔젤」에 절대한 애고를 해 주시기 삼가 부탁드립니다. 또한, 특별히 커피에 대해서는 독특한 조제에 자신을 얻었으니, 서로 권해서 꼭 내점하시기 아울러 부탁 말씀 드립니다.

이상, 개점 안내합니다. 경구

○새 낱말 …… かねてより(이전부터, 진작부터) 不況のあおり(불

황의 여파) 思うに任せず(뜻대로 되지 않아) お誘い合わせ(서로 권해)

　○비슷한 말과 구 …… かねて食料品店としてご愛顧を頂いておりましたがこのたび改装のうえスーパー「よろずや」として，再開の準備一切完了いたしました(진작부터 식료품점으로서 신세 많이 지고 있었습니다만, 이번 개장하고 슈퍼「만물상」으로서 재개의 준비 일체를 완료했습니다)　かねて営業中の洋品店を改装し，コーヒーショップ「ミドリ」として再出発の運びと相成りました(진작부터 영업중인 양품점을 개장하고, 커피숍「ミドリ」로, 재출발할 단계에 이르렀습니다)

(3) 특별한 근황을 알리다

　부디 잘 부탁한다는 인사 편지 중에는 특별한 근황을 알리하는 것도 있다. 예를 들면, 병중이기는 하지만 병중에 있다는 것은, 특별히 인사 편지를 보낼 필요가 없는 것이다. 그러나 전해 듣고 문병을 받는다. 그것에 매듭을 지으려고 하면 병이 회복된 인사 편지를 보내는 것이 가장 좋다.

　따라서 병의 회복을 보고하는 것과 동시에, 병중에 여러 가지 신세진 것을 감사한다. 그리고 덕분에 회복되었으며 부디 잘 부탁한다고 하는 것이 그런 종류의 인사 편지이다. 그와 같은 형은 병중이었을 경우뿐만 아니라, 재해 복구에 있어서도 말할 수 있다. 화재, 풍수해, 설해(雪害), 진재(震災) 등, 그 피해를 입었다는 소식이 알려지면 위문을 받게 된다. 그것에 매듭을 짓는 인사 편지는 위문에 감사하는 것과 동시, 덕분에 복구되었으니 앞으로도 잘 부탁한다는 것이 된다.

　또, 해외 출장이나 외유 등도 특별한 근황의 한가지이다. 단기의 것은 어떻든, 반년이나 1년이 되면 그간은 서로 관계를 계속할 수 없게 된다. 집에 가족을 남길 경우에는 그것에도 언급하고 잘 부탁

한다고 한다. 그런 종류의 인사 편지는 본인이 사전에 보내는 경우와 집에 남은 가족이 사후에 보내는 경우 등도 있다. 그런 종류의 인사 편지를 보냈을 경우에는, 무사히 귀국했을 때에도 그렇다는 것을 인사 편지의 형으로 삼는 것이 일반적이다.

예문 3 유소(類燒) 후의 복구가 되고서

> 拝啓 向寒の候，皆様にはいかがお過ごしでしょうか，お伺い申し上げます。
> さて，去る九月二十一日夜類燒の際は，早々にお見舞い頂き ご芳志の程，厚く御礼申し上げます。幸いその後保険も手に入り 鋭意復旧に努めましたところ，このたびようやく新装相成り，従前のとおり居を構えるに至りました。これひとえに皆々様のご援助，ご激励の たまものと，深く感謝しております。
> ついては，今後とも倍旧のご芳情を賜りますよう，ここに伏してお願い申し上げます。
> まずは，復旧に当たり，ご報告かたがた御礼申し上げ，もってごあいさつといたします。敬具

○뜻……근계 추위로 접어드는 이즈음, 여러분께서는 어떻게 지내시는지요, 문안드립니다.

그리고, 지난 9월 21일 밤 유소(類燒) 때는 서둘러 문안해 주신 그 방지에 대하여 깊이 감사 말씀드립니다. 다행히 그후 보험도 타고 예의 복구에 힘썼던 바, 이번 마침내 신장(新裝)을 하여 종전대로 거처를 마련하기에 이르렀습니다. 이건 오로지 여러분들의 원조와 격려해 주신 덕택인 줄 알아 깊이 감사하고 있습니다. 따라서, 앞으로도 배전의 방정을 베풀어 주시기 이에 삼가 부탁 말씀 드립니다.

　이상, 복구를 끝내고 보고를 겸해 감사 말씀 아뢰오며 인사를 대신합니다. 경구

　○새 낱말 …… 向寒の候(향한지절, 추위로 접어드는 이즈음) 早々に(부랴부랴, 서둘러) 居を構える(거처를 마련하다) これひとえに(이건 오로지) 復旧に当たり(복구가 되고서)

　○비슷한 말과 구 …… 先日の水害に際しては，早々にお見舞いを頂き，ありがたく厚く御礼申し上げます(전날의 수해 때는 서둘러 방문해 주셔서 감사하옵고 깊이 사례 말씀 드립니다) その後特別の資金貸付も得られ，どうにか再建の目途も立つに至りましたので(그후 특별 자금 대부도 있었고, 그럭저럭 재건의 목표도 시기에 이르렀으므로)

예문 4 유럽 시찰로부터 돌아와서

拝啓　歳末の候を迎え，いよいよご多忙のことと拝察いたします。
さて，小生こと去る六月渡欧以来各国の経済事情を視察中でございましたが，無事目的を果たし，この十二日に帰国いたしました。留守中いろいろお世話になりましたこと，厚く御礼申し上げます。
なお，今後はこの新しい見聞を実地に活用いたしたく，無事旧職に復しましたので，何とぞ培旧のご教導を賜りますよう，謹んでお願い申し上げます。
寒さ一段と厳しいこのごろ，一層のご自愛，心からお祈り

申し上げます。
右, とりあえず帰国ごあいさつまで. 敬具

●뜻 …… 근계 세밑으로 접어드는 때를 맞아 더욱더 다망하실 줄로 배찰합니다.

그리고, 소생으로 말하면 지난 6월 유럽으로 간 이후 각국의 경제 사정을 시찰중이었습니다만, 무사히 목적을 마치고 지난 12일에 귀국했습니다. 부재중 여러 가지로 신세진 데 대하여 깊이 사례 말씀 드립니다.

또한, 앞으로는 이 새로운 견문을 실지로 활용코자 하오며 무난히 전직에도 복귀되었으니, 아무쪼록 배전의 교도를 해 주시기 삼가 부탁 말씀 드립니다.

추위 한층 심한 이즈음 더 한층의 몸조심을 진심으로 비는 바입니다.

이상, 우선 귀국 인사 아룁니다. 경구

●새 낱말 …… 歳末の候(세말지절, 세밑으로 접어드는 때) 小生のこと(소생으로 말하면) 渡欧(도구, 유럽에 감) 無事(무사, 무난함) 果たし(마치고) 留守中(부재중) 旧職に復す(전직에 복귀하다)

●비슷한 말과 구 …… 突然社命により東南アジアに出向くことと相成りました(갑자기 회사의 명령에 의해 동남 아시아로 출장가게 되었습니다) 私こと六か月の外遊を無事終わり, ここに帰国いたしました(저는 6개월의 외유를 무사히 끝내고 이제야 귀국했습니다) このたび二か年の留学を終え, 無事帰国いたしました(이번 2개년의 유학을 끝내고 무사히 귀국했습니다)

(4) 일신상의 일에 대하여

여기에 일신상의 일이라는 것은 예를 들면 결혼을 말한다. 결혼은 인생의 중대사이고 꼭 인사 편지가 필요하다. 이번 결혼했으니 잘 부탁한다고 하는 것이다.

그럴 경우, 피로연에 초대하면 그 초대장을 가지고 그렇다는 사실을 알릴 수 있다. 그러나, 그럴 경우에도 새 가정을 가진 단계에서 인사 편지를 보내는 것이 일반적이다. 대개는 신혼 여행, 혼인 신고 등을 끝내고 연하장을 교환하고 있는 범위에서 보낸다. 특별히 결혼에 의해 개성(改姓)할 경우에는 그것이 알려지도록 구성(旧姓)도 적어 놓는다. 주소가 바뀌면 주소 변경 통지를 겸한 형이 되게 한다. 주의할 것은 일시를 적을 때에 「去る十月十日」로 쓰지 않고 다만 「十月十日」로 쓴다는 것이다. 「去る(지난)」라는 말은 재수가 나쁘기 때문이다.

그리고, 결혼이 인생의 중대사인 것처럼 이혼도 역시 중대사이다. 이혼의 사실에 대해서는 알리지 않는 사람도 많지만 끝까지 숨기지는 못한다. 그보다도 이번 이혼했으니 아무쪼록 잘 부탁한다는 형으로 알리는 편이 좋다.

그밖에, 호적상의 변경을 수반하는 일은 대인 관계를 지속하는 데 있어서 중대하다. 개성, 이름을 계승하는 것 등도 그 사람의 사회적 변말로서의 성명에 이동(異同)을 가져오는 것이나 사정 변경의 인사 편지가 필요하다.

이상 여러 가지의 일, 당사자에게 있어서는 그에 상응하는 중대한 이유가 있어 개중에는 공표하는 것을 꺼릴 만한 것도 많다. 그러나,

이유는 어떻든 간에 일신상에 변경이 있었음을 공표하고, 그것에 대해 아무쪼록 잘 부탁한다는 것이 그런 종류의 인사 편지이다.

예문 5 협의에 의한 이혼

拝啓 歳末のみぎり，皆々様にはお変わりもなくお過ごしのことと存じ，お喜び申し上げます。
さて，私どもかねて種々の問題に悩んでまいりましたが，このたび協議のうえ，結婚生活を解消いたすことと相成りました。顧みれば六年間，公私にわたり皆様の多大のご芳情を賜りましたこと，私どもの大きな励みでございました。ここに別々の人生を踏み出すに至りましたこと，かえすがえすも遺憾に存じますが，何とぞそれぞれに倍旧のご指導を賜りたく，伏してお願い申し上げます。
右，ごあいさつかたがたお願いまで．敬具
一九八九年十二月十五日
永井 義雄
村松 則子

○뜻 …… 근계 세밑에 접어드는 때, 여러분들께서는 별일없이 지내실 줄로 알아 축하하는 바입니다.
그리고, 저희들은 진작부터 여러 가지의 문제로 고민해 왔습니다만, 이번에 협의하고서 결혼 생활을 해소하기로 하였습니다. 돌이켜 보면, 6년간 공사에 걸쳐 여러분의 다대한 방정을 입었던 것은 저희들의 큰 자극이었습니다. 이에 별도의 인생을 내딛기에 이른 것에 대하여 몹시 유감으로 생각합니다만, 아무쪼록 두 사람에게 배전의 지도를 해 주시기 삼가 부탁드립니다.
　이상, 인사를 겸해 부탁 말씀 아룁니다. 경구
　　　　1989년 12월 15일
　　　　　　　　　永井　義雄
　　　　　　　　　村松　則子

　◎**새 낱말** …… 歳末のみぎり(세밑으로 접어드는 때) 悩んでまいりました(고민해 왔읍니다)　わたり(걸쳐)　励み(자극)　かえすがえすも(몹시, 아무리 생각하여도)　それぞれに(각자에게, 각기에게, 두 사람에게)

　◎**비슷한 말과 구** …… このたび私どもそれぞれの生活を守るために, 離婚もやむをえないとの結論に達しました(이번 저희들은 각기의 생활을 지키기 위해 이혼도 부득이하다는 결론에 이르렀습니다) 子供とともに, 婚家を離れることと相成りました(자식과 같이 시댁을 떠나기로 하였습니다) 都合にて夫と離別し, 実家に帰ることとなりました(사정에 의해 남편과 이별하고 친정으로 돌아가게 되었습니다)

3. 구체적으로 쓰는 보고 편지

(1) 여행과 관련해서

일반적으로 여행을 할 경우 우선 필요한 것이 무사히 도착했다는 안착보고이다. 그것은 무사히 도착했는지 걱정하고 있는 상대측에 도착 후에 곧바로 보낸다. 그러므로 봉함 편지로 지루하게 쓸 필요는 없다. 엽서도 되고, 그림 엽서도 된다. 전문(前文)이나 말문 같은 것도 생략하고 주문(主文)만 쓴다. 요컨대 무사히 도착한 경위를 구체적으로 쓰기만 하면 된다. 덧붙이려면 간단한 감상이나 앞으로의 예정 같은 것이 좋다.

또, 여행지에서는 그림 엽서 같은 것을 이용해서 격조하게 지내고 있는 사람들에게 보내는 것도 좋다. 격조한 사과를 일부러 쓰게 되면 잘 써지지 않으므로 전문과 말문을 생략하고 주문을 간략히 쓰는 것만으로 된다. 그리고 그 고장의 풍경, 풍속, 산물, 전설 등 견문한 것에도 언급한다. 혹은 그림 엽서로 보낼 때에는 그림의 설명을 덧붙이는 것도 효과적이다. 그것도 받는 사람들은 모두 다르므로 같은 글이라도 무방하다. 그 점, 편지의 종류로는 보고 편지라도 홀가분히 격조한 사과를 할 수 있는 것이 그런 종류의 여행 편지이다.

또한, 돌아왔을 때 여행지에서 신세진 사람들에게 사례를 겸해서 보내는 것이 귀착(帰着) 보고이다. 그후의 경위와 무사히 귀착했다는 것을 중심으로 간단히 정리하는데 이것은 사례 편지도 겸하게 되므로 어느 정도 예의바르게 써야만 한다. 또, 전근하게 되고서의 착임(着任) 보고도 그런 귀착 보고와 같은 요령이 된다. 그후의 경위와 무사히 착임했다는 것을 알리는 것이 중심이 되기 때문이다.

예문 1 무사히 돌아왔음을 친구에게

前略 過日御地訪問の際は．一方ならぬお世話になり，ありがとうございました．その後，近鉄特急にて名古屋に至り，用務を済ませて昨夕無事帰京いたしました． 一晩の熟

> 睡にて疲れもすべて消え去りましたゆえ、他事ながらご
> 休心の程、お願い申し上げます。お世話になりました奥
> 様にも よろしくお伝えの程、併せてお願い申し上げます。
> 時節柄、一層のご自愛、お祈り申し上げます。
> 右、とりあえず御礼かたがたご報告まで。草々

○뜻…… 전략 전날 귀지를 방문했을 때는 적지않이 신세진 것에 대하여 감사했습니다. 그후 近鉄 특급으로 名古屋에 이르러, 용무를 마치고 어젯 저녁 무사히 귀경했습니다. 하룻밤의 숙면으로 피로도 모두 가셨으니 관계없는 일이지만 방념해 주시기 부탁드립니다. 아울러 폐를 끼친 부인에게 안부 전해 주시기 부탁드립니다. 때가 때인 만큼 더 한층의 몸조심을 비는 바입니다.

이상, 우선 사례를 겸해 보고합니다. 총총

○새 낱말…… 前略(전략) 過日(전날, 지난날) 世話になり(돌봄을 받아, 폐를 끼쳐, 신세를 져) 昨夕(어젯 저녁) 疲れ(피로) すべて(죄다, 모두) 消え去る(없어지다, 가시다)

○비슷한 말과 구……貴地旅行の際は一方ならぬご歓待にあずかり (귀지를 여행했을 때는 적지않은 환대를 받아) 御地出張の際は、ご多忙中にもかかわらず種々ご配慮を賜り (귀지를 출장했을 때는 바쁘신 데도 불구하고 여러 가지의 배려를 해 주셔서)

예문 2 전근으로 근무지에 도착하고서

> 前略　東京出発の際には、わざわざお見送り、ありがとうございました。途中 何事もなく、予定どおり午後三時八分広島着。　支店からの出迎えを受け、取りあえず社宅に

落ち着きました。既に荷物も届いており，一安心というところ。家内も子供も元気につき，何とぞご休心の程を。右，とりあえずご報告まで。草々

○뜻 …… 전략 東京를 출발할 때에는 일부러 배웅해 주셔서 감사했습니다. 도중에 별일없이 예정대로 오후 3시 8분 広島에 도착. 지점에서의 마중을 받아 우선 사택에 자리잡았습니다. 이미 하물도 배달되어 있어 한시름 놓은 셈입니다. 집사람과 아이도 건강하니 부디 방념해 주시기 바랍니다.
이상, 우선 보고드립니다. 총총
○새 낱말 …… お見送り(배웅, 전송) 何事もなく(별일없이) 予定どおり(예정대로) 落ち着く(자리잡다) 一安心(한시름 놓다, 일단 안심하다)
○비슷한 말과 구 …… 貴地出発に当たりわざわざお見送りくだされ，ありがとうございました(그곳을 출발할 때는 일부러 전송해 주셔서 감사했습니다)

(2) 병 또는 출산했을 경우

병이나 출산 때는 특별히 걱정하는 사람에게 사정을 알려주지 않으면 안 된다. 그것이 병, 출산의 보고 편지이다. 경우에 따라서는 본인이 쓰지 못할 때도 있다. 그럴 경우에는 누군가 돌보아주고 있는 사람이 쓴다. 그것은 당사자의 대리라는 형식을 취하지 않고 그 돌보아 주고 있는 사람이 쓴 편지로도 되는 것이다.

그런 종류의 보고 편지는 발병의 경위, 현재의 용태, 의사의 진단, 그것에 근거한 예상 등이 중심이 된다. 그것을 어느 정도 구체적으로 쓰느냐 하는 것은 상대측의 입장에 의한다. 정확히 보고하는 것은 바람직한 일이지만 필요 이상으로 걱정을 끼치지 않도록 조심스럽게 쓰는 편이 좋다. 그와 동시 상대를 골라서 쓸 필요도 있다. 별로 깊은 관계가 아닌 사람에게는 병중이라는 것을 숨기는 쪽이 좋기 때문이다. 일주일 정도로 완쾌될 가벼운 병은 회복하고서 알리는 편이 좋다.

또, 그런 종류의 보고 편지에서 상대측에게 걱정을 끼치지 않도록 할 경우에는 전문과 말문을 갖춘 여유 있는 문면이 바람직하다. 그것에 비해 다소라도 서두는 기분을 나타낼 때에는「急啓(급계)」의 뒤에 바로 본문으로 이어져도 무방하다. 또한, 증상이 절박했을 적의 문면에 대해서는 다음 장(章)의「병세 악화 위독」항목을 보기 바란다.

또한, 근무하는 곳에 보낼 경우에는 결근계와 의사의 진단서를 첨부하게 된다. 실제로 그 서류만으로도 되지만, 예의를 갖출 경우에는 몇 자 적어 병세 보고를 덧붙이게 된다. 그것도 걱정을 끼치지 않을 정도로 쓰는 것이 일반적이다.

예문 3 병 결근계를 근무처로

急啓　昨日発熱の際は、とりあえずお電話のうえ欠勤させていただきましたこと、まことに申し訳なく存じます。しかるところ、その後も容易に解熱いたさず、医師の診断によれば、肺炎併発のおそれなどあり、一、二週間安静を要するとのこと、全く醜態の極みに存じます。ついては、年末のご多忙のところまことに心苦しい次第ではございますが、何とぞ事情ご了承のうえお許しいただ

きたく，よろしくお願い申し上げます。
なお，欠勤届ならび診断書をご同封いたしますので，よろしくお取り計らいの程，併せてお願い申し上げます。
右，とりあえずご連絡まで．草々

●뜻 …… 급계 어제 발병했을 때는 우선 전화하고서 결근한 데 대하여 참으로 죄송하게 생각합니다.

그런데도 그후로 쉽게 해열되지 않고 의사의 진단에 따르면 폐렴이 병발할 염려 등이 있어 1, 2주일은 안정을 요한다고 하니 추태스럽기 그지없습니다. 그러니, 연말의 바쁜 때 참으로 마음 괴로운 일이기는 하지만 제발 사정을 양해하시고 허락해 주시기 잘 부탁드립니다.

또한, 결근계 및 진단서를 동봉하니 잘 조처해 주시기 아울러 부탁 말씀 드립니다.

이상, 우선 연락드립니다. 총총

●새 낱말 …… 急啓(급계, 급히 사룀) おそれ(염려, 걱정) 醜態の極みに存じます(추태스럽기 그지없습니다)

●비슷한 말과 구 …… 主人のこと，先ほどとりあえず欠勤の旨お電話申し上げましたが，その後も九度近くの高熱に苦しんでおります(남편에 대하여 조금 전에 우선 결근의 뜻을 전화로 말씀드렸습니다만, 그후로 9도 가까운 고열에 시달리고 있습니다) 医師の話では，一週間も静養すれば出勤相かなうとのこと，よろしくお許しくださるよう，お願い申し上げます(의사의 말로는 1주일만 정양하면 출근할 수 있다고 하니, 좋도록 허락해 주시기 부탁 말씀 드립니다) 昨日やむを得ず欠勤させていただきましたが，予期に反して熱も下がらず，今日も床に就いております(어제는 부득이 결근을 했습니다만, 예상과는 달리 열도 내리지 않아 오늘도 자리에 누워 있습니다)

예문 4 아내의 출산을 맞고서

急啓 かねてご心配をお掛けしておりました夏江のこと，昨夜赤十字病院にて女子安産いたしました．初産のため何かと憂慮いたしましたが，おかげさまにてお産も軽く母子とも健全なこと，何よりと喜んでおります．
ついては，何とぞご放念の程，お願い申し上げます．
なお，初めて親となり，感激の中にも大きな責任を痛感いたしますので，今後ともよろしくご教導くださるよう，くれぐれもお願い申し上げます．
右，とりあえず御礼かたがたご報告まで．草々

○**뜻** …… 급계 이전부터 걱정을 끼쳤던 아내(夏江)는 어젯밤 적십자 병원에서 여자아이를 안산했습니다. 초산이기 때문에 여러 가지로 걱정했습니다만, 덕분에 출산도 가볍고 모자 다같이 건전한 데 대하여 다행이라고 기뻐하고 있습니다. 그러니 부디 방념해 주시기 부탁 말씀 드립니다. 또한, 처음으로 어버이가 되고 감격 속에서도 큰 책임을 통감하기 때문에 금후에도 잘 교도해 주시기 거듭 부탁 말씀드립니다.

이상, 우선 사례를 겸해 보고합니다. 총총

○**새 낱말** …… 憂慮(우려, 걱정) お産(출산) 軽く(가볍고) 初めて(처음으로) 親となり(어버이가 되고)

○**비슷한 말과 구** …… かねてご心配をお掛けいたしましたが, 今朝五時無事に女子を出産いたしました(진작부터 걱정을 끼치고 있었습니다만, 오늘 아침 5시에 무사히 여자아이를 출산했습니다) 望みどおり男子出生いたしました(바라던 대로 사내아이가 탄생하였습니

다) 万一難産ではと心配いたしましたが、万事順調に運び、母子とも健全でございます(만일 난산이면 하고 걱정했습니다만, 만사 순조롭게 진행되어 모자 모두 건전합니다) なかなかの難産にて、一時は覚悟を決めましたが、ようやく今曉二時、女の子出産いたしました(상당한 난산으로 한때는 각오를 했습니다만, 겨우 오늘 새벽 2시 여자아이를 출산했습니다)

(3) 재해를 입은 사실에 대하여

여러 가지 재난이 발생했을 경우, 부득이 알려주지 않으면 안 되는 곳이 있다. 그럴 경우에 알리는 것이 이런 종류의 보고 편지이다. 당연한 일이지만 재해를 입은 사실에 대해 정확히 적는 것이 중심이 된다. 그러려면 발생의 순서에 따라 적는 것이 종합하기가 쉽다. 그런데 재해 중에는 풍수해, 해일, 큰눈, 화재, 진재 같은 지역적인 재해도 있다. 그러한 것들은 신문이나 텔레비전에서 보도되기 때문에 그것을 본 안면이 있는 사람들은 걱정한다. 그럴 경우에는 가능한 한 빨리 재해를 입은 상황을 알릴 필요가 있다. 전문과 말문은 필요하지 않고 주문만으로도 무방하다. 또 무사하지 못할 때에는 그 사실을 있는 그대로 적는 편이 좋다.

다만, 안심할 것과 걱정할 것이 있을 때에 그것을 어떤 식으로 엮느냐 하는 것은 상대측과 경우에 따라 다르다. 개중에는 재해를 입은 사실을 알리는 것만으로 족할 적도 있어, 필요 이상으로 걱정시키는 것은 삼가지 않으면 안 된다. 그것에 비해 여러 가지의 도움을 부탁하고 싶을 경우에는, 재해를 입은 사실을 다소 과장해 적는 것도 허용된다.

또한, 재해를 입은 것 중에는 도난, 조난(遭難), 교통 사고 등으로, 신문이나 텔레비전에 보도되지 않는 것도 있다. 그럴 경우에는 성급히 보고하지 않아도 되는 것이 많다. 어느 정도 안정되고서 보고하면 전체의 전망도 서고 상대측에게 끼치는 걱정이 그만큼 적어지기 때문이다.

예문 5 마루 위까지의 침수도 가라앉고

拝啓 このたびの台風，そちらの被害 いかがかとお伺い申し上げます。
　さて，こちらは集中豪雨を伴い，前の川が増水はんらんいたしました。ついては，大慌ての末に家財類を二階に運び，畳も上げ，不安のうちに一夜を過ごしました。明くれば台風一過の青空，幸い濁水も次第に引き，ようやく一安心，被害も軽小にとどまりました。おかげさまにて家族一同無事につき，ご休心の程，お願い申し上げます。
　右，とりあえずご報告まで．敬具

○뜻 …… 근계 이번 태풍에 그곳 피해는 어떤지 문안 드립니다. 그런데, 이곳은 집중 호우를 동반해 앞의 강이 증수 범람했습니다. 그래서, 크게 당황한 나머지 가재류(家財類)를 2층으로 나르고 다다미도 올려 불안한 가운데 하룻밤을 지냈습니다. 날이 새니 태풍 일과의 푸른 하늘, 다행히 탁수도 빠지고, 겨우 한시름 놓았으며, 피해도 경미하게 그쳤습니다. 덕분에 가족 일동은 무사하니 방념해 주시기 부탁 말씀 드립니다.
　이상, 우선 보고 아룁니다. 경구

◯**새 낱말**…… 伴い(동반하고, 수반하고) はんらん(범람) 大慌て(크게 당황함) 末に(끝에, 나머지) 運び(나르고) 上げる(올리다) うちに(가운데) 明くれば(날이 새면) 次第に(차츰) 引く(물러가다, 빠지다) 軽少にとどまりました(경미하게 그쳤습니다) つき(…하므로, …하니)

◯**비슷한 말과 구**…… 村外れの川が増水し，田畑は一面のどろ沼と化しました(마을 가장자리의 강이 증수해 논밭은 일대가 수렁으로 바뀌었습니다) 目の前にて一軒一軒流されていく惨状は，目に余るものがありました(눈앞에서 한 집 한 집 떠내려가는 참상은 차마 눈뜨고 볼 수 없었습니다)

예문 6 장남의 교통 사고의 보고

急啓　長男勇のこと，昨日下校途中にて交通事故に遭いました．友人二人と元気に歩行中のところ，突然車道の自動車が歩道に乗り上げ，勇を跳ね飛ばしました．右側から接近したトラックを避けようとしてのハンドルの切り損ないとか，警察病院から急報を受け驚き入りました．幸い外傷はそれほどでもなく，ひとまず安心いたしました．本人もまことに元気にて，食欲も平常どおりでございます．ただ内部の障害については二三日入院の上にて検査を続けるとのこと，心配の限りに存じます．いずれ詳細ご報告申し上げる所存でございます．
　右，取り急ぎご連絡まで．草々

○**뜻** …… 급계 장남 勇가 어제 하교 도중 교통 사고를 당했습니다. 친구 둘과 활기차게 걸어가다가, 갑자기 차도의 자동차가 보도로 뛰어올라 勇를 부딪쳐 쓰러뜨렸습니다. 우측에서 접근한 트럭을 피하려고 핸들을 잘못 튼은 실수라나요, 경찰 병원에서의 급보를 접하고 몹시 놀랐습니다. 다행히 외상은 대단치 않아 일단 안심하고 있습니다. 본인도 참으로 건강하고 식욕도 평상대로입니다. 다만, 내부의 장해에 대해서는 2,3일 입원해서 검사를 계속한다니, 걱정스럽기 그지없습니다. 조만간 상세한 보고 말씀 드리려고 합니다.

　이상, 급한 대로 연락 올립니다. 총총

　○**새 낱말** …… 遭いました(당했습니다) 元気にて(활기차게) 歩行中のところ(보행중이다가, 걸어가다가) 乗り上げる(뛰어오르다) 切り損なう(잘못 틀다) 驚き入りました(매우 놀랐습니다) ひとまず(일단) 心配の限りに存じます(걱정스럽기 그지없습니다) いずれ(조만간, 멀지 않아)

　○**비슷한 말과 구** …… 左足に外傷を受けましたが、全快の後は 歩行に支障もないとのこと、一応安心いたしました(왼발에 외상을 입었습니다만, 완쾌한 뒤는 보행에 지장이 없다고 하니 일단 안심했습니다) 寒さのため一時はどうなることかと心配いたしましたが、お互に励まし合い、翌朝早く、無事に救出されました(추위 때문에 한때는 어떻게 될 것인가 하고 걱정했습니다만, 서로 격려해 다음날 아침 일찍 무사히 구출되었습니다)

(4) 특별한 근황 보고

　변화가 없는 일상이 그대로 되풀이될 때 거기에 특별한 근황 보고는 필요치 않다. 그러나 입학, 취직, 약혼, 명명(命名) 같은 것이 되면,

상대방에 따라 형식적인 인사로는 끝나지 않을 때도 있다. 그럴 경우에 쓰는 것이 말하자면 보고 편지이다.

그런 종류의 보고 편지의 경우에는 결정에 이르기까지의 경위를 정확히 쓸 필요가 있다. 사실을 무리하게 꾸미거나 왜곡하게 되면, 아무래도 잘 써지지 않고 전체가 산뜻해지지 않기 때문이다. 또, 얼마간의 감상(感想)을 덧붙일 필요가 있다. 결심이나 각오 같은 것을 덧붙여 쓰면 그런 대로 글이 완성된다.

그런데, 그런 종류의 보고 편지는 자칫 들뜬 기분을 억누르지 못하는 것이 일반적이다. 그 때문에 자칫하면 과장하게 되어, 나중에 얼굴을 붉히는 문면을 태연히 보내게도 된다. 그러나, 기쁨에 대해서는 조심스럽게 표현하고 감사한 마음을 주로 하는 형이 좋다. 그것이 은근하기도 하고 확실한 인상을 주기 때문이다. 또, 첫번째의 목적이 이루어지지 않을 경우에도 그런 기분을 청산하고 새로운 희망에 찬 형으로 쓴다. 그 편이 자신의 장래를 위하는 것이 되기도 한다.

예문 7 대학 입시에 합격하고

拝啓　寒さもゆるみ，一雨ごとに暖かくなってまいりました。皆様にはお変わりもなくお過ごしのことと拝察し，お喜び申し上げます。
　さて，小生このたび〇〇大学の経済学部に入学いたしましたので，ここにご報告申し上げます。昨年高校卒業に際して受験に失敗以来一年間，予備校通いに気の沈む思いを続けておりましたが，おかげさまにて進学かないましたこと，何よりとうれしく存じます。両親もひとしおの喜びにて，年来の暗雲も消え去り，久方ぶりに晴れ晴れ

いたしました。ついては，一層奮励のうえ有意義な大学生活を 送りたいと 存じますので，何とぞ倍旧の ご 激励ご教導を賜りますよう，伏してお願い申し上げます。
なお，両親からもくれぐれもよろしくとのこと，皆様にも何とぞよろしくお伝えの程，併せてお願い申し上げます。
末筆ながら，皆様一層のご自愛，心からお祈り申し上げます。まずは，とりあえず，合格ご報告かたがた，御礼申し上げます。敬具

○뜻 …… 근계 추위도 누그러지고 한 차례 비가 올 때마다 따듯해지게 되었습니다. 여러분께서는 변함없이 지내실 줄로 배찰하옵고 축하하는 바입니다.

그리고, 소생은 이번 ○○대학의 경제학부에 입학했으므로 이에 보고 말씀 드립니다. 작년 졸업함에 있어서 수험에 실패한 이래 1년간, 예비교 다니기에 마음이 침울해지는 기분을 떨치지 못하고 있었습니다만, 덕분에 진학할 수 있게 된 것에 대하여 무엇보다도 기쁘게 생각합니다. 부모님도 한결 더 기뻐하시고 연래의 암운도 걷혀 오래간만에 상쾌해졌습니다. 그래서, 더 한층 분투하여 뜻있고 유의의한 대학 생활을 보내고자 생각하오니, 부디 배전의 격려와 교도를 해 주시기 삼가 부탁드립니다. 또한 부모님으로부터도 거듭 안부 전하시라고 하오니, 여러분께도 아무쪼록 안부 전해 주시기 아울러 부탁드립니다. 끝으로, 여러분 더 한층의 몸조심을 비는 바입니다.

이상 합격 보고 겸해 사례 말씀 올립니다. 경구

○새 낱말 …… 際して(…에 즈음하여, …함에 있어서) 気の沈む(마음이 침울해지는) かなう(할 수 있다), 何よりも(무엇보다도) 年来(연래) 晴れ晴れしい(산뜻하다) 奮励(분려, 분투)

●비슷한 말과 구······ かねてご配慮にあずかりました○○大学の入試, 受験者が意外に多く心配いたしましたが, おかげさまにて合格, こんなうれしいことはございません(전부터 배려해 주신 ○○대학의 입시, 수험생이 의외로 많아 걱정했습니다만 덕분에 합격, 이런 기쁜 일은 없습니다) 近々お伺いのうえ御礼申し上げ, 併せてご教示を承りたいと存じます(일간 찾아뵙고 감사 말씀 드리고 아울러 교시를 받고자 합니다) 新学年までに多少ゆとりもございますので, 一度帰鄕のうえ, 改めて上京を予定しております(신학년까지는 다소 여유도 있으므로 한 번 귀향했다가 다시 상경할 예정입니다)

4. 불행한 사정의 편지

(1) 병세 악화와 위독

일반적으로는 병세가 악화되고 위독해지면 그 뒤 사망으로 이어진다. 그 경과에 있어서 사망 전에 관계자에게 알리는 것이 위독 보고 편지이다.

그런 점에서 아뭏든 시급을 요한다는 것은 말할 나위도 없다. 따라서, 속달로 보내게 되며 그것도 엽서가 바람직하다. 봉함 편지는 당사자가 부재중이면 그대로 방치되어 연락이 늦어지기 때문이다. 「チチキトクスグカエレ(아버지 위독, 곧 돌아오라)」 같은 전보도 이용될 정도이다. 「チチキトクイサイフミ(아버지 위독, 자세한 것은

편지)」로 하고, 곧 이어 속달을 보내도 된다. 그리고 보통 문병을 오지 않을 만한 사람도 마지막 작별이라는 생각에서 달려오게 된다. 본인이 꼭 만나고 싶어하는 사람, 본인을 꼭 한 번 만나고 싶어하는 사람, 그런 사람에게 대해 시중들고 있는 사람의 입장에서 쓰는 것이 그런 종류의 보고 편지이다.

문제는 그 내용으로 물론 병세 자체의 보고가 중심이 된다. 시급을 요하는 것이므로 전문과 말문을 적당히 생략한다. 그리고, 발병에서 현상에 이르는 경과, 의사의 의견, 금후의 전망 등을 간단히 종합한다. 본인의 희망이 있으면 그것도 첨가한다. 단, 병세나 위독한 정도 등에 따라서는 본인에게 사실대로 일러주었다고는 할 수 없다. 그럴 경우에는 문병을 오는 사람에게도 본인과의 대화에 조심하도록 미리 알려줄 필요가 있다.

요컨대, 간결하면서도 요령 있는 편지가 바람직하다. 꼭 와 주기를 바랄 때에는, 그것을 분명히 알 수 있도록 쓰지 않으면 소용이 없게 된다. 단, 필요 이상으로 걱정시키지 않는 배려도 소홀히 해서는 안 된다.

예문 1 아버지의 병세 악화를 보고

急啓 実は父の病状、このほど急速に悪化、熱も九度近くまで上がり、食慾減退のために著しく衰弱、一同心痛しております。
ついては、ご親交のそちら様からぜひご激励を賜りたく、よろしくお願い申し上げます。
右、とりあえずご連絡まで。草々

◉뜻 …… 급계 사실은 아버지의 병세 요즈음 급속히 악화되어 열도 9도 가까이까지 오르고, 식욕 감퇴 때문에 현저히 쇠약해져 모두 걱정하고 있습니다.

따라서, 친교가 있는 그쪽에서 꼭 격려해 주시기 잘 부탁하는 바입니다.

이상, 우선 연락올립니다. 총총

◉비슷한 말과 구 …… 既に右半身不隨と相成り、目も見えなくなりましたが、耳だけは確かなように見受けられます(이미 우측 반신 불수가 되고, 눈도 보이지 않게 되었습니다만 귀만은 확실한 것 같이 보입니다) 日増しに衰弱加わり、一同心痛しております(나날이 더욱 쇠약해져 모두 걱정하고 있습니다) 療養に万全を期しておりますが、何分にも老体ゆえ、憂慮しております(요양에 만전을 기하고 있기는 합니다만, 아뭏든 노구이기 때문에 우려하고 있습니다)

(2) 사망을 알리는 편지

특정인이 사망했을 때, 그 사실을 알리는 공식 편지가 사망 통지의 편지이다. 인쇄하여 본인이 연하장을 교환하고 있는 범위를 중심으로 보낸다. 발송 범위가 넓을 경우에는 같은 문면으로 신문에 사망 광고를 낸다. 유명인일 경우는 신문사에 연락하면, 경력 같은 것도 덧붙여 기사로서 취급해 주기 때문에 편리하다.

사망 통지에는 검은 테의 엽서를 사용해 우선 주문만 쓰게 된다. 내용은 누가, 언제, 어떻게 해서 죽었다는 것이 중심이 된다. 그것을 생전에 신세졌던 감사의 말과 함께 알린다. 그 뒤에 고별식 등의 날짜를 덧붙인다. 그럴 때 감정적 표현은 일체 삼가야 한다. 날짜는 사망 당일, 발신자는 연명으로 상주, 유족, 친족 일동, 우인 대표 등으로 이어진다. 유명인일 경우에는 장의 위원장, 동(同) 부위원장 등을 적게 된다.

이것에 비해 본인과 특별한 관계에 있는 사람에게 임종의 상태 등을 요령 있게 써 보내는 것이 사망 보고이다. 쓰는 법은 죽음에 이른 경과와 마지막 상태를 시간의 흐름에 따라 종합한다. 또, 그런 종류의 사망 보고를 장의 관계자에게 숙지시켜 놓으면, 유족의 응대가 그만큼 경감된다.

또한, 유언에 따라 장의 자체를 간소하게 치르고 싶을 경우에는 사망 통지를 보내지 않는 편이 좋다. 집안 사람들만으로 장례를 치른 뒤, 일반인에게 통지하는 일도 행하여지고 있다. 이것도 한 가지 방법이다. 혹은, 연말에 상중(喪中) 인사 편지를 보낼 때 비로소 사망 사실을 알려도 되는 것이다

예문 2 기본적인 형

母はつえ儀, かねて病気療養中のところ薬石効なく, 九月二十二日午前四時二十三分, 他界いたしました。
ここに生前のご厚情を感謝し, 謹んでご通知申し上げます。

一, 通夜 九月二十四日(金) 午後七時より
一, 告別式 九月二十五日(土) 午後一時～二時
一, 場所 東京都大田区田園調布 〇-〇〇(自宅)
　　　東急東横線 田園調布駅下車
一九八九年九月二十二日
　　　喪主　吉田　茂
　　　親族代表　大森　正雄

◉뜻 …… 어머니 はつえ는 전부터 병 요양중이던 약석의 보람도 없이, 9월 22일 오전 4시 23분 타계했습니다. 이에 생전의 후의를 감사하옵고, 삼가 아룁니다.
  1, 밤샘 기도 9월 24일(금) 오후7시부터
  1, 고별식 9월 25일(토) 오후 1시~2시
  1, 장소 東京都大田区田園調布 ○-○-○(자택)
      東急東横線 田園調布역 하차
  1989년 9월 22일
         상주 吉田 茂
         친척 대표 大森 正雄

◉새 낱말 …… 薬石効なく(약석의 보람도 없이) 他界(타계, 죽음)
◉비슷한 말과 구 …… かねて入院加療中のところ(전부터 입원 가료중이던 바) 脳卒中のため急死いたしました(뇌졸중 때문에 급서하셨습니다) 高齢のため医薬の効もなく, 絶命いたしました(고령 때문에 의약의 보람도 없이 절명하셨습니다) 図らずも輪過にて急死いたしました(뜻밖에도 윤화로 급사하셨습니다)

(3) 회장(会葬) 당일의 사례 편지

 고별식 당일은 여러 가지의 사례 편지를 보내게 된다. 그 중에서 가장 일반적인 것이 회장의 사례 편지이다. 검은 테의 엽서를 사용해 첫머리말이나 전문을 쓰지 않으며 말문이나 맺음말도 쓰지 않는다. 회장에 대한 감사의 말을 중심으로 하고, 사망자의 이름에는 「고(故)」나 「망(亡)」자(字)를 위에 붙인다. 날짜는 고별식 당일, 발신인은 사망 통지와 마찬가지이다. 동문(同文)을 신문 광고로 하는 일도 행하여지고 있다.

회장의 사례 편지는 본래 고별식 종료 후 그날 중으로 보내는 것이지만, 최근에는 참석자가 돌아갈 때 입구에서 건네 주는 일이 많아졌다. 그럴 때는 엽서 크기의 카드에 인쇄해 각봉투에 넣는다. 문제는 봉투의 사용법인데, 봉투를 뒤집었을 경우 삼각의 뚜껑이 좌측에서 덮이도록 사용한다. 실제로는 우측에서 덮이는 뚜껑 부분을 안쪽으로 넣으면 그 모양이 되기 때문에, 보통 봉투의 위아래를 일부러 반대가 되게 할 필요는 없지만 그것이 부축의(不祝儀) 겹치기이다.

또, 장의·고별식에 있어서는 향전(香典), 공화(供花), 공물(供物), 조사(弔詞)에도 사례 편지가 필요하다. 인쇄 문면으로 겸해도 되고 따로 간단히 써도 된다. 조전(弔電)·조위 편지에 대해서도 사례 편지가 필요하다. 그럴 경우에는 보통 편지의 형으로 하고 현재의 심경 등을 덧붙이면 종합이 잘 된다. 또한, 그런 종류의 사례 편지를 쓸 경우에는 다음날이라도 되지만, 날짜는 당일로 하고 문면도 그것에 맞추는 것이 일반적이다.

예문 3 회장의 사례 편지

亡母はつえの葬送に際しては ご多用中のところ遠路ご会葬を賜り，ご懇情の程，厚く御礼申し上げます。 早速参上のうえ御礼申し上げるべきところ，略儀ながら，書中をもってごあいさつ申し上げます。
一九八九年九月二十五日
東京都大田区田園調布 〇－〇－〇
喪主 吉田 茂
親族代表 大森 正雄

●뜻 ······ 망모 はつえ의 장송에 있어서 바쁘신 중인데도 원로에 회장을 해 주셔서 간정하심에 대하여 깊이 감사드립니다. 곧바로 찾아뵙고 감사드려야 하지만, 약식으로나마 서중으로써 인사 말씀 올립니다.

    1989년 9월 25일

                東京都大田区田園調布 〇-〇-〇

                상주 吉田 茂

                친족 대표 大森 正雄

●새 낱말 ······ 葬送(장송) ご多用中のところ(바쁘신 중인 데도) 参上(찾아뵘)

●비슷한 말과 구 ······ 厳寒の候にもかかわらずご会葬くだされ(엄한지절임에도 불구하고 회장해 주셔서) 叔父和男儀, 告別式の際は(숙부 和男로 말하면, 고별식 때는) 寒さ厳しい中を(추위 심한 가운데) 暑中にもかかわらず(삼복인 데도 불구하고)

예문 4 우송한 향전(부의)의 사례 편지

拝復 このたびは, ご丁寧な弔慰のお手紙, ありがとうございました。そのうえお供えまで頂き, 厚く御礼申し上げます。顧みれば, 看護に明け暮れたあと唯一の望みも絶たれ, 一時は取り乱すに至りましたが, このうえはただ追善専一を心掛ける所存でございます。
何とぞよろしくお導きの程, 伏してお願い申し上げます。
まずは, 御礼かたがたお願いまで。敬具

●뜻 ······ 복계 이번 정중한 조위의 편지 감사했습니다. 게다가 제물까지 주셔서 깊이 감사 말씀 드립니다. 돌이켜보면 간호로 나날을

보낸 뒤 유일한 소망도 끊겨 한때는 허둥거리기도 했습니다만, 이제는 오로지 추선 전념을 명심할 생각입니다. 아무쪼록 잘 이끌어 주시기 삼가 부탁 말씀 드립니다.

이상, 사례를 겸해 부탁 말씀올립니다.

○**새 낱말** …… そのうえ(게다가) お供え(공물, 제물) まで(…까지) 明け暮れた(나날을 보낸) 望み(희망, 소망) 絶たれる(끊기다) 取り乱す(허둥거리다) このうえは(이제는) ただ(오로지)

○**비슷한 말과 구** …… このうえは、皆様のお導きによって立ち直り父の遺志を何とか生かしたいと存じます(이제는 여러분의 인도에 의해 다시 일어서 아버지의 유지를 어떻게든 살리려고 생각합니다) 兄弟力を合わせ、家業に精励いたすことこそ、亡父への孝養かと存じます(형제가 힘을 합쳐 가업에 정려하는 일만이 망부에 대한 효도로 알고 있습니다) 今はただ娘の顔ばかり眼前にちらつき、仕事も手に付かない次第でございます(지금은 다만 딸의 얼굴만 눈앞에 어른거려 일도 손에 잡히지 않습니다)

(4) 탈상의 인사 편지

불교에서는 49일, 또는 35일로 탈상을 하게 된다. 그때 부의에 대한 답례와 함께 탈상의 인사 편지를 보내는 것이 일반적이다. 신도(神道)이면 50일제(祭), 기독교에서는 30일째의 미사가 그것에 해당한다.

부의에 대한 답례는 부의로 받은 금액의 절반에 해당되는 물건으로 답례하는 것이 일반적이다. 탈상 때 백화점에 배송(配送)을 의뢰하면 탈상 인사의 편지를 동봉해 준다. 그러나, 최근에는 부의에 대한 답례에 해당하는 금액을 특별한 단체에 기부하는 일도 하고 있다. 그럴 경우에는 그 취지를 적은 독립된 편지로 하게 되는 것이다. 어쨌든 간에 탈상했다는 것을 보고하는 것과 동시, 고인의 사망에 있어서 받은 향전(부의) 등에 감사한다. 사망 통지 같은 것과 달라 발신인은 상주만으로도 된다. 전체로서 의례적인 요소가 강하기 때문에 두루마리에 먹으로 써서 옵셋 인쇄를 하는 일도 하고 있다. 다만, 그것을 넣는 봉투는 한 겹짜리로 한다. 안쪽에 얇은 종이가 있는 두 겹짜리는 불행이 겹치는 것을 피하는 의미에서 사용하지 않는다. 손윗 사람에 대해서도 한 겹짜리로 무방하다.

또한, 고별식 후의 편지로는 그밖에 유물 분배에 관한 것, 법회에 관한 것 등이 있다. 내용적으로 전자는 선물 편지, 후자는 초대 편지이다.

예문 5 탈상 때의 부의에 대한 답례

謹啓　時下ますますご清栄の段，心から慶賀申し上げます。
さて，先般父勇一郎永眠の際は，早速ご丁重なご弔詞ならびにご厚志を賜り，ご芳情の程まことにありがたく，厚く御礼申し上げます．本日七七日忌に当たり，内々にて法要相営みました．
については，供養のおしるしまでに心ばかりの品お届けいたしましたゆえ，何とぞご受納くださるよう，お願い申し上げます．
まずは，略儀ながら書中をもって謹んでごあいさつ申し上げます．敬具

○뜻…… 근계 시하 더욱더 건승하신 점 진심으로 경축하는 바입니다. 그리고, 지난 번 아버지 勇一郎가 돌아가셨을 때는 즉시 정중한 조사 및 후지를 받자와 방정하심이 참으로 감사했으며 깊이 사례 말씀 드립니다. 오늘 사십구일제를 맞아 은밀히 법회를 지냈습니다.

그래서, 공양의 표시로 변변치 못한 물건을 보내드렸으니 부디 수납해 주시기 부탁 말씀 드립니다.

이상, 생략하옵고 서면으로 삼가 인사 말씀 아룁니다. 경구

○새 낱말…… 時下(시하, 요즈음) 清栄の段(건승하신 점) 慶賀(축복, 경하) 七七日忌(사십구일제) 內々(은밀히) 法要(법요, 법회) 相営みました(올렸습니다, 지냈습니다) 心ばかり(변변치 못한, 마음뿐인) 略儀ながら(생략하옵고)

○비슷한 말과 구…… 先般妻加代他界の際は、ご懇篤なご弔問賜り(지난 번 아내 加代 타계했을 때는 지극한 조문을 받잡고) ご香資を頂き(부의를 받잡고) ご厚志をお寄せくだされ(후의를 보내 주셔서) ご芳情まことにありがとうございました．厚く御礼申し上げます(방정 참으로 감사했습니다. 깊이 사례 말씀 올립니다)

제 3 장 초대와 안내를 위한 편지

1. 행사를 알리는 안내장

(1) 회합을 가질 경우

　안내장의 하나에 회합을 가질 경우가 있다. 동창회, 망년회, 송별회, 축하회, 추도회 등이 그것이다. 그 회합도 적은 인원일 경우에는 간단히 전화로 연락하면 되지만, 일단 편지의 형식으로 해 놓으면 서로 안심이 된다. 인원이 많을 때에는 인쇄를 하면 편리하다.
　어쨌든 간에 회합 안내장은 모임의 취지, 목적과 함께 일시, 장소, 회비 등이 중심이 된다. 그밖에 뭔가 의욕적인 것을 덧붙이게 되면 출석 인원이 늘어나게 되는 법이다. 장소에 대해서는 회장과 전화번호를 넣는다. 유명하지 않은 회장일 경우에는 코스, 약도 등도 곁들이면 좋다.
　또한, 개시 시각인데 실제로 시작하는 예정 시각보다 30 분 정도

빠르게 써 놓는다. 받은 쪽도 그 점을 생각하고 다소 늦추어 가게 된다. 특별히 정시에 시작하고 싶을 때에는 「시간 엄수」라고 덧붙여 써 놓는다. 회비에 대해서는 실제로 드는 비용을 적는다. 회비 3천엔 외에 사진대 5백엔, 기념품대 5백엔 등 여러 가지로 징수되는 때가 있는데, 예정 외의 지출은 기분이 좋지 않다. 예정되어 있으면 그 취지를 덧붙여 써 놓아야 한다.

예문 1 동창회를 개최하는 경우

拝啓 日増しに秋も深まるこのごろ, 皆様にはいよいよご健勝のことと存じます。
さて, 毎年秋に催していました当クラス会, 今回は特に恩師〇〇〇先生をお招きし, 次のように開くことと相成りました。ついては, 奮ってご参加くださるよう, ご案内申し上げます。
　　日時　十一月二十六日(土)午後六時から
　　場所　虎の門共済会館(電〇〇〇-〇〇〇)
　　会費　金参千円(寫眞代その他を含む)
なお, 準備の都合上, ご出席の有無, 来る十一月二十日までにご一報の程, お願い申し上げます。
右, とりあえずクラス会ご案内まで。敬具

　　　一九八九年十一月十日
　　　　幹事代表　中村 健一
　　　　　　(電〇〇〇-〇〇〇〇)

●뜻……근계 나날이 가을도 깊어가는 이즈음, 여러분께서는 더욱더 건승하실 줄로 압니다.
그런데, 해마다 가을에 개최해 왔던 당동창회, 이번에는 특별히 은사 ○○○선생님을 초청해 다음과 같이 열기로 했습니다. 따라서 분발하여 참가해 주시기 안내 말씀 드립니다.
　　일시　11월 25일(토) 오후 6부터
　　장소　虎の門 공제 회관(전 ○○○-○○○○)
　　회비　일금 3천엔(사진대 및 기타 포함)
또한, 준비의 형편상 출석 유무를 오는 11월 20일까지 기별해 주시기 부탁 말씀 드립니다.
이상, 우선 동창회 안내 아룁니다. 경구
　　　1989년 11월 10일
　　　　　　　　　　　　　　간사 대표 中村 健一
　　　　　　　　　　　　　　(전 ○○○-○○○○)

●새 낱말……深まる(깊어가다) 催す(개최하다, 열다) 含む(포함함) ご一報(기별)

●비슷한 말과 구……意義ある一夕を過ごしたいと存じます(의의 있는 하루 저녁을 보내고자 합니다) 早いもので, 社会に出て既に五年, 積もる話にも花を咲かせたいと存じ, ここに第一回クラス会を催すことにいたしました(빠르기도 해서 사회에 나와 벌써 5년, 쌓이고 쌓인 이야기로 꽃을 피우고 싶다는 생각에서 이에 제1회 동창회를 개최키로 했습니다)

(2) 모임, 행사, 연예, 전시회 등

어떤 모임을 가질 경우에 꼭 와 달라고 하는 것도 안내장이다. 모임으로는 전람회, 음악회, 발표회 등 감상을 위주로 하는 것도 있다. 바자회처럼 파는 것을 목적으로 하는 것, 골프, 볼링 등 참가해 즐기는 것도 있다. 강습회, 독서회 등은 학습이 목적이다. 어쨌든 간에 그런 모임에 참가할 때, 그것에 대해 얼마간의 회비가 따르는 경우가 그런 종류의 안내장이다.

그런 종류의 안내장에서는 그 모임에 대한 개최의 취지, 일시, 장소가 중심이 되는 것은 더 말할 나위도 없다. 입장료나 참가비 등, 그 금액도 명확히 해 둔다.「점심 포함」등의 내역도 분명히 덧붙여 쓰는 것이 좋다. 그밖에 주의 사항 등이 있으면 그것도 잊지 않도록 한다. 그와 동시에 참가하고 싶다는 마음을 생기게 하는 문구도 필요하다.

또한, 안내장을 지참하는 사람에게 입장료 면제하는 것 등의 특전이 있을 경우에는 초대장의 형으로 하는 것이 좋다. 또, 다른 데서 열리는 모임에 함께 참석하자는 형이 되면 차라리 권유장이다.

예문 2 일요 화가의 전람회

拝啓 新秋のみぎり, 皆様にはますますご清祥のこととお喜び申し上げます。
　さて, このたび, 私ども共同 主催にて日曜画家 展覧会を催すことと 相成りました. 職業は 様々でございますが, 俗事を忘れて自由に振るった彩管の成果をご高覧いただきたく, またご高評を賜れば幸いと存じます。
　　日時　一九八九年十月一日(土)～二日(日)
　　場所　中央ビル五階ギャラリー
なお, 恐縮ながら, 会場整理費お一人百円といたしましたので, よろしくお願い申し上げます。
　まずは, ご案内申し上げます。敬具

●뜻……근계 신추지절, 여러분께서는 더욱더 건승하신 줄로 알아 축하하는 바입니다.
　그리고, 이번 저희들은 공동 주최로 일요 화가의 전람회를 열게 되었습니다. 직업은 가지각색이지만 잡일을 잊고 자유로이 그린 그림의 성과를 관람해 주시고, 또 고평을 해 주시면 다행으로 알겠습니다.
　　　　일시 1989년 10월 1일(토)~2일(일)
　　　　장소 중앙 빌딩 5층 갤러리
　또한, 죄송하지만 회장 정리비 1인 백엔으로 했으니 잘 부탁드립니다.
이상, 안내 말씀 드립니다. 경구
　●새 낱말……新秋(신추, 초가을) 樣々(가지각색) 俗事(잡일) 自由に振るった彩管(자유로이 잡은 화필, 자유로이 그린 그림) 高覽(관람)
　●비슷한 말과 구……さて、このたび、社中一同にて恒例の華展を開くことに相成りました(그리고 이번 사중 일동은 상례의 꽃꽂이 전시회를 열게 되었습니다) 何分にも未熟な私どもではございますが、日ごろの成果をご覧いただきたいと存じます(아뭏든 미숙한 저희들이기는 합니다만, 평소의 성과를 보아 주시기 바랍니다) ご多忙中とは存じますが、何とぞご高覽ご高評の程、お願い申し上げます(바쁘시다는 것은 알고 있습니다만 부디 관람하시고 고평해 주시기 부탁 말씀 드립니다)

(3) 여행과 견학 등

　안내장 중에는 여행과 견학 등에 관한 것도 있다. 뜻있는 사람들끼리 모여 하루 코스의 소풍을 가도 된다. 꽃놀이, 납량(納涼), 달구경, 눈구경도 된다. 관극회, 시식회(試食会) 등도 행하여지고 있다. 요컨대, 여러 사람이 어딘가 가서 즐기는 그런 경우의 안내장이다.

그런 종류의 안내장은 그 여행이나 견학 등의 취지를 명확히 해야 한다. 어떤 종류의 모임인지 알지 못하면, 참가하기가 힘들게 된다. 그와 동시에 일시, 여행 일정, 비용, 모집 인원 등을 분명히 적는다. 그럴 때 집합 장소를 명확히 하는 것과 동시, 집합 시각에 대해서는 30분 내지 한시간의 여유를 가지도록 하는 것이 일반적이다. 비용에 대해서는 어디까지 회비에 포함되는가를 명확히 한다. 많은 금액일 경우에는 일부를 예약금으로 하는 일도 행하고 있다.

또한, 간사의 입장으로는 여러 가지로 준비할 사항도 있어 인원수를 파악하지 않으면 안 된다. 그러기 위해서는 답신용의 엽서를 사용해 기일을 정하고 참가, 불참가를 확정지을 수 있도록 한다. 참가자를 늘리기 위해서는 개인으로는 좀처럼 갈 수 없는 곳이나 개인으로 가기보다는 현저히 값싼 곳 등이 매력이 된다는 것은 더 말할 나위도 없다.

예문 3 상례적인 꽃놀이 대회에

拝啓 日増しに暖かさを加えてまいりましたが、皆様にはいかがお過ごしでしょうか。
さて、櫻花の季節も目前に迫りましたので、恒例のお花見大会を次のように催すことと相成りました。奮ってご参加の程、お待ちいたします。

　　日時　四月十一日（日）午前十時より（雨天中止）
　　場所　向島・隅田川堤
　　交通　地下鐵・本所吾妻橋下車・徒歩十分
　　参加費　一人千円（昼食，賞品を含む）

このたびは，幹事一同特別の趣向をこらしたので，必ずやご満足いただけるものと期待しております。何とぞご家族ご同伴にて，にぎにぎしくご参加の程，お待ちいたします。
なお，ご参加の有無，来る三月三十一日までにご連絡くださるよう，お願い申し上げます。
まずは，お花見ご案内まで．敬具

◉뜻 …… 근계 나날이 따뜻함이 더해 가고 있습니다만 여러분께서는 어떻게 지내십니까?
그리고, 벚꽃의 계절도 눈앞에 닥쳤으므로, 상례적인 꽃놀이 대회를 다음과 같이 열게 되었습니다. 분발해 참가하시기 기다리겠습니다.

일시 4월 11일(일) 오전 10시부터(우천 시는 중지)
장소 向島・隅田川 둑
교통 지하철・本所吾妻橋 하차・도보로 10분
참가비 1인 1천엔(점심, 상품 포함)

이번에는 간사 일동이 특별한 궁리를 했으니 반드시 만족해 주실 것으로 기대하고 있습니다. 아무쪼록 가족 동반으로 많이 참가해 주시기 고대하겠습니다.
또한, 참가 유무는 오는 3월 31일까지 연락해 주시기 부탁드립니다.
이상, 꽃놀이 안내 말씀 아룁니다. 경구

◉새 낱말 …… 櫻花(벚꽃) 迫りましたので(닥쳤으므로) 恒例(상례) 趣向をこらす(궁리를 하다) 必ずや(반드시) にぎにぎしく(요란스럽게, 많이)

●비슷한 말과 구……中秋の明月も近づきましたので，次のとおり観月会を催したく，ここにご案内申し上げます(중추의 명월도 다가왔으므로, 다음과 같이 달구경 모임을 열고자 이에 안내 말씀 아룁니다) きれいな空気と新鮮な魚を求め、伊豆一周のバス旅行を企画いたしました(맑은 공기와 신선한 물고기를 찾아, 伊豆 일주의 버스 여행을 기획했습니다) 今回は趣向を変え、箱根強羅につつじの観賞を試みることにいたしました(이번에는 취향을 바꾸어 箱根強羅에 진달래 관상을 해보기로 했습니다)

2. 성의를 다해 모시는 초대장

(1) 식사에 초대할 경우

손님을 초대하는 가장 일반적인 형식은 대접을 하는 일이다. 저녁 식사에 초대하거나 차 초대를 하는 것 등이 그것이다. 목적으로는 친목을 돈독히 하는 것도 있고, 뭔가의 기념을 위한 행사도 있다. 개인적인 소개, 환영, 송별 등일 때도 있고 다만 옛정을 되살리는 것뿐인 것도 있다. 가족의 생일 등을 기회로 초대하는 일도 있다.

어쨌든 간에 그런 종류의 초대이면 대개 인원이 적으므로 초대장도 인쇄할 것이 아니라 정성을 기울여 정중히 쓴다. 포함시킬 내용으로는 초대하는 목적, 일시, 장소가 되는 것은 더 말할 나위도 없다. 단, 적은 인원일 경우에는 상대측도 특정되는 것이니, 그 특정의 상대측

형편도 존중하지 않으면 안 된다. 그 점 인원이 많은 초대에서 형편이 닿는 사람만 오게 되는 것과는 성질이 다르다. 그러므로 사전에 전화로 의논하고 그 뒤 정식 초대장을 보내는 일도 있다. 또는, 초대장 자체를 의논의 형으로 하고 상대방의 형편에 맞춰도 되는 것이다.

또한, 초대를 받는 쪽으로서는 어떤 사람과 동석하게 되는지도 큰 관심사이다. 그럴 경우에 일반적으로는 미리 동석객에 대한 것을 알려주는 편이 좋다.

예문 1 자기 집 저녁 식사에 초대

拝啓 青葉を渡るそよ風の季節となりました．いよいよご活躍の趣，心からお喜び申し上げます．
さて，承るところによりますと，来る六月上旬にはお久方ぶりにご下阪とのこと，何よりもよろこばしく存じます．ついては，一夜を拙宅にて語り合うのも一興かと存じ，ご都合の程，お伺い申し上げます．当方としては六月三日(木)夜は会議のため遅くなりますが，今のところ，他は差し支えございません．よろしければ四日(金)または五日(土)，夕方六時ごろにお越しいただければ幸いと存じます．折り返しご内意お漏らしの程，お願い申し上げます．なお，家内手作りの料理にてご接待いたしたく，何とぞお気経にお越しの程，お待ちいたします．時節柄，一層ご自愛の程，お祈り申し上げます．
まずは，とりあえずご案内申し上げます．敬具

◉뜻……근계 푸른 나뭇잎을 스쳐가는 미풍의 계절이 되었습니다. 더욱더 활약하신다니 진심으로 축하하는 바입니다. 그리고, 전해 들은 바로는 오는 6월 상순에는 오래간만에 大阪로 내려오신다고 하니 무엇보다도 기쁘게 생각합니다. 따라서 하룻밤을 누옥에서 이야기를 나누는 것도 재미있는 일로 생각해 형편이 어떠신지 여쭈어봅니다. 저희 쪽은 6월 3일(목) 밤에는 회의 때문에 늦어집니다만, 현재로선 그 밖에는 지장이 없습니다. 좋으시다면 4일(금) 또는 5일(토) 저녁 6시쯤에 와 주신다면 다행으로 압니다. 즉시 의향을 알려주시기 부탁 말씀 드립니다. 또한 집사람이 손수 만든 요리로 접대하고자 하오니, 아무쪼록 부담없이 와 주시기 고대하겠습니다.

때가 때인 만큼 더 한층 몸조심 하시기 비는 바입니다.

이상 우선 안내 말씀 아룁니다. 경구

◉새 낱말……そよ風(미풍) 承るところによりますと(전해 들은 바로는, 듣자옵건대) 下阪(大阪로 내려오다) 拙宅(누옥) 語り合う(이야기를 나누다) よろしければ(좋으시다면) 折り返し(즉시) 内意(의향) 漏らす(말하다)

◉비슷한 말과 구……拙宅の庭もつつじの見ごろと相成りましたので、近く一日の歓を尽くしたいと存じ、ここにご案内申し上げます(누옥의 마당도 진달래 구경에 알맞은 시기가 되었으므로, 일간 하루를 마음껏 즐기자는 생각에서 이에 안내 말씀드립니다) 忘年の小宴を催し、知友とともに一夕を楽しみたいと存じます(망년의 소연을 열어, 친구와 더불어 하루 저녁을 즐기고자 생각합니다) 来る六月二十九日は老父七十歳の誕生日に当りますが、おかげをもってますます壯健でございますので、いささか祝宴を催したいと存じます(오는 6월 29일은 노부 70세의 생일을 맞습니다만, 덕분에 더욱더 건강하시므로 약간의 축연을 베풀고자 합니다).

(2) 축하에 연유하여

뭔가 축하할 일이 있을 경우에도 손님을 부르게 된다. 그럴 때에 쓰는 것도 초대장이다.

축하할 일은 출산, 완쾌, 신축 등이 있다. 자식의 성장과 출생, 돌잔치, 입학, 졸업, 취직 등이 있다. 부모에게는 결혼 25주년의 은혼식, 50주년의 금혼식 같은 것도 있다. 또, 장수한 축하로는 60세의 환갑, 70세의 고희, 77세의 희수, 88세의 미수, 90세의 졸수, 99세의 백수 등의 하수(賀寿)가 있다.

이런 축하 행사는 결혼식 같은 것과 달리 그렇게 요란스럽게는 하지 않는다. 친한 사람들만 불러서 축하하고 피로하는 형이 일반적이다. 그러나, 정식으로는 초대장을 보내기로 되어 있다. 그럴 경우 축하의 취지, 일시, 장소 등이 그 내용이 되는 것은 더 말할 나위도 없다. 단, 당사자가 보내는 형이 되는 것을 잊어서는 안 된다. 겸허한 마음으로 정중히 써 나가고, 감사한 마음을 담을 필요가 있다.

또한, 하수 등에 대해서는 관계자가 모여 축하 모임을 가지는 일도 많다. 그럴 경우에는 회비를 징수하는 것이 일반적이고 안내장의 형이 된다. 그런 모임에 당사자를 초대하는 것은 초대장이 되지만 그것에 대해서는 나중에 나오게 되는 「회합에 초대할 경우」를 참조하기 바란다.

예문 2 병 완쾌를 축하하여

拝啓 若葉もすがすがしいこのごろ, 皆様にはいよいよご清祥の ことと拝察いたします。
さて, 小生入院中は, ご多忙中にもかかわらず懇篤なお見舞いを賜り, またご丁寧にもご恵増にあずかり, ご芳

情の程，心から御礼申し上げます。一時は生死の境をさまよい，いろいろご心配をお掛けいたしましたが，ようやく治療の功も現れ，退院後も経過良好にて旧に復するに至りましたこと，ひとえに皆様方のおかげと感謝しております。
ついては形ばかりの小宴を営み，日ごろのご厚情にお報いいたく，まことに恐縮とは存じますが，来る五月十五日(土)午後六時ごろまでに，拙宅へお越しいただければ幸いと存じます。
時節柄，ご自愛の程，お祈り申し上げます。
まずは，とりあえずご報告かたがた，ご案内申し上げます。
敬具

○뜻……새잎의 푸른 빛도 산뜻한 이즈음, 여러분께서는 더욱더 건승하실 것으로 배찰합니다.

그리고, 소생 입원중 바쁘신 가운데도 불구하고, 돈후한 문안을 해주시고, 또 정성스러운 혜증을 받아 방정하심에 진심으로 감사 말씀 드립니다. 한때는 생사의 기로를 헤매 여러 가지로 걱정을 끼쳤습니다만 치료의 효과도 있어 퇴원 후에도 경과가 양호해서 옛날로 돌아갈 수 있는 데 대하여, 오로지 여러분들의 덕분으로 알고 감사하고 있습니다. 따라서, 변변치 않은 소연을 열어 평소의 후의에 보답하고자 하오니, 참으로 송구스럽지만 오는 5월 15일(토) 오후 6시쯤 누옥으로 왕림해 주시면 다행이겠습니다.

때가 때인 만큼, 몸조심하시기 비는 바입니다.

이상, 우선 보고를 겸해 안내 말씀 아룁니다. 경구

○새 낱말……生死の境(생사의 기로) さまよう(헤매다) 功も現れ(공도 나타나, 효과가 있어) 旧に復する(옛으로 돌아가다) 形ばかり(모양뿐인, 변변치 않은) 報いる(보답하다)

◉비슷한 말과 구 …… 一時は重症にて 心配もいたしましたが，おかげさまにて病勢も日ごとに衰え，昨日退院いたしました(한때는 중병으로 걱정했습니다만, 덕분에 병세도 나날이 좋아져 어제 퇴원했습니다) 薬石の効もむなしからず旧に復しましたので，ご休心くださるよう，お願い申し上げます(약석의 보람이 헛되지 않아 옛으로 돌아왔으니 방념해 주시기 부탁 말씀 드립니다) なお，本復祝いのおしるしまでに粗酒など差し上げたいと存じますので(또한, 완쾌 축하의 표시로 박주 등 대접하려고 생각하니)

예문 3 자택 신축 피로연에

拝啓 秋冷の候，いよいよご清祥の段，お喜び申し上げます。日ごろは何かとお世話になっておりますこと, 心から御礼申し上げます。
さて，かねて新築工事中の小宅，おかげさまにてこのほどようやく完成のうえ，先日無事移転いたしました。
ついては，種々ご高評を承りたく，かたがた粗酒など差し上げたいと存じます。ご多忙のところかえってご迷惑かと存じますが，来る十月二十四日(日)午後四時ごろまでにご来光くださるよう，お願い申し上げます。
なお，小宅は総武線四街道駅前より京成バスにて十五分，旭農協前下車がご便利かと存じます。
まずは，とりあえずご案内申し上げます。敬具

○**뜻** …… 근계 추랭지절, 더욱더 건승하신 점 축하하는 바입니다. 평소에 여러 가지로 신세지고 있는 데 대하여 진심으로 감사 말씀드립니다.

그리고, 전부터 신축공사중인 누옥, 덕분에 최근에 마침내 완성되어, 최근 무사히 이전했습니다. 그래서, 여러 가지로 고평을 듣고자 하오며 겸하여 박주 등을 대접하려고 합니다. 바쁘신 가운데 도리어 귀찮을지 모르겠습니다만, 오는 10월 24일(일) 오후 4시경까지 왕림해 주시기 부탁 말씀 드립니다.

또한, 누옥은 総武선 四街道 역전에서 京成 버스로 15분, 旭 농협 앞 하차가 편리할 줄로 압니다.

이상, 우선 안내 말씀 아룁니다. 경구

○**새 낱말** …… かえって(도리어) ご迷惑かと存じます(귀찮을 줄로 압니다) 来光(왕림)

○**비슷한 말과 구** …… かねて社宅よりの脱出を図るために新築中の拙宅, このほどようやく完工のうえ数日前に引き移りました(전부터 사택에서의 탈출을 꾀하기 위해 신축중이던 누옥, 최근에야 겨우 준공되고 며칠 전에 이사했습니다)   日ごろ手狭を嘆いておりましたこととて物色中のところ, このほどようやく手ごろな家が見付かり, 居を移すことと相成りました(평소에 비좁음을 개탄했던 일로 물색중이던 바, 최근에야 겨우 알맞은 집을 찾게 되어 거처를 옮기게 되었습니다)

(3) 결혼식과 피로연에

인생의 중대한 행사에 결혼식이 있다. 결혼식을 거행하자면 거기에 참석해 주도록 하기 위해 초대장을 보낸다. 단, 일반적으로는 결혼식에 초청한 참석자를 그 뒤의 결혼 피로연에서도 모시게 된다. 따라서 결혼식의 초대장은 결혼 피로연 초대장의 첨서로 하거나 별지(別紙)를 넣는 형으로 해도 된다.

결혼식 또는 결혼 피로연의 초대장 내용은 언제, 누구와 누가 결혼한다는 것이 중심이 된다. 피로연의 경우에는 변변하지 않은 피로연을 베풀고자 하니 참석을 바란다고 한다. 보내는 사람은 신랑과 신부 아버지의 연명이 전통적인 형이다. 아버지가 없을 때에는 어머니, 부모 모두가 없을 경우에는 부모 대신 친척이 된다. 또, 요즈음은 당사자 두 사람의 연명으로 보내는 일도 행하여지고 있다. 날짜는 「一九八九年十月吉日(1989년 10월 길일)」이라는 형으로 한다.

그런 종류의 초대장도 답신을 받아야 할 필요가 있기 때문에 왕복엽서가 어떨까 하는 생각도 하게 되지만, 엽서는 약식이 되어 바람직하지 않다. 일반적으로는 엽서 크기의 카드에 인쇄하거나, 붓으로 써서 두루마리에 인쇄한다. 카드의 경우에는 테를 적색이나 금빛으로 하기도 하고 경사스러운 무늬를 드러나게 한다. 그리고 답신용의 엽서와 함께 봉투에 넣어 봉하는 글자는 「寿(수)」를 사용한다.

예문 4 결혼식에 초대할 경우

謹啓 秋冷の候ますますご清栄の趣，度賀の至りに存じます。
さて，このたび長谷川俊男氏ご夫妻のご媒酌により
　　　　　茂男 長男 義雄
　　　　　陽一 次女 君子
との婚約相調い，十一月五日(土)午後三時より，東京会舘にて，結婚式を挙行いたすことと相成りました。
ついては，万障お繰り合わせのうえご列席の栄を賜りたく，

伏してお願い申し上げます。
まずは右，ご案内申上げます。敬白
一九八九年十月吉日
小西 茂雄
高橋 陽一
竹内 三吉様
御令室様
ご都合の程，十月十五日までにご一報くださるよう，
お願い申し上げます。

○뜻 …… 근계 추랭지절, 더욱더 건승하신 점 경축하는 바입니다. 그리고, 이번 長谷川俊男 씨 부처의 중매에 의해

茂雄 장남 義雄

陽一 차녀 君子

와의 약혼이 이루어져, 11월 5일(토) 오후 3시부터 東京회관에서 결혼식을 거행하기로 되었습니다. 만사를 제쳐놓고 왕림해 주시기 삼가 부탁 말씀 드립니다. 이상, 우선 안내 말씀 아룁니다. 경백

    1989년 10월 길일

小西 茂雄

高橋 陽一

竹内 三吉님
   동 영부인

형편이 어떠신지 10월 15일까지 기별해 주시기 부탁 말씀 드립니다.

○새 낱말 …… 媒酌(중매) 婚約相調い(약혼이 이루어져) 万障お繰り合わせのうえ(만사를 제쳐놓고) 列席の栄を賜りたく(참석의 광영을 주시기, 왕림해 주시기)

●비슷한 말과 구······ 私(わたくし)ども兩人(りょうにん)は, それぞれ兩親(りょうしん)の許可(きょか)を得て交際中(こうさいちゅう)のところ, このたび吉日(きちじつ)を選(えら)び, 挙式(きょしき)の運(はこ)びとなりました(우리 두 사람은 각각 부모님의 허가를 받고 교제중이던 바, 이번 길일을 택해 결혼식을 올리게 되었습니다) 私(わたくし)ども二人(ふたり)はかねて神(かみ)のお導(みちび)きにより親(した)しく交際(こうさい)しておりましたが, このたび〇〇〇牧師(ぼくし)ご夫妻(ふさい)のお仲立(なかだ)ちにて, 結婚(けっこん)の運(はこ)びとなりました(우리 두 사람은 진작 신의 인도에 의해 가깝게 교제하고 있었습니다만, 이번 〇〇〇목사님 내외분의 중매에 의해 결혼하게 되었습니다)

(4) 회합에 초대할 경우

동창회에 은사를 모시거나 망년회에 상사(上司)를 모시는 경우에도 초대장이 필요하다. 송별회, 축하회 등에는 주빈을 모시지 않으면 안 된다. 추도회 같으면 유족들을 모시게 된다. 행사, 모임, 연예, 전시회 등도 입장권을 동봉하는 형이 되면 초대장이다.

그런 종류의 초대장은 초대의 취지를 명확히 할 필요가 있다. 그리고, 정중한 표현으로 꼭 오시기를 바란다는 형으로 한다. 단, 회합을 성립시키기 위해서는 필요한 주빈이 빠지는 일이 없도록 한다. 그럴 경우에는 사전에 형편을 묻고 다시 정식 초대장을 보내도록 한다.

또한, 초대장인 이상 일시와 장소를 명기하는 것은 당연한 일이다. 그밖에 특별한 내빈을 위해서는 송영(送迎)하는 방법도 문제가 되며, 때로는 간사의 한 사람이 맞으러 가는 정중함이 있어야만 한다. 그럴 경우에는 추신의 형으로 그 취지를 덧붙여 적는 것이 일반적이다.

예문 5 축하회에 주빈을 초대할 경우

謹啓　秋冷のみぎり，先生にはますますご清祥のことと，心からお喜び申し上げます。
　さて，先生にはこのたび米寿をお迎えの趣，まことにおめでとうございます。ついては，私ども有志相寄り，来る十一月三日に祝賀を催してご長寿をお祝いいたしたく，ここにご案内申し上げます。何とぞ私どもの微意をおくみ取りのうえ，ご令室様共々まげてご光臨の程，伏してお願い申し上げます。
　なお，当日は幹事○○○が午後四時ごろにお迎えに上がり，会場都ホテルまでご案内いたしますので，お含みの程，併せてお願い申し上げます。
　まずは，謹んでご案内申し上げます。敬白

○뜻 …… 근계 추랭지절, 선생님께서는 더욱더 건승하시는 줄로 알아 진심으로 축하하는 바입니다.

　그리고, 선생님께서는 이번이 미수라 하시니 참으로 축하드립니다. 그래서 저희들 유지가 모여 오는 11월 3일에 축하회를 열어 장수를 축하하고자 이에 안내 말씀 올립니다. 부디 저희들의 작은 뜻을 헤아려 주시고, 영부인과 같이 부디 왕림해 주시기 삼가 부탁 말씀 올립니다.

　또한, 당일은 간사 ○○○이 오후 4시경에 맞으러 가서 회장 都 호텔까지 안내하오니 유념해 주시기 아울러 부탁 말씀 올립니다.

　이상, 삼가 안내 말씀 올립니다. 경백

○새 낱말 …… 清祥(건승함)　相寄り(모여)　おくみ取りのうえ(헤아

리시고) 共々(같이, 함께) まげて(부디) お含みの程(유념해 주시기)
● 비슷한 말과 구 …… 先生には, このたび交換研究員として米国ハーバード大学へご赴任とのこと, 心からお喜び申し上げます(선생님께서는 이번 교환 연구원으로서 미국 하버드 대학으로 부임하신다니 진심으로 축하하는 바입니다) ついては, 門弟相寄り前途をご祝福したく, ここにご歓送の宴を催すことと相成りました(그래서 문하생이 모여 전도를 축복하고자 이에 환송연을 열기로 하였습니다)

3. 의무가 부여되는 소집장

(1) 회의를 개최할 경우

회의를 열 경우에는 그 구성원은 출석의 의무가 있다. 총회, 임원회 등이 그 경우이다.
그런 종류의 소집장은 편지의 형으로 하지 않고 표제를 붙인 문서 형식으로 해도 된다. 어쨌든 간에 회의의 명칭, 일시, 장소가 중심이 된다. 그리고, 그 회의에 내놓은 의안에 대해서도 언급하는 것이 일반적이다. 특별히 중요한 회의일 경우에는 그 취지를 덧붙여 적고 정족수가 필요할 때에는 그 점에 대한 주의도 덧붙이게 된다. 또, 부득이 결석할 시에 위임장의 제출 같은 것을 원할 경우에는 그 서식 및 기타의 것을 동봉하는 것이 일반적이다.
회의의 소집장을 발송하는 사람은 정관에 따라서 회장이나 이사장의 직함을 가진 개인의 이름이 된다. 유지가 모여서 준비회를 가질 경우에는 발기인의 연명이라는 것도 있다. 수신인명은 자격이 있는 개인명을 써야 하지만 회원 각위, 조합원 각위, 이사 각위, 거주자 (居住者) 각위 등으로 해도 무방하다.

예문 1 임원회의 개최에 있어서

第十二回理事会開催について(通知)
標記のことについて下記のとおり開催いたしますので, ご出席のうえご審議ご議決を賜りますよう, 規定に従いご通知申し上げます。
　　　　　記
一. 日時　一九八九年四月十七日(土) 午後五時より
一. 場所　城南団地三号棟二〇四号室(中村)
一. 議案　(1) 一九八八年度事業報告および決算の件
　　　　　(2) 一九八八年度事業計画および予算の件
　　　　　(3) 役員改選の件
なお, やむをえずご欠席の場合には, 委任狀をお送りくださるよう, お願い申し上げます。
　　　　　　　　　　以上

○뜻 …… 제12회 이사회 개최에 관하여(통지). 표기의 사항에 관해 하기와 같이 개최하오니 출석하여 심의, 의결을 해 주시기를 규정에 따라서 통지드립니다.
 1. 일시　1989년 4월 17일(토) 오후 5시부터
 1. 장소　城南단지 3호 204호실(中村)

1. 의안　(1) 1988년도 사업 보고 및 결산의 건
　　　　(2) 1989년도 사업 계획 및 예산의 건
　　　　(3) 임원 개선의 건

또한 하는 수 없이 결석할 경우에는 위임장을 보내 주시기 부탁드립니다. 이상

●새 낱말…… 役員会(임원회)に從い(…에 따라) および(및)

●비슷한 말과 구…… さて，定款により会員総会を開催し，別記の事項を付儀いたしたいと存じますので，お繰り合わせのうえご出席くだ さるよう，お願い申し上げます(그리고 정관에 의해 회원 총회를 개최하여 별기의 사항을 부의코자 하오니, 기회를 만들어 출석해 주시기 부탁드립니다) さて，懸案になっておりました下記の件につき，愼重に協儀決定いたしたいと存じますので，ご多用中恐縮に存じますが，ご来場の程，お願い申し上げます(그리고, 현안이 되어 있었던 하기의 건에 관해 신중히 협의 결정하고 싶으니, 다망하신 중 송구스럽지만 내장(来場)해 주시기 부탁드립니다)

(2) 필요한 서류의 작성 등

꼭 와 주지 않으면 곤란한 것에 필요한 서류의 작성이 있다. 예를 들어, 부동산을 매매함에 있어서 계약할 경우에는 쌍방의 당사자가 서로 만나 계약서를 작성하지 않으면 안 된다. 그럴 경우의 안내도 소집장이 되는 셈이다.

부동산의 매매에 있어서는 계약서의 작성뿐만 아니라 측량의 입회, 현상(現狀) 확인, 매매 등기, 계약금 대금의 주고받기 등 여러 가지 경우가 있다. 어느 것도 일시, 장소를 정하고 거기에 관계자가 모여 그 목적을 이루도록 하지 않으면 안 된다. 부득이 대리인이 가게 될

경우의 위임장도 정식의 것을 작성하지 않으면 쓸모가 없게 된다.

또한, 그런 소집장이 필요할 경우로는 손해 배상의 결정이나 화해의 경우도 있다. 또 유산 상속, 이혼 등의 경우도 있다. 특히 법률 관계가 문제될 경우에는 사법 서사나 변호사에게 의뢰해 소집장, 위임장을 작성해 받도록 해야만 한다.

예문 2 부동산 매매 계약서의 작성

拝啓 向暑のみぎり，ますますご祥福のご様子，慶賀の至りに存じます。
さて，かねてご交渉の進んでおります大宮市大和田の土地および家屋売買に関する件，来る六月二十六日(土)に売買契約書を作成いたしたいと存じます。ついては，ご実印ご持参のうえ，当日午後三時までに拙宅までお越しいただきたく，ここにご案内申し上げます。
なお，当日売買手付金として金参百万円をご用意くださるよう，お願い申し上げます。
右，ここに ご案内申し上げます。敬具

○뜻 …… 근계 날씨가 점점 더워지는 때, 더욱더 상복(祥福)하신 점 경축하는 바입니다.

그리고, 전부터 교섭이 진행되고 있는 大宮市大和田의 땅 및 가옥 매매에 관한 건, 오는 6월 26일(토)에 매매 계약서를 작성하고자 합니다. 따라서, 인감 도장을 지참하시고 당일 오후 3시까지 누옥까지 왕림하시기 이에 안내 말씀 드립니다. 또한 당일 매매 계약금으로 일금 3백만엔을 준비해 주시기 부탁드립니다.

이상, 이에 안내 말씀 아룁니다. 경구

●새 낱말 …… 向暑のみぎり(향서지절, 날씨가 점점 더워지는 때) 実印(실인, 인감 도장) 手付金(계약금, 착수금) 用意くださるよう(준비해 주시기)

●비슷한 말과 구 …… 所有権移転登記をいたしたいと存しますので, 澁谷登記所·原田司法書士事務所までお越しくださるよう, お願い申し上げます(소유권 이전 등기를 하고자 하오니 澁谷 등기소·原田 사법서사 사무소까지 왕림해 주시기 부탁 말씀 드립니다) なお, 当日は印鑑および住民票(一通) ならびに残金八百万円をご持参相成りたく, 右, 念のため申し添えます(또한, 당일은 인감 및 주민 등록표 (한 통) 및 잔금 8백만엔을 지참해 주시기 이상, 만약을 위해 곁들여 말씀 드립니다)

(3) 호출할 경우

권한을 가지고 특정인을 불러 내는 호출장도 내방을 의무화시키는 점에서 소집장의 한 가지이다.

시골로 귀향한 채 돌아오지 않는 가정부의 호출은 본인에게 직접하게 된다. 방탕한 가정부에 대해서는 보증인을 호출하여 사정을 설명하기도 한다. 요즈음은 무슨 문제가 생겼을 때, 이쪽에서 상대편으로 가는 것이 아니라 상대편의 책임자를 호출하는 일도 있다. 그럴 경우에도 이런 종류의 호출장이 필요하다.

호출장의 특색은 호출하는 쪽이 우위에 서고, 호출을 당하는 쪽이 하위에 선다는 것이다. 그 때문에 말투도 함부로 하기 쉬운 데 그것은 바람직하지 않다. 일반 편지에서는 예의를 중시하고, 정중히 쓰는 것을 명심할 필요가 있다. 그리고 우선 호출하는 이유를 쓰지 않으면 안 된다. 그런 다음 일시와 장소를 쓴다. 동반자가 필요할 경우, 특정한 것을 지참해 주기 바랄 경우 등 그것에 언급하는 것도 당연하다.

예문 3 방탕하기 때문에 보증인을

拝啓 陽春の候，皆様にはますますご清祥のことと拝察いたします。
さて，このたびお手紙を差し上げるのは，そちら様にて保証人となっておられる，田中春江様のことについてでございます。去る四月以来まじめにご勤務いただいておりますこと，感謝この上もございません。しかるところ，最近不審なことこれあり，ぜひ一度ご相談いたしたいと存じます。ついては，近日中に拙宅まで，ご来車いただきたく，ご都合の日時ご連絡くださるよう，お願い申し上げます。
気候不順の折から一層のご自愛，心からお祈り申し上げます。
まず，取り急ぎご連絡申し上げます。敬具

◯뜻 …… 근계 양춘지절, 여러분께서는 더욱더 건승하실 줄로 배찰합니다.

그리고, 이번 편지를 보내는 것은 귀하가 보증인이 되어 있는 田中春江에 관해서인 것입니다. 지난 4월 이후 성실히 근무해 준 데 대하여 더없이 감사하고 있습니다. 그렇지만, 최근 미심쩍은 일이 있어 꼭 한 번 의논하고자 합니다. 그러니, 근일중에 누옥까지 왕림해 주시기 바라며, 형편이 좋은 일시를 연락해 주시기 부탁드립니다.

날씨가 불순한 때 더 한층 몸조심하시기 진심으로 비는 바입니다.
　이상, 우선 연락 말씀 아룁니다. 경구
　　●새 낱말 …… まじめに(착실히, 성실히) 感謝この上もございません(더없이 감사하고 있습니다) ご来車(왕림)
　　●비슷한 말과 구 …… ご子息滿様の行動についてお話し申し上げたく、保護者の方のご来訪、お待ちいたします(아드님 滿의 행동에 관해 말씀드리고자 하오니, 보호자되시는 분의 내방을 고대하고 있겠습니다)

4. 출결의 답신에 대하여

(1) 출결 답신용의 엽서

　안내장 등에서 왕복 엽서를 사용할 경우에는 그 답신용의 부분이 출결의 답신이 된다. 초대장 등에서 봉함 편지를 사용할 경우에는 관제 엽서를 동봉하거나 사제(私製) 엽서에 우표를 붙여 동봉한다. 왕복 엽서보다도 답신용의 엽서를 동봉하는 것이 더 정중하다는 것은 앞에서도 언급한 대로이다.
　많이 발송할 경우에는 답신용의 엽서에 「ご出席(출석)」「ご欠席(결석)」 등의 글자를 인쇄해 놓는다. 특정인에게만 보낼 경우도 그런 글자를 펜으로 써 놓으면 상대측으로는 답신이 용이하다. 아무것도 씌어 있지 않은 엽서를 사용할 때도 있으나, 그럴 경우에는 편지 형

식의 답신을 해야 하고, 그만큼 부담을 느끼는 사람도 많기 때문이다.

또한, 뒷면을 인쇄할 경우에는 겉면 쓰기도 인쇄해 놓는다. 인쇄하지 않을 경우에는 펜 글씨로 쓴다. 발신용의 고무 도장을 찍는 것은 약식이다. 그리고 어느 경우에도 받는 쪽의 주소, 수신인명을 「(行)」로 해 놓는다는 것도 앞에서 언급한 바와 같다.

예문 1 출결의 답신용 엽서

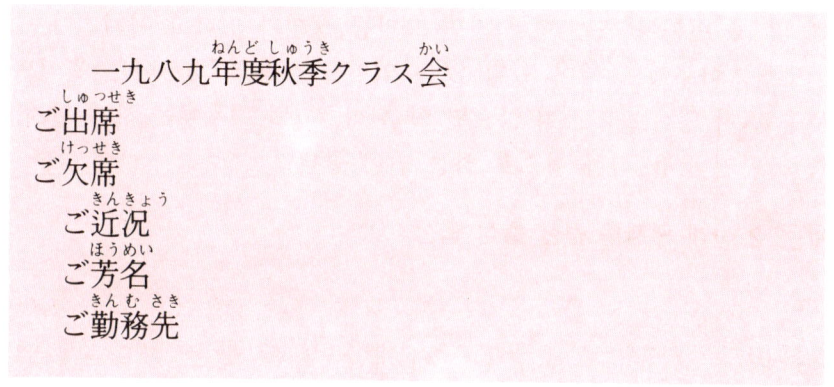

○**뜻** …… 1989년도 추계. 동창회. 출석. 결석. 근황. 존함. 근무처

○**새 낱말** …… 芳名(존함) 勤務先(근무처)

○**비슷한 말과 구** …… 御出席(출석) 御欠席(결석) 御住所(주 소) 御芳名(존함) ご人数(인원) お電話(전화) ご職業(직업) ご家族(가족) ご連絡先(연락처) ご要望事項(요망 사항)

(2) 출석을 승낙할 경우

안내장 등을 받고 출석의 답신을 할 경우는 반신용 엽서의 「ご

出席(출석)」에 동그라미를 치고「ご」를 사선(斜線)으로 지운다. 동시에「ご欠席(결석)」의 글자를 사선으로 지운다. 그러나, 그것만으로는 상냥하지 못하므로 뭔가 덧붙여 쓰는 것이 일반적이다.

덧붙여 쓸 경우, 가장 간단한 형은 인쇄되어 있는「出席」이라는 글자를 이용해, 그 아래에「いたします(하겠습니다)」라고 적는다.

우측에「喜んで(기꺼이)」라고 쓰고, 아래에「させていただきます(하겠습니다)」라고 하면 더 한층 정중하게 된다. 그밖에 여백을 이용해 몇 자 덧붙여 쓰는 형이 되면 그만큼 성의가 있다고 여겨진다.

또한, 아무것도 씌어 있지 않은 엽서를 이용할 경우에는 출석의 뜻을 편지 형식으로 쓰지 않으면 안 된다. 그럴 경우에는 사례 편지, 축하 편지 등을 겸한 형으로 하는 편이 좋다.

예문 2 사례 편지를 겸한 출석 답신

> 拝復このたびはご丁寧なご案内狀, ありがとうございました。厚く御礼申し上げます。
> さて, 今回は特に恩師大下先生をお招きとのこと, ぜひ出席させていただきたく, 今から楽しみにしております。
> 何とぞよろしくお願い申し上げます。
> 右, とりあえず出席ご返信まで。敬具

●뜻 …… 복계 이번 정중한 안내장 감사했습니다. 깊이 감사 말씀 드립니다.

그리고, 이번에는 특별히 은사 大下 선생님을 모신다고 하니, 꼭 출석하고자 지금부터 기대하고 있습니다. 아무쪼록 잘 부탁합니다.

이상, 우선 출석 답신 아룁니다. 경구

●새 낱말 …… お招きとのこと(모신다고 하니) 出席させていただ

きたく(출석하고자) 楽しみにしております(기대하고 있습니다)
　○비슷한 말과 구…… さて，今年も無事忘年会を迎えるに至りましたこと，ご同慶の至りに存じます。　ついては，ぜひ出席いたしたく，よろしくご配慮の程，お願い申し上げます(그리고 올해도 무난히 망년회를 맞을 수 있다고 하니 경하해 마지 않습니다. 따라서 꼭 출석하고자 하오니 좋도록 배려해 주시기 부탁 말씀 드립니다)
このたびは故山本先生のご一週忌追悼会のご案内ありがたく拝見いたしました。ぜひ出席のうえご追悼いたしたく，よろしくお願い申し上げます(이번 고(故) 산본 선생님의 1주기 추도회의 안내, 감사히 받아보았습니다. 꼭 출석하여 추도하고자 하오니 잘 부탁드립니다)

(3) 부득이 결석할 경우

　결석의 답신은 답신용 엽서에 있는「ご欠席(결석)」의「ご」를 사선으로 지우고,「欠席」에 동그라미를 치고 그 아래에「いたします(하겠습니다)」라고 쓴다. 동시에「ご出席」을 사선으로 지운다. 그것이 가장 간단한 형이다. 우측에「残念ながら(유감스럽지만)」이라고 쓰고, 아래에「させていただきます(하겠습니다)」라고 하면, 더 한층 정중하게 되는 셈이다.
　그러나, 안내장 등은 출석을 기대하고 발송하는 것이므로 결석은 기대에 어긋나는 것이 된다. 따라서, 결석의 답신은 출석의 답신보다도 정중히 쓰지 않으면 안 된다. 그러자면 부득이하게 결석한다는 형이 되게 하고, 상대측에게 납득이 가는 결석 이유를 곁들여 쓰는 것이 가장 좋다.
　아무것도 씌어 있지 않은 엽서가 동봉되어 있으면 결석의 뜻을 편지의 형식으로 한다. 그럴 때는 사례 편지를 겸해 정중히 거절한다.

축하할 경우에는 축하 편지를 겸한다. 또한 본인이 여행, 출장 등으로 부재중일 경우에는 대필하는 형으로 답신한다. 때로는 본인이 병이나 혹은 사망 때문에 본인에게 통지하는 것조차 불가능한 일도 생긴다. 그럴 경우는 대필이 되나, 축하의 답신에 그 이유를 쓰는 것은 바람직하지 않다. 「残念ながらやむを得ない理由により欠席させていただきます(유감스럽지만 부득이한 이유로 결석하겠습니다)」라고 한 뒤, 구체적인 이유를 별편으로 한다.

예문 3 사례 편지를 겸한 결석 답신

拝復 このたびは、ご丁寧なご案内狀、ありがとうございました。厚く御礼申し上げます。
さて、今回は特に恩師大下先生をお招きとのこと、何よりと存じます。しかるところ、あいにく当日は弊社内に重要な会議これあり出席いたしかねること、いかにも残念に存じます。大下先生はじめ皆様には、くれぐれもよろしくお伝えくださるよう、お願い申し上げます。
なお、小生現在は○○産業株式会社貿易部米国課に勤務しておりますので、今後ともよろしくお願い申し上げます。
右、とりあえず欠席ご返信まで。敬具

○뜻 …… 복계 이번 정중한 안내장 감사했습니다. 깊이 감사 말씀 드립니다. 그리고, 이번에는 특별히 은사 大下 선생님을 모신다니 다행으로 생각합니다. 그렇지만 공교롭게도 당일은 폐사내에 중요한 회의가 있어, 출석할 수 없게 된 데 대하여 정말 유감으로 생각합니다. 大下 선생님을 비롯한 여러분께는 아무쪼록 안부 전해 주시기

부탁드리는 바입니다.

또한, 소생은 현재 ○○ 산업 주식회사 무역부 미국과에 근무하고 있으니 앞으로도 잘 부탁합니다.

이상, 우선 결석 답신 올립니다. 경구

○**새 낱말** …… あいにく(마침, 공교롭게) いたしかねる(하지 못한다) いかにも(정말)

○**비슷한 말과 구** …… ご期待に添えずまことに恐縮とは存じますが、出席いたしかねる事情おくみ取りの程、お願い申し上げます(기대에 어긋나 정말 죄송하다고 생각하나, 출석하지 못하는 사정을 헤아려 주시기 부탁 말씀 드립니다) しかるところ、お申し越しの兩日はいずれも会儀などあり、お伺いいたしかねるかと存じます。ついては、次の機会にお譲りいただきたく、何とぞよろしくお願い申し上げます (그렇지만 전언하신 양일은 모두 회의 등이 있어 찾아뵙지 못할 것 같습니다. 그러니, 다음 기회로 미루어 주시기 아무쪼록 잘 부탁 말씀드립니다)

(4) 위임장 작성에 관하여

출석할 의무가 있는 회의 등에 결석하는 경우에는, 결석의 답신과 같이 위임장을 송부하기로 되어 있다.

위임장이라는 것은 본래 출석하여 의결권 등을 행사하는 사람 대신에 그 사람이 가진 의결권 등을 다른 사람에게 부여하는 것이며, 그 권리를 부여받은 사람이 수임자(受任者)가 된다. 그럴 경우, 회의 등에서는 위임 사항이나 수임자명을 기입하지 않은, 이른바 백지 위임장도 행하여지고 있다. 그러나 중요한 권리 행사에 있어서는 위임 사항을 명기하고 수임자명을 기입해 놓지 않으면 안 된다. 또, 정식의 법률 문서를 요할 경우 등에는 일정한 서식에 따른 정식 위임장을 작성할 필요가 있다.

예문 4 총회 불참을 할 때의 위임장

委任狀

私儀をもって代理人と定め，下記の権限を委任いたします．

一．第三回総会に出席し，議決権を行使する一切の権限　以上

一九八九年四月十五日

　　　　　　組合員 ○○ ○○㊞

○○団地管理組合理事長

　　○○ ○○殿

● **뜻** …… 위임장 나는 ○○○ 로 하여금 대리인을 삼아 하기의 권한을 위임합니다.
  1. 제3회 총회에 출석하고, 의결권을 행사하는 일체의 권한 이상
  1989년 4월 15일
  　　　　　　조합원 ○○ ○○㊞
○○ 단지 관리조합 이사장
　　　　　○○ ○○ 귀하

● **새 낱말** …… 殿(…님, 씨, 귀하)

● **비슷한 말과 구** …… 私儀, 長男○○○を持って代理人と定め ○○市○○の土地約壱百平方メートルの測量分筆に立ち合う権限を 委任いたします(나는 장남 ○○○로 하여금 ○○시 ○○의 땅 약 1백 평방미터의 측량 필지 분할에 입회하는 권한을 위임합니다) 私議, やむをえない都合により, 妻澄子を代理人として出頭させますので, よろしくお願い申し上げます(나는 부득이한 사정에 의해 아내 澄子를 대리인으로서 출두시키니 잘 부탁 말씀 드립니다)

제 4 장 축하와 위문의 편지

1. 상대방을 축복하는 축하 편지

(1) 가족과 그 성장

축하 편지 중에는 상대방의 가족에 관한 것이 있다. 자식일 경우 출산을 비롯한 돌, 입학, 졸업, 취직 등의 과정을 거쳐 어른이 된다. 그 과정에 여러 가지로 축하할 일이 있다.

내용은 그 사실을 알게 된 경로부터 시작해 축하하는 말이 중심이 된다. 그리고 그때의 감상을 덧붙여 쓴다. 그럴 경우 축하할 일로써 그것이 꼭 최고가 아닐 경우도 있다. 예를 들어 사내아이를 기대하다가 여자아이가 태어났을 경우, 제1 지망의 학교나 회사에 들어가지 못했을 경우 등이 그것이다. 그러나, 그럴 경우에는 위로의 말을 쓰면 안 된다. 그런 것에는 일체 언급하지 않고 진심으로 축하하는 형으로 쓰는 것이 그런 종류의 축하 편지이다.

그런데, 그런 종류의 축하 편지에 대해서는 한 가지 특별히 주의해야 할 일이 있다. 그것은 상대방의 가족과 그 성장에 관한 사항에까지 개입하는 것은 여간 친한 사이가 아니면 안 된다는 것이다. 대체로 친척이나 그것에 준한 교제 관계를 유지하는 범위이다. 따라서, 그런 종류의 축하할 일에 너무 깊이 개입하게 되면, 도리어 상대가 귀찮아 하는 생각을 갖게 되는 때도 있으므로 그런 점에서 분수를 알아야 할 필요가 있다.

예문 1 졸업과 취직을 축하

拝復 ご丁重なご通知，ありがたく拝見いたしました。ご壯健にてご成長の趣，何よりと存じます。
さて，承れば，〇〇大学文学部をご卒業のうえ〇〇産業出版株式会社にご就職とのこと，本当におめでとうございます。今日の深刻な不況下に首尾よく職を得られましたこと，ご兩親様はじめ皆様のお喜びもさぞやと拝察いたします。何とぞ十分ご自愛のうえ，着々とご栄達の程，心からお祈り申し上げます。ついては，別送の品まことに粗末ではございますが，お祝いのおしるしまでにお納めくださるよう，お願い申し上げます。生活のご環境も変わるゆえ，一層ご自愛，切にお祈り申し上げます。
ご兩親へもよろしくご伝言くださるよう，お願い申し上げます。
右，とりあえずお喜びまで。敬具

◉뜻 …… 복계 정중한 통지 감사히 잘 받아보았습니다. 건강하게 성장하신다니 다행으로 압니다.

그리고, 전해 들은 바로는 ○○대학 문학부를 졸업하고, ○○산업 출판 주식회사에 취직했다니 정말 축하합니다. 오늘날의 심각한 불황하(不況下)에 성공적으로 직장을 가진 데 대하여, 부모님을 비롯한 여러분도 틀림없이 기뻐했을 것으로 배찰합니다. 아무쪼록 충분히 몸조심하시고, 착착 영달하시기 진심으로 비는 바입니다. 따라서 별송한 물건 참으로 변변치 못한 것이지만, 축하의 표시로 받아 주시기 부탁드립니다. 생활의 환경도 바뀌는 것이니 더 한층의 몸조심 간절히 비는 바입니다. 부모님께도 안부 전해 주시기 부탁 말씀 드립니다.

이상, 우선 축하 말씀 드립니다. 경구

◉새 낱말 …… 首尾よく(성공적으로, 순조롭게) 職を得る(직업을 가지다) さぞや(틀림없이, 아마도) 着々(착착) 粗末(변변치 않음, 허술함) 納める(받다)

◉비슷한 말과 구 …… 多年ご志望の○○大学ご入学の由(다년간 지망하던 ○○대학에 입학하셨다니) 無事難関を突破されて大学へご進学の趣(무난히 난관을 돌파하고 대학에 진학하셨다니) ご本人はもとよりご両親様のお喜び、いかばかりかとお察し申し上げます(본인은 말할 것도 없고 양친의 기쁨은 얼마나 할까 하고 짐작이 갑니다)

(2) 결혼에 대하여

경사 중 가장 큰 것의 하나에 결혼이 있고 당연히 축하 편지를 쓰게 된다. 일반적으로는 결혼식 초대장을 받은 단계에서 쓴다. 초대되지 않았을 경우에는 결혼 인사장을 받고 나서 쓰는 것이 좋다.

내용은 결혼을 축하한다는 형이고 진심으로 축하하는 것이 중심이 된다. 그것에 초대장, 통지 편지를 받았을 때의 감상이나 격려의 말 등을 곁들인다. 축하 선물을 보낼 경우에는 그것에도 언급해서 쓴다.

또한, 결혼에 대해서는 길흉에 신경을 쓰는 사람도 있으니 축하 편지에도 용어의 제한이 있다. 요컨대 사용해서는 안 되는 말, 이른바 꺼리는 말에 조심하지 않으면 안 된다. 예를 들어 「去る十月二日(지난 10월 2일)」라는 말투가 아주 일반적으로 쓰이고 있지만,「去る(떠나다)」라는 말은 꺼리는 말이다. 그밖에 「返す(갚다, 돌려주다), 戻る(돌아오다, 돌아가다), 別れる(헤어지다, 이별하다), 離れる(떨어지다, 떠나다), 追う(쫓다, 추방하다), 出(나가다), 去る(보내다, 내다), 破る(찢다, 깨뜨리다), 終わる(끝나다)」 등의 말도 사용해서는 안 된다. 「返, 帰, 別」 등을 포함한 숙어 「返信(반신, 답신), 返却(반환)」 「帰郷(귀경), 帰宅(귀가)」 「別便(별편), 格別(각별)」 등도 삼간다.

그러나, 지나치게 용어에 제한받으면 자유로운 표현을 할 수 없게 된다. 거의 다 쓴 뒤에 일단 검토해 보아 불길한 연상이 따르지 않도록 유념해야 한다.

예문 2 멀지 않아 결혼하는 사람(여자)에게

拝啓　日増しに暖かさを加えるこのごろ，いよいよご清祥のこととお喜び申し上げます。
　さて，承りますれば，このたびそちら様には想思の方を得られて近くご結婚の挙式を迎えられるとのこと，本当におめでとうございます。そちら様を今日までお育てなされたご母堂様のご満足いかばかりかと拝察し，心からお祝い申し上げます。ついては，心ばかりの品ではござ

いますが，デパートから届けさせましたので，お祝いのおしるしにお納めくださるよう，お願い申し上げます。
ご母堂様にもよろしくお伝えの程，併せてお願い申し上げます。
挙式まで幾ばくもない今日，ご多忙この上もないものと存じ ご自愛のご専一，お祈り申し上げます。
右，ご婚儀，心からお祝い申し上げます。敬具

○뜻 …… 근계 나날이 따뜻함을 더해 가는 이즈음, 더욱더 건승하실 줄로 알아 축하하는 바입니다.

그리고, 전해 들은 바로는 이번 귀형께서는 서로 사랑하는 사람을 얻고 멀지 않아 결혼식을 맞게 되신다니 정말 축하드립니다. 귀형을 오늘날까지 기르신 자당님의 만족은 얼마나 할까 하고 배찰해 진심으로 축하드립니다. 그래서, 변변치 못한 물건이기는 합니다만, 백화점에서 배달시켰으니 축하의 표시로 받아 주시기 부탁드립니다. 자당님께도 안부 전해 주시기 아울러 부탁드립니다.

거식까지 얼마 남지 않은 오늘, 더없이 바쁘실 것으로 알아 몸조심에 전념하시기 비는 바입니다.

이상, 결혼식을 진심으로 축하드립니다. 경구

○새 낱말 …… 想思の方(서로 사랑하는 사람) 近く(멀지 않아, 곧) 結婚の挙式(결혼의 거식, 결혼식) 迎える(맞다) 育てる(기르다, 양육하다) 心ばかり(변변치 못한) 幾ばくない(얼마 남지 않다)

○비슷한 말과 구…… ご新婦様にはご容姿，お人柄ひときわ優れたお方と伺い，この上なきご好偶とご祝福申し上げます(신부께서는 용자, 인품이 한결 뛰어난 분이라는 말을 듣고, 더없이 좋은 배필이라고 축복드리는 바입니다) ご令嬢には才色ご兼備のお方とのこと，まことにご良配を迎えられ慶賀至極に存じます(영양께서는 재색을

겸비한 분이라고 하니, 참으로 좋은 배필을 맞으셔서 축하해 마지 않습니다) ご新郎様(しんろうさま)には俊秀(しゅんしゅう)の誉(ほま)れ高(たか)く、お家柄(いえがら)も申(もう)し分(ぶん)ない由(よし)、まことにご良縁(りょうえん)と拝察(はいさつ)いたします(신랑께서는 준재의 명성이 자자하고, 집안도 나무랄 데 없다니, 참으로 좋은 연분으로 배찰합니다)

(3) 행운을 맞았을 경우

인생에는 행운이 따르는 그런 사태로 전개되는 일이 여러 가지가 있다. 영전, 당선, 수장(受章), 수상 등도 그러한 행운이다. 병 완쾌나 하수(賀壽)도 있고, 은혼식과 금혼식 등도 그것이다.

그런 종류의 행운에 대해서는 당연한 일이지만 축하 편지를 보내게 된다. 전임 인사의 편지를 받았을 경우 그것이 분명한 영전이면 답신은 영전 축하로서 보낸다. 병 완쾌, 하수 등을 인사 편지, 초대장의 형으로 받았을 경우도 마찬가지이다. 당선, 수장, 수상 등은 신문이나 텔레비전을 통해 알게 되는 때도 많다. 그럴 경우에는 전해 들은 경로를 밝히고 축하 편지를 보낸다.

어쨌든 간에, 축하 편지이면 축하하는 말을 주로 삼고 지금까지의 노고를 치하하게 된다. 그리고, 더 한층의 많은 행운을 비는 것과 동시에 앞으로도 아무쪼록 잘 부탁한다는 형으로 한다. 축하 선물 같은 것을 보낼 경우에는 그것에도 언급하는 것은 더 말할 나위도 없다.

예문 3 친지의 영전 축하

拝復(はいふく) ご丁重(ていちょう)なごあいさつ狀(じょう)、ありがたく拝見(はいけん)いたしました。久(ひさ)しくご無音(ぶいん)に打(う)ち過(す)ぎましたこと、お許(ゆる)しくださる

よう，お願い申し上げます。
　さて，承れば，大阪支店長にご栄進の趣，ご令室様もさぞお喜びのことと拝察いたします。これひとえに多年ご精励のたまものに相違これなく，心からお祝い申し上げます。ついては，今後とも業界のために一層ご活躍のうえ，便に一段とご面目を発揮されるよう心からお祈り申し上げます。
　ご令室様にも何とぞよろしくご伝言の程，お願い申し上げます。
　まずは，ご栄転のお祝い申し上げます。敬具

○뜻 …… 복계 정중한 인사 편지 감사히 잘 받아보았습니다. 오랫동안 소식드리지 못한 데 대하여 용서해 주시기 부탁 올립니다.

그리고, 전해 들은 바로는 大阪 지점장으로 영전하셨다니, 영부인께서도 틀림없이 기뻐하실 것으로 배찰합니다. 이것은 오로지 다년간 힘쓴 덕택이 틀림없으며, 진심으로 축하하는 바입니다. 그러니, 앞으로도 업계를 위해 더 한층 활약하셔서 다시 더 한층의 면목을 발휘하시기 진심으로 빌어 마지 않습니다. 영부인께도 부디 안부 말씀 전해 주시기 부탁 올립니다.

이상, 영전의 축하 말씀 아룁니다. 경구

○새 낱말 …… ご無音に打ち過ぎましたこと(소식 드리지 못한 데 대하여) お許しくださるよう(용서해 주시기) ご令室様(영부인) これひとえに(이것은 오로지) 精励(정려, 힘씀) たまもの(보람, 덕택) 相違これなく(틀림없으며) のために(위하여)

○비슷한 말과 구 …… 承れば, このたび工場長にご栄転の由, 慶賀の至りに存じます(전해 들은 바로는, 이번 공장장으로 영전하셨다니

경축하는 바입니다) 局長にご榮進の趣, 新聞にて拜承し, 衷心より
お喜び申し上げます(국장으로 영진하셨음을 신문에서 알고, 충심으
로 축하하는 바입니다)

(4) 신축·개업 등의 축하

축하 편지는 사람에 관계되는 것뿐만 아니라 신축이나 개업 등에도 할 수 있다. 자기 집을 짓는다는 것은 무엇보다도 더한 큰 사업이다. 그런 것들에 대해 축하하는 것이 그런 종류의 축하 편지이다.

평소에 왕래하고 있으면 신축이나 개업 사실 자체를 알 수 있다. 그렇지 못하면, 피로연 초대나 개업 안내에 의해 그것을 알게 된다. 이사 통지를 받았을 경우도 그것이 자택의 신축이면 신축을 축하하는 형으로 한다.

그런데, 그런 종류의 축하 편지의 내용은 신축인 경우에는 신축을 축하하고 그때의 감상, 한 번 찾아뵙고 싶다는 것 등을 쓰게 된다. 개업인 경우에는 개업의 축하와 그때의 감상, 번영을 확신한다는 것 등의 내용을 쓰게 된다. 다만, 신축 축하에「火(불)」「煙(연기)」「燃える(불타다)」「朽ちる(썩다)」등의 말을 사용해서는 안 된다. 개업 축하에도「散る(흩어지다)」「枯れる(시들다, 마르다)」「乱れる(흐트러지다, 뒤숭숭해지다)」「苦しむ(시달리다, 고민하다, 애먹다)」등은 꺼리는 말이다. 그밖에 불길한 연상이 따르는 표현을 삼가는 것이 당연하다.

예문 4 새 점포 낙성을 축하

拜復 ご丁重なご通知, 正に拜受いたしました。平素はご

ぶさたばかりしておりますこと，深くおわび申し上げます。
　さて，承れば，近代的新店舗ご落成のうえ早速ご移転とのこと，まことにおめでとうございます。顧みれば，ご開業も二年ほど前かと存じますが，早くも好個の適地にご進出の趣まことに顕著なご発展と，深くお喜び申し上げます。新装成った店舗に移られた以上は，更に一段とご繁盛の程，心からお祈り申し上げます。
　右，書中にてご祝詞申し上げます。敬具

○뜻 …… 복계 정중한 통지 틀림없이 잘 받아보았습니다. 평소에 격조하게 지내고 있는 데 대하여 깊이 사과 말씀 올립니다.

그리고, 전해 들은 바로는 근대적인 새 점포를 낙성하시고, 즉시 이전하셨다하니 참으로 축하드립니다. 돌이켜 보면, 개업이 2년 전쯤으로 알고 있습니다만 벌써 알맞은 적지에 진출하셨다니, 참으로 현저한 발전으로 깊이 축하하는 바입니다. 새로 단장한 점포로 옮긴 이상은, 다시 더 한층 번창하시기 진심으로 비는 바입니다.

이상, 편지로 축하 말씀 아룁니다. 경구

○새 낱말 …… 正に(틀림없이) 拝受いたしました(잘 받아보았습니다) おわび(사과) 早くも(벌써) 好個(알맞은, 적당한) 新装成った(새로 단장된) 移る(옮기다, 이사하다) 繁盛(번창)

○비슷한 말과 구 …… 承れば，支店ご開設のためにご工事中の新店舗，ご落成のうえ近日ご開業の運びとの趣，まことにおめでとうございます(전해 들은 바로는 지점을 개설하기 위해 공사중이던 새 점포, 낙성하고 근일 개업하게 되었다니 참으로 축하하는 바입니다) 多年のご信用を踏まえてのご拡張と承れば，今後のご発展は疑いもなく，慶賀至極に存じます(다년간의 신용에 입각한 확장으로 들었으

니 앞으로의 발전은 의심할 바 없어 경하해 마지 않습니다) 今後も
一段と目覚ましいご発展，陰ながらお祈り申し上げます(앞으로 더
한층 눈부신 발전을 하시기 멀리서나마 비는 바입니다)

2. 이재(罹災)와 불행에 대한 위문 편지

(1) 이재에 대한 위문

   재난을 당한 사람에 대해서는 안부를 묻고 위로하게 된다. 재난으로는 화재, 풍수해 외에 해일, 지진, 대설(大雪) 등도 있고 도난, 조난 등도 있다. 어느 경우에도 위문 편지가 필요하다.
   그런 종류의 위문 편지는 시급을 요하는 마음에서 전문을 생략하고 바로 주문부터 시작한다. 내용은 이재의 사실을 알게 된 경로와 위문의 말로 진행한다. 그리고 이재에 동정하며 격려의 말을 하여 희망을 가지게 한다. 위문품을 별편으로 보냈으면 그것에도 언급한다. 큰 재해로 이재한 것이 분명하면 답신용의 엽서를 동봉하는 것이 좋다. 위문하는 입장에서는 무사한지에 대해 간단한 회답만이라도 받고 싶어 하기 때문이다.

예문 1 풍수해의 피해를 알고

冠省 承れば，御地にて来襲の台風，被災殊の外多大と

のこと，心痛しております。　テレビにて拝見いたしますと，強風による家屋の倒壊，増水による床上侵水等も相当これあり，ご一同様にはご安否いかがかと案じております。なお，水害のあとには必ず悪疫流行とのこと，くれぐれもご自愛のうえ，ご再建にご奮起の程，お祈り申し上げます。
まずは，取り急ぎお見舞いまで．草々

○뜻…… 전략, 듣자옵건대 그곳에 내습한 태풍으로 입은 피해가 의외로 크다고 하니 걱정하고 있습니다. 텔레비전에서 보면, 강풍에 의한 가옥 도괴, 증수에 의한 마루 위의 침수 등도 상당하다니 여러분께서는 안부 어떠한지 염려하고 있습니다. 또한, 수해 뒤에는 반드시 유행병이 번진다고 하니, 거듭거듭 몸조심하고 재건에 분기하시기 빌어 마지 않습니다.

이상, 시급한 대로 위문 말씀 아룁니다. 총총

○새 낱말…… 冠省(관생, 전략) 被災(재해를 입음) 殊の外(뜻밖에, 의외로) 心痛(근심, 걱정) 悪疫(유행병) 流行(유행)

○비슷한 말과 구…… 承れば，貴家には昨日ご全燒の由，新聞にて拝見し，全く驚いております(듣자옵건대, 귀댁이 어제 전소했다니 신문에서 읽어보고 정말 놀라고 있습니다)　昨日御地にて大火これあり，ご類燒との趣(어제 그곳에서 큰 화재가 있어 유소했다고 하니) 皆々様には別段おけがもなくお立ち退きなされたでしょうか，心痛しております(여러분께서는 특별한 상처도 없이 피난했는지요, 걱정하고 있습니다)

(2) 병 위문할 경우

위문 편지의 한 가지에 병 위문이 있다. 병자에 대해 안부를 묻고, 위문하며 격려하는 편지이다. 면회 사절이 아니더라도 병상까지 위문하러 오는 것을 싫어하는 사람이 많다. 그런 점에서 볼 때 편지가 매우 효과적이다.

병 위문 편지는 전문을 생략하고 곧바로 본문부터 시작한다. 병중이라는 말을 듣고 놀랬다는 것, 위문하는 말, 병세를 묻고 위로와 격려와 그리고 완쾌를 비는 말로 끝맺는다. 단, 병명 같은 건 알고 있어도 본인에게는 숨기고 있을지도 모르는 것이니 일체 언급을 삼가야 한다. 또, 본인을 안심시키는 사항은 고사하고, 조금이라도 걱정을 끼치게 될 만한 사항에는 일체 언급하지 않는 편이 좋다.

그런 종류의 위문 편지는 병자 앞으로 보내는 경우 외에 가족 앞으로 보내는 일도 많다. 그럴 때에는 간병의 노고 등을 위로하는 말도 덧붙인다. 어쨌든 간에 위문품 같은 것을 보낼 경우에는 그것에도 언급한다. 원래는 위문을 가야 하지만 편지로 실례하는 것이니, 특별히 정중하게 쓸 필요가 있다.

예문 2 입원했다는 소식을 접하고

拝復 そちら様には，先日来ご病気にてご入院中とのこと，奥様より伺い，全く驚いております．平素は元気にてご活躍ゆえ，職務ご精励の結果かと存じ，ご心中お察しいたします．
承れば，ご高熱打ち続き，ご病状も一進一退との趣，さぞご不快のことと拝察いたします．

何(なに)とぞ十分(じゅうぶん)ご加療(かりょう)のうえ, 一日(いちにち)も早(はや)いご快復(かいふく), ひとえにお祈(いの)り申(もう)し上(あ)げます。
なお, 別送(べっそう)の品(しな), 軽少恐縮(けいしょうきょうしゅく)に存(ぞん)じますが, お見舞(みま)いおしるしまでにお届(とど)けいたします。
右(みぎ), とりあえずお見舞(みま)い申(もう)し上(あ)げます。草々(そうそう)

○뜻…… 복계 귀형께서 요전부터 병으로 입원하셨다는 말을 부인으로부터 전해 듣고 정말 놀라고 있습니다. 평소에 건강하게 활약하시더니, 직무에 힘쓴 결과로 알고 심중을 헤아립니다. 듣자옵건대, 고열이 계속되고 병세도 일진 일퇴라고 하니 틀림없이 불쾌하실 줄로 배찰합니다. 아무쪼록 충분히 가료하시고, 하루 속히 회복하시기 진심으로 비는 바입니다.

또한, 별송한 물건 조금이라 송구스럽습니다만 위문의 표시로 보냅니다.

이상, 우선 위문 말씀 아룁니다. 총총

○새 낱말…… 先日来(요전부터) ご心中(しんちゅう)お察(さっ)しいたします(심중을 헤아립니다) 打(う)ち続(つづ)く(계속되다) ひとえに(진심으로, 오로지) 軽少(약간, 경미)

○비슷한 말과 구…… 承(うけたまわ)れば, そちら様(さま)には先月以来(せんげついらい)ご入院(にゅういん)とのこと, ご病状(びょうじょう)いかがかと, ただただ心掛(こころが)かりに存(ぞん)じます(듣자옵건대 귀형께서는 지난달 이래 입원하고 계신다니, 병세는 어떨까 하고 그저 걱정스럽게만 생각합니다) ご入院(にゅういん)とは一向(いっこう)に存(ぞん)ぜず, 今日(きょう)まで打(う)ち過(す)ぎましたこと, ご容赦(ようしゃ)くださるよう, お願(ねが)い申(もう)し上(あ)げます(입원하신 일을 전혀 알지 못하고 오늘까지 지낸 데 대하여 용서해 주시기 부탁 말씀 드립니다) 本日新聞(ほんじつしんぶん)にてご重傷(じゅうしょう)を伺(うかが)い, 余(あま)りのことに驚(おどろ)いております(오늘 신문에서 중상 소식을 알고, 너무나 지나친 처사에 놀라고 있습니다)

(3) 불운한 경우의 위문 편지

위문 편지 중에는 상대방의 불운이나 역경을 위로하는 위문 편지도 있다. 그런 종류의 불운으로는 실직, 좌천, 휴업, 폐업, 사업 실패 등이 있다. 그밖에 시험의 실패, 경기의 패배 등도 그것에 속한다. 그리고 이혼과 가출 등도 있다. 그러한 불운에 빠진 상대방을 위문하는 것이 여기서 취급하는 위문 편지이다.

위문 편지도 전문을 생략하고 곧바로 본문부터 시작한다. 내용은 불운한 사실을 확인하는 말을 한 뒤, 그런 불운에 빠진 상대측을 위로, 격려하고 재기를 빌어 준다. 위로하는 말을 쓸 때에는 자신이 그 입장에 놓이면 어떻게 하는가를 진지하게 생각하며 써 나간다. 자신에게 체험이 있으면 그것을 언급해도 되고, 주변에 사례가 있으면 그것을 인용해도 된다. 요컨대 설교가 아니라 동정심을 위주로 한다. 그리고, 상대방의 마음을 보살펴 전도에 큰 희망을 가지게 하는 것이 중요하다.

예문 3 사업 실패의 소식을 접하고

急啓　承れば，ご事業の継続をご断念なされたとの趣，ご家族皆様のご落胆もさぞやと，残念至極に存じます。
顧みれば，ご開店の華やかなご出発も，昨日のように思い出されます。それ以来五年有余，ますますご繁盛のご様子に承っておりましたが，昨今の不況にご堅実なそちら様まで影響を受けられるとは，まことに夢のようでござい

ます。ついては、ご胸中さぞや無念のことかと拝察いたします。今後はいかようにお進みなさるのでしょうか。
従業員の方もおられるゆえ、何とぞご慎重にご配慮の程、お祈り申し上げます。いずれ再起の道を講じられることと存じますが、十分ご自愛のうえ、災を転じて福となされるよう、切望いたします。なお、お役に立つことがございます節は、何なりとお申し付けくださるよう、お願い申し上げます。
右、とりあえずご慰問申し上げます。草々

○뜻 …… 급계 듣자옵건대 사업을 단념하셨다니, 틀림없이 가족 여러분도 낙담하셨을 줄로 알아 유감스럽기 짝이 없습니다. 돌이켜 보면 개점의 화려한 출발이 어제 일처럼 생각납니다. 그 이래 5년 남짓, 점점 번창하는 상황으로 듣고 있었습니다만, 요즈음의 불황에 견실한 귀형까지도 영향을 받다니 정말 꿈만 같습니다.

그러니, 흉중은 틀림없이 원통하실 줄로 배찰합니다. 앞으로 어떻게 나아갈 것입니까? 종업원들도 있으니 아무쪼록 신중히 배려하시기 비는 바입니다. 어차피 재기의 길을 강구할 것으로 압니다만 충분히 몸조심하시고 전화 위복되시기 갈망합니다. 또한 도움이 될 일이 있을 때는 무엇이든지 분부해 주시기 부탁드립니다.

이상, 우선 위문 말씀 아룁니다. 총총

○새 낱말 …… ご落胆もさぞやと(틀림없이 낙담하셨을 줄로 알아) 残念至極に存じます(유감스럽기 짝이 없습니다) 華やかな(화려한) 思い出される(생각나다) 有余(남짓), 無念(원통, 분함) いずれ(어차피) 講じる(강구하다) 災を転じて福となす(전화 위복이 되다) 切望(갈망, 열망) 何なりとも(무엇이든지) 申し付ける(분부하다, 명령하다)

●비슷한 말과 구 …… 今回の人事異動に際しご免官となられた由, 本日新聞にて拝承し, 驚いております(이번 인사 이동에 있어서 면직되었다고 하니, 오늘 신문으로 알고는 놀라고 있습니다) 承れば, このたび地方にご転出とのこと, 全くの突然に驚き入りました(듣자옵건대 이번 지방으로 전출하신다니 정말 갑작스러운 일이라 놀라고 있습니다) ご主張が入れられず退かれること, ご胸中の無念, お察しいたします(주장이 받아들여지지 않아 물러나신다니, 흉중의 분함 짐작할 수 있습니다)

(4) 불행에 대한 조위 편지

사망을 알았을 때에 보내는 위문 편지가 조위 편지이다.

사망에 관해서는 사망 통지를 받기도 하고, 신문 같은 것에서 알게도 된다. 그럴 경우 본래 같으면 고별식에 참석한다. 고별식에 가지 못할 경우에는 밤샘에 간다. 친한 사이라면 밤샘 기도와 고별식의 양쪽에 참석한다. 아무래도 본인이 가지 못할 경우에는 대리인을 보낸다. 그렇지만 원격지 등으로 그것이 전혀 불가능할 때가 있다. 그럴 경우에는 부의와 같이 현금 등기 우편으로 보내는 것이 조위 편지이다.

조위 편지는 사망의 사실을 알았을 때에 즉시 보낸다. 편지의 시작은 전문을 쓰지 않을 뿐만 아니라 「急啓」 등의 첫머리말도 붙이지 않는다. 「このたびは」 「承れば」 등의 서두로 곧장 본문부터 쓴다. 내용은 사망을 알고 놀랬다는 것, 그것에 대한 애도의 말, 그리고 고별식이나 밤샘 기도에 가지 못하는 이유, 부의를 동봉한 것 등에 언급한다. 전체에 상대의 입장이 되어 함께 슬퍼하는 마음으로 써 나간다.

그리고 그 슬픔에서 일어서는 용기를 주도록 한다. 그러나, 무척 신중히 쓰지 않으면 피상적이 되므로, 함께 슬퍼하는 말만 써도 된다. 마지막 부분의 「右(みぎ)，とりあえず」라는 요지의 매듭을 쓰지 않는다. 또 「草々(そうそう)」 등의 결어도 쓰지 않는 것이 일반적이다.

　조위 편지는 흰 바탕의 차분한 괘선 편지지나 두루마리에 쓴다. 엽서는 실례가 된다. 두루마리의 경우에는 특별히 묽은 먹물로 쓰게 되어 있다. 잉크일 경우에도 블루 등의 밝은 색은 삼간다. 또, 추신을 써서는 안 된다. 불행이 겹치는 것에 이어지기 때문이다. 같은 이유로 「重(かさ)ねて(거듭)」「再(ふたた)び(또다시)」「追(お)って(추후에)」「再三(さいさん)(재삼)」 등의 겹치는 뜻의 말이나, 「いよいよ(마침내)」「ただただ(그저)」「ますます(점점, 더욱더)」 등의 겹치는 말도 요컨대 꺼리는 말이다. 무심코 쓰게 될 때도 있으니, 초잡은 글을 다시 읽어보는 것 같은 특별히 조심하는 마음가짐이 필요하다.

예문 4 아버지를 여읜 사람에게

承(うけたまわ)れば　ご尊父様(そんぷさま)かねてご療養(りょうよう)のところ，　昨日(きのう)ご他界(たかい)とのこと，全(まった)く驚(おどろ)いております。それほどの年配(ねんぱい)でもなく，平素(へいそ)も殊(こと)の外(ほか)お元気(げんき)にお見受(みう)けいしましたので，ご本人(ほんにん)もさぞお心残(こころのこ)りのことと拝察(はいさつ)いたします。あれこれお世話(せわ)になりましたこと先日(せんじつ)のように思(おも)い出(だ)され，悲(かな)しみこの上(うえ)もございません。それにつけても，ご家族(かぞく)ご一同様(いちどうさま)のご愁傷(しゅうしょう)，さぞかしと深(ふか)くお察(さっ)しいたします。ついては，早速(さっそく)お伺(うかが)いいたしたい本意(ほんい)てはございますが，何(なん)とも意(い)に任(まか)せず，ひたすら悲(かな)しみに暮(く)れております。同封(どうふう)いたしましたもの，何(なに)とぞ霊前(れいぜん)にお供(そな)えくださるよう，お願(ねが)い申(もう)し上(あ)げます。

◉뜻 …… 들자옵건대, 춘부장께서는 전부터 요양하시다가 어제 타계하셨다니 정말 놀라고 있습니다. 그렇게 많은 연배도 아니시고, 평소에 대단히 건강하게 보였으니, 본인도 틀림없이 아쉬웠을 것으로 배찰합니다. 이것저것 신세를 진 일이 요전처럼 생각나 더할 나위 없는 슬픔입니다. 그렇더라도 가족 되시는 분들의 애통함은 얼마나 할까 하고 깊이 헤아립니다. 그래서, 즉시 찾아뵙고 싶은 심정이기는 합니다만, 정말 뜻 같지 않아 오직 슬픔에만 잠겨 있습니다. 동봉한 것, 아무쪼록 영전에 올려주시기 부탁 말씀 드립니다.

◉새 낱말 …… ご尊父様(춘부장) それほどの(그렇게 많은) 殊の外(의외로, 대단히) 愁傷(애통해 함) 家族ご一同様(가족 여러분, 가족 되시는 분들) 本意(본의, 심정) 悲しみに暮れる(슬픔에 잠기다)

◉비슷한 말과 구 …… 奥様もさぞご心痛のことと拝察し、涙に暮れております(부인도 틀림없이 걱정하실 줄로 배찰하옵고, 눈물에 잠겨 있습니다) 皆様のご愁傷いかばかりかと、ご同情の言葉もございません(여러분의 슬퍼함은 어떠할까 하고 동정할 말도 없습니다) 先日お目に掛かった節はお元気にてお話しいたしましたことなど、全く夢のようでございます(요전에 만나 뵈었을 때는 건강하게 말씀하신 일 등, 정말 꿈만 같습니다)

제5장 여러 가지의 의뢰 편지

1. 사무적인 왕복 편지

(1) 여러 가지의 주문

　상품을 주문하는 일은 일상에 늘 하고 있다. 기제품(既製品)을 주문하기도 하고 마춤품일 경우도 있다. 또는 특정한 노력(努力)의 제공을 주문하는 경우도 있다. 그런 사항에 관해 카탈로그나 견적을 주문하는 일도 있다. 어느 경우에도 필요한 것이 주문의 편지 이른바 주문장이다.
　주문장은 주문의 내용을 명확히 써 놓지 않으면 안 된다. 상품의 경우는 주문품의 종류, 수량, 가격 등이 명기되어 있지 않으면 쓸모가 없다. 거기다가 인도하는 시기, 장소, 대금 지불의 시기, 방법 등도 명확히 적는다. 운송 방법, 운임 부담, 짐을 꾸리는 방법 등에 대해서 희망이 있으면 그것도 곁들여 적는다. 특별히 중요한 것은 상품을 보내는 곳, 연락하는 곳이다. 발신인과 상품을 받는 사람이 다를 경우도 있으므로, 송달하는 장소나 연락할 장소에 대해 명확히 덧붙여 써 놓을 필요가 있다.

예문 1 응접 세트 카타로그의 청구

拝啓 晩秋の候, 御社一段とご盛運のことと拝察いたします｡
さて, このたび, 八平ほどの応接間に洋家具その他を設備いたしたいと存じておりましたところ, 御社のことを新聞にて拝見し, ここにお手紙を差し上げることにしました｡
ついては, 御社にてお取り扱いのカタログお取りそろえのうえ, 下記あてご送付いただきたく, よろしくお願い申し上げます｡

　　　　〒641　和歌山市東高松 ○-○-○ 移山一雄

なお, 当方, 予算参拾万円ほどにつき, その点もお含みくださるよう, お願い申し上げます｡
右, とりあえずカタログご請求まで. 敬具

●뜻……근계 만추지절 귀사 한층 더 성운하시는 줄로 배찰합니다. 그런데, 이번 8평 정도의 응접실에 양식 가구 기타를 설비하고 싶어 하던 차, 귀사에 관해 신문에서 보고 편지를 드리기로 했습니다. 그러니, 귀사에서 취급하는 카탈로그를 두루 갖추어, 하기 앞으로 송부해 주시기 잘 부탁합니다.

　　　〒641 和歌山市東高松 ○-○-○ 杉山 一雄

또한, 우리는 예산이 30 만엔 정도이니 그 점도 유념해 주시기 부탁합니다.

이상, 우선 카탈로그 청구 말씀 아룁니다. 경구

o새 낱말 …… ほど(정도) 洋家具(양식 가구) 差し上げる((편지 등을) 드리다) 取り扱い(취급) 取りそろえ(두루 갖추다) 含む(유념하다)

o비슷한 말과 구 …… 拝復このたびは出版物のご案内, 早速ご送付くだされ, ありがとうございました(복계 이번 출판물의 안내, 즉시 송부해 주셔서 감사합니다) このたびご送付いただきました貴社の銘菓, 殊の外好評につき, 更に次のとおり追加ご注文いたしたく, よろしくお願い申し上げます(이번 송부해 주신 귀사의 명과(銘菓), 의외로 호평이라 다시 다음과 같이 추가 주문을 하고자 하오니 잘 부탁합니다)

(2) 신청할 경우

의뢰하는 것 중에는 신청하는 형식을 취하는 것도 적지않다. 입회, 예약 등이 그것이다. 그밖에 견학, 구인(求人), 구직(求職) 등도 있다.

그런 종류의 신청에 관해서는 필요 사항을 써 넣는 신청 용지를 이용하는 일도 많다. 그럴 경우에는, 필요한 항목을 빠뜨리고 쓰는 일이 없어 서로 편리하다. 그러나, 그같은 신청 용지를 송부하는 것만으로는 성의를 보이지 않는 것이 된다. 그래서 신청의 취지를 써서 곁들이는 일이 행하여지고 있다. 그것이 여기서 취급하는 신청 편지이다.

또 신청함에 있어서 신청 용지를 이용하지 못할 때도 있다. 그럴 경우에는 신청 편지에 필요한 항목을 써 넣게 되는 데 자칫 복잡해지기가 쉽다. 그래서 이용되는 것이 별기 또는 별지의 형식이다. 그 형식은 상대측에서도 잘 알 수 있어 서로 편리하다.

또한, 소정의 신청 용지가 필요하다고 생각되면서도 그것이 수중에 없는 일도 많다. 그럴 경우에는, 일단 용건을 적어 즉시 그 용지를 보내 주도록 한다. 그럴 때에는 답신용의 봉투에 수신인명을 쓰고, 우표를 붙여 동봉하는 것이 일반적이다.

예문 2 탐방회(探訪会)에의 입회

拝啓　早春のみぎり、貴会ますますご盛栄のこと、慶賀の
至りに存じます。
さて、貴会には県下の名所旧跡探訪を行事としておられ
ること、友人より承り、大いに興味を持つに至りました。
ついては、早速入会いたしたく、別紙入会申込書を持っ
て、ここに申し込むことにいたします。
何とぞご指導いただきたく、よろしくお願い申し上げま
す。
右、とりあえず入会申し込みまで。敬具

●뜻······ 근계 조춘지절, 귀회 더욱더 성영하시는 대하여 경축하는 바입니다. 그리고 귀회에서 県내의 명승구적(고적) 탐방을 행사로 삼고 있다는 걸, 친구로부터 듣고 크게 흥미를 가지기에 이르렀습니다. 그래서, 즉시 입회하고자 하여 별지 입회 신청서를 가지고 이에 입회하기로 합니다. 아무쪼록 지도해 주시기 잘 부탁 말씀 드립니다.
　이상, 우선 입회 신청을 합니다. 경구

●새 낱말······ 早春(이른 봄) 県下(현 내 ; 현은 일본의 행정 구역

의 하나) 大いに(크게) 申し込む(신청하다)
　◦**비슷한 말과 구** …… 貴社ご発行の「趣味と園芸」この五月号より購読いたしたく，壱年分購読料，金弐千四百円を同封いたします(귀사 발행의「취미와 원예」이달 5월호부터 구독하고자, 1년치 구독료 일금 2천 4백엔을 동봉합니다).　貴会にては全国銘菓の頒布を行っておられるとのこと，週刊誌にて拝見し，早速入会いたしたいと存じます(귀회에서는 전국 명과의 반포를 행하고 있다는 것을 주간지에서 보고 즉시 입회하고자 합니다)

(3) 정정·취소·확인 등

　한 번 주문한 것, 신청한 것에 대해 정정하거나 취소하는 일도 많다. 그럴 경우에는 그 뜻을 상대측에게 연락해 적당한 조처를 취하도록 하지 않으면 안 된다.
　그러나, 상대측에서는 수많은 주문, 신청을 취급하는 것이 일반적이다. 애매한 표현으로는 조사할 바가 없는 것이다. 그래서 정정하는 편지, 취소하는 편지일 경우에는 어떤 주문, 어떤 신청이었는가에 대하여 먼저 날짜를 명확히 한다. 수령증이 있으면 그 번호도 명기한다. 또는 기타 방법에 의해 어떤 주문, 어떤 신청이었는가에 대한 조처를 의뢰하느냐를 상대방도 쉽게 알 수 있도록 한다. 그리고 나서 어떤 주문, 어떤 신청을 했는지 그것을 어떻게 정정하느냐, 또는 취소하느냐를 쓰게 된다. 그럴 때, 어떤 사정으로 그같은 조처를 취하게 되었는가를 상대측이 납득할 수 있도록 덧붙여 쓴다. 정정이나 취소가 상대측에게는 귀찮은 일임을 잊어서는 안 된다.
　또한 주문한 것, 신청한 것에 대해 미처 다 쓰지 못한 것을 깨닫게 될 경우도 있다. 또는 우선 전화로 연락한 것에 대해 확인하는 편지를 쓰는 일도 있다. 그럴 경우에도 앞에서 말한 것과 똑같은 편지가 필요하다.

예문 3 숙박 예정 인원수의 추가

急啓　先日貴舘への宿泊(十一月二日・三日)を申し込みました○○○でございます．このたび都合により，壱名追加のうえ計五名と相成りましたので，ここに追加分金六千円を同封いたします．何とぞよろしくお取り計らいくださるよう，お願い申し上げます．
なお，室数については前便どおり一室にて差し支えなく，右，念のため申し添えます．
右，取り急ぎ追加ご連絡まで．草々

○뜻 …… 급계 전번 귀여관에의 숙박(11월 2일・3일)을 신청한 ○○○입니다. 이번 사정에 의해 1명이 추가되어 합계 5명이 되었으므로 이에 추가분 일금 6천엔을 동봉합니다. 부디 선처해 주시기 부탁 말씀 드립니다.

또한, 방 수에 대해서는 전번 편지대로 한 방으로 무방하며, 이상 만약을 위해 곁들여 말씀 드립니다.

이상, 시급한 대로 연락드립니다. 총총

○새 낱말 …… 貴舘(귀여관) 都合により(사정에 의해) よろしくお取り計らう(선처하다) 前便どおり(전번 편지대로)

○비슷한 말과 구 …… このたび貴社就職につき，ご採用のご通知を受けた○○○でございます．しかるところ，都合により貴社に就職不可能と相成りましたので，ご採用の取り消し方をお願いいたしたく，お取り計らいくださるよう，お願い申し上げます(이번 귀사에 취직함

에 있어서 채용 통지를 받은 ○○○입니다. 그렇지만, 사정에 의해 귀사에 취직할 수 없게 되었기 때문에 채용 취소를 부탁하고자 하오니, 조처해 주시기 부탁 말씀 드립니다)

(4) 조회하는 편지일 경우

알지 못하는 일, 분명치 않은 일에 대해 묻게 되는 일도 많다. 그런 것 중에 대답하는 것이 상대측의 업무 내용이고, 그대로 상대측의 영업상 이익에 이어질 경우도 적지 않다. 여기서 취급하는 것은 그런 종류의 조회 편지이다.

조회하는 사항으로는 잊어버린 물건, 도착 여부, 미착(未着)의 이유, 입수 방법, 비용의 계산(計算), 학교나 영업의 내용, 여관, 여정(旅程), 시각표 등 여러 가지이다. 어느 경우에도 조회할 필요가 생긴 경우와 함께 조회하는 사항을 분명히 적는다. 그 항목이 많을 경우에는 조목조목 쓴 글로 하거나, 또는 별기(別記)로 하거나 별지로 한다. 한 항목마다 여백을 남겨 열기하고, 그 여백에 써 넣게 하는 방식도 있다. 단, 상대측의 업무 내용 이외의 사항, 영업상 이익에 관계되지 않는 사항은 시간과 노력이 들게 할 뿐이기 때문에 조회하지 않아야 한다.

또한, 조회에 대해서는 당연히 답신을 필요로 한다. 그럴 경우 간단히 끝날 것 같은 건 왕복 엽서나 답신용 엽서를 동봉하는 것만으로도 된다.

일반적으로는 답신용 우표를 동봉하거나 답신용 봉투에 우표를 붙여 동봉한다. 답신용 엽서나 봉투에 자기측의 수신인명을 쓸 경우에는 성명 아래의 경칭인 곳에 작게 「行」(ゆき)라고 써 놓는다. 발신인측이 이것을 사선으로 지우고 「様」(さま)로 바꾸어 쓰게 되는 것이다.

예문 4 구입 상품 미배송(未配送)에 대하여

拝啓 初冬のみぎり，貴社ますますご盛業の趣，慶賀の至りに存じます。
さて，去る十二月四日(日)，貴社日本橋店四階にてレインコートを購入し，配送をお願いいたしましたが，一週間に及ぶも未着のため，案じております。ついては，事情お取り調べのうえ，至急ご配送くださるよう，ここにお願い申し上げます。
右，とりあえずご連絡まで．敬具

○뜻······ 근계 초동지절 귀사 더욱더 성업하심을 경축하는 바입니다.
　그리고, 지난 12월 4일(일), 귀사 日本橋 점포 4층에서 레인코트를 구입하고 배달을 부탁했습니다만, 1주일이 되어도 미착이기 때문에 걱정하고 있습니다. 그러니, 사정을 조사하고 시급히 배달해 주시기 이에 부탁드립니다.
이상, 우선 연락 말씀 드립니다. 경구

　　○**새 낱말**······ 初冬(초겨울) 配送(배송, 배달) 及ぶ(이르다) 案じる(걱정하다, 근심하다)

　　○**비슷한 말과 구**······ 昨二十八日(日) 貴店四階ワイシャツ売場にて買い物の際，貴店書籍部にて購入の下記の包みを置き忘れましたが，お預かりくだされたでしょうか，ご照会に及びます(지난 28일(일) 귀점 4층 와이셔츠 매장에서 쇼핑할 때 귀점 서적부에서 구입한 하기의 꾸러미를 잊고 두고 왔습니다만, 맡아 가지고 계신지 조회하는 바입니다)

2. 호의에 호소하는 의뢰 편지

(1) 큰 부담을 줄 경우

 돈을 빌려 달라고 부탁하는 것은 상대측에게 큰 부담이 된다. 따라서, 부탁하는 쪽도 그것이 상대측에게 큰 폐를 끼친다는 것을 잊어서는 안 된다.
 그러나, 실제로는 그같은 폐를 끼친다는 것을 알면서도 부탁하게 되는 것이다. 그것은, 어쩔 수 없이 부탁하지 않으면 안 될 사정이 생겼기 때문이다. 그래서 빌리려고 하는 사정과 빌렸을 경우의 이익, 빌리지 않았을 경우의 불이익 등에 대해 상대측이 납득할 수 있도록 쓴다. 이유를 납득할 수 없는 금융 같은 것에 응할 턱이 없기 때문이다.
 또, 빌린 자금의 변제 전망이나 그 근거에 대해서도 구체적으로 쓴다. 빌리는 조건이나 변제의 기일에 대해서도 언급한다. 상대측은 그런 것을 자료로 하여 판단하는 것이기 때문에 구체적으로 상세히 쓸 필요가 있다. 그럴 경우 편지라면 끝까지 이쪽의 주장을 들어 주게 할 수 있기 때문에 여러 가지로 편리하다. 또, 상대측에서도 여유있게 생각하고 대처할 수 있기 때문에 역시 편지가 편리하다. 차금(借金)의 의뢰 등 편지의 장점을 충분히 활용한다.
 또한, 정도의 차이는 있어도 같은 말을 물품의 차용에 대해서도 할 수 있다. 또, 보증인의 의뢰나 숙박의 의뢰 등에 대해서도 같은 요령으로 쓰면 된다.

예문 1 자식의 숙박에 대한 의뢰

拝啓 寒気厳しいこのごろ，いかがお過ごしでしょうか，お伺い申し上げます．日ごろは心ならずもご無音に打ち過ぎ，まことに申し訳ございません．
さて，このたびお手紙を差し上げるに至りましたこと，愚息良一の受験についてでございます．幸い無事学業も進み，このたび御地の大学を受験することと相成りましたが，その宿泊に困っております．旅館などいろいろ見られますこと申すまでもございませんが，費用がかさむうえに監督も行き届かず，多少心配しております．
ついては，まことに申し上げにくいことではございますが，試験期日を間に三日間ほど，そちら様にてお預かりいただけませんでしょうか．ご家族同様のお取り扱いにて差し支えございません．日取りは，来る二月二十六日から二十八日までの三日間でございます．幸いご承諾いただけます場合には詳細お打ち合わせ申し上げたいと存じます．いろいろお世話になる奥様にも何とぞよろしくお伝えくださるようお願い申し上げます．
まずは，とりあえずお願いまで．敬具

○**뜻** …… 근계 추위가 심한 이즈음, 어떻게 지내시는지요 문안드

립니다. 평소에는 본의 아니게 소식드리지 못하여 정말 죄송합니다.

그리고, 이번 편지를 올리게 이른 것은 우식 良一의 시험에 관해서입니다. 다행하게도 학업이 무난히 진척되어 이번 그곳 대학에 시험을 보기로 되었습니다만, 숙박에 곤란을 겪고 있습니다. 여관 등 여러 가지로 생각해 본 것은 말할 것도 없으나, 비용이 많아지는 데다 감독도 미치지 못해 다소 걱정하고 있습니다. 그래서, 참으로 말씀드리기 거북한 일이기는 합니다만, 시험 기일 동안의 사흘 정도 귀댁에서 맡아 주실 수 없겠습니까? 가족과 같은 취급으로 무방합니다. 일정은 오는 2월 26일에서 28일까지 사흘간입니다. 요행히 승낙해 주실 경우에는 상세한 것을 협의하고자 합니다. 여러 가지로 신세를 질 부인께도 부디 잘 말씀드려 주시기 부탁드립니다.

이상, 우선 부탁 말씀 아룁니다. 경구

○새 낱말……心ならずも(본의 아니게) 愚息(우식;자기 아들의 낮춤말) 幸い(다행히, 요행히) かさむ(많아지다, 늘다) 行き届かず(미치지 못해) 申し上げにくい(말씀드리기 거북함) 日取り(날짜, 일정) 打ち合わせ(협의, 의논)

○비슷한 말과 구……このたび長女良枝こと、○○大学教育学部に入学いたし、東京に下宿することと相成りましたが、適当な監督者もなく思案しております。ついてはご多用中まことに恐縮に存じますが、種々ご教導くだされたく、ここにお願い申し上げます(이번 장녀 良枝는 ○○대학 교육학부에 입학하여, 東京에 하숙하기로 되었습니다만, 적당한 감독자도 없어 걱정하고 있습니다. 그래서, 바쁘신 중 실로 죄송스럽게 생각합니다만, 여러 가지로 교도해 주시기 이에 부탁 말씀 드립니다) 御地には親類とてこれなく、お頼りもそちら様だけかと存じます。ついては、本人の在京中何かとお世話くださるよう、お願い申し上げます(그곳에는 친척이라고는 없어 의지할 곳도 귀댁뿐인 줄로 압니다. 그러니, 본인의 재경 중 여러 가지로 돌보아 주시기 부탁 말씀 드립니다)

(2) 알선을 부탁할 경우

스스로 취직이나 혼사 등을 해결할 수 있다면 그보다 좋은 일은 없다. 그러나, 실제로 어지간히 곤란할 경우도 많다. 그럴 때에는 대인 관계가 넓은 사람에게 부탁하게 된다. 어디 좋은 취직처는 없느냐, 어디 좋은 혼처는 없느냐고 부탁하게 되는 것이다. 그런 것이 알선의 의뢰이다.

그런 종류의 알선을 의뢰할 경우는 이력서 같은 것과 함께 이쪽의 희망을 곁들여 쓰게 된다. 그런 희망도 구체적인 조건이 있으면 그것을 분명히 뽑아 쓸 필요가 있다. 그런 희망을 잘 알지 못하면 상대측으로서도 알선할 바가 없기 때문이다. 또 모처럼 알선해도 이쪽의 희망과 맞지 않으면 헛된 노력을 하는 것이 되기 때문이다.

또한, 그런 종류의 알선 중에는 하숙을 주선해 달라, 이러이러한 것을 입수해 달라고 하는 것도 있다. 특히, 지역적으로 떨어져 있을 경우에는 그 고장에 살고 있는 사람에게 의뢰하면 여러 가지로 편리하다. 또, 의뢰를 받는 쪽에서도 그렇게 부담이 되지 않는 것이 일반적이다. 그러나, 의뢰하는 쪽에서는 부탁하는 것 자체가 상대측에게 폐를 끼친다는 전제에 서서 죄송함을 취지로 삼아야 한다. 특별한 부담을 끼치는 점에서는 돈을 빌려 달라는 것과 본질적으로 똑같기 때문이다.

예문 2 하숙 알선의 의뢰

拝啓 軽暖の候, いかがお過ごしでしょうか, お尋ね申し

上げます。いつもいろいろお世話になっておりますこと，心から御礼申し上げます。
　さて，長男忠こと，おかげさまにて御地工業大学に合格，この四月より通学の予定と相成りました。ついては，本人も下宿を希望しておりますゆえ，しかるべきところご承知の節は何とぞごあっせんいただきたく，ここにお手紙を差し上げることにいたしました。小生としては一般家庭に下宿させたいと存じますが，必ずしも条件ではございません。二食付きにてお世話いただければ，これに越したこともございませんが，最近は食事抜きが一般とのこと，事情やむを得ないかと存じます。まことに勝手ばかり申し上げ恐縮に存じますが，何分にも御地には不案内ゆえ，まげてお聴き届けくださるよう，お願い申し上げます。家内からも，くれぐれもよろしくとのことでございます。奥様にもよろしくお伝えくださるよう，お願い申し上げます。
　まずは，取り急ぎお願い申し上げます。敬具

○뜻 …… 근계 경난지절 어떻게 지내시는지요 문안드립니다. 늘 여러 모로 신세지고 있는 데 대하여 진심으로 감사 말씀 드립니다. 그리고, 장남 忠의 일이온 데 덕분에 그곳 공업 대학에 합격, 이번 4월부터 통학할 예정으로 있습니다. 그래서, 본인도 하숙을 희망하고 있으니 마땅한 곳을 아실 때는 부디 알선해 주십사 하고, 이에 편지를 드립니다. 소생으로서는 일반 가정에 하숙시켰으면 합니다만 꼭 조건은 아닙니다. 두 끼니 딸려서 주선해 주시면 더 말할 나위 없지만, 요즈음은 식사가 딸리지 않는 것이 일반적이라니 부득이한 사정이라

고 생각합니다. 정말 소생 편리한 대로만 말씀드려 송구스럽게 생각합니다만, 아뭏든 그곳은 생소하니 부디 귀담아 들어 주시기 바랍니다. 집사람도 부디 안부 전하라고 합니다. 부인께도 안부 전해 주시기 부탁드립니다.

이상, 시급한 대로 부탁 말씀 아룁니다. 경구

●새 낱말 …… お尋ね申し上げます(묻습니다, 즉 문안드립니다) しかるべきところ(마땅한 곳) あっせん(알선) 事情やむを得ない(부득이한 사정) 勝手ばかり(편리한 대로만) 何分にも(아뭏든) 不案内(생소함, 낯섬) まげて(아무쪼록, 부디)

●비슷한 말과 구 …… このたび業務上のことにて、貴大学経済学部○○○博士にぜひご面会いたしたいと存じます。ついては博士と特別ご懇意のそちら様にご紹介の労を取っていただきたく、ご多用中恐縮に存じますが、お差し支えなければ、何分よろしくお願い申し上げます(이번 업무상의 일로 귀대학 경제학부 ○○○박사를 꼭 면회하고 싶습니다. 그러니, 박사와 특별히 친밀하게 지내는 귀형이 소개해주는 수고를 맡아 주시기, 바쁘신 중 송구스럽게 생각합니다만 무방하시다면 아무쪼록 잘 부탁드립니다)

(3) 특별한 봉사를 기대할 경우

일반인에게 원고의 집필을 의뢰할 경우에는 그 사람의 봉사적인 마음에 기대하게 되는 것이다. 가령 원고료를 지불하더라도 집필 그 자체를 업으로 삼고 있는 사람에게 의뢰할 경우하고는 사정이 다르다는 것을 잊어서는 안 된다.

그같은 것은 강연을 의뢰하거나 강습회, 연수회 등의 강사를 의뢰할 경우에 대해서도 마찬가지이다. 또는, 그 사람의 정통한 범위의 일로 안내역이나 설명 등을 부탁할 경우도 그렇다. 특수한 것이라면, 사회나 결혼의 주례를 부탁하는 것이라고 할 수 있다.

그런 종류의 의뢰는 그 상대측이 이미 다른 데서 그같은 봉사를 했다는 것을 전제로 부탁하는 경우도 많다. 혹은, 사전에 남을 통해 그 의향이 있는지의 여부를 타진하는 경우도 있다. 적당한 사람의 소개나 추천을 통해 부탁하는 경우도 있다. 어쨌든 간에 어느 정도 맡아 줄 것 같다는 예상하에 부탁하는 것이 일반적이다.

또한, 때로는 상대측에서 그것을 맡는 일이 유리하다고 생각할 때도 있으므로 그럴 경우에는 부탁하는 쪽도 말을 꺼내기 쉬운 것이다. 그러나, 그러한 사정이 있어도 그것을 직접 문면에 나타내서는 안 된다. 어디까지나 폐를 끼친다는 형식으로 부탁하는 것이 상도이다.

예문 3 강연을 부탁할 경우

拝啓 新秋のみぎり，ますますご発展のご様子，心からお喜び申し上げます。
さて，私どもの会にては．毎月一回名士の方の教養講演を拝聴し，今日に至っております。しかるところ，来る十月分については時事問題をお願いしたいということにて，小生がその幹事役を引き受けることと相成りました。ついては，ご多忙中ご迷惑と存じますが，ぜひとも一夕をお割きいただきたく，ここにお願い申し上げます。
日取りの儀は，毎月第一土曜日を原則としておりますが，第二または第三の土曜日にても差し支えございません。
時間は午後七時ごろから二時間．場所は当地公民館の会

議室，参会者毎回五十名ほどでございます。
なお，幸い内諾の意向お漏らしいただけます節は，改めて参上のうえ，詳細お打ち合わせいたしたいと存じます。
右，とりあえずご依頼申し上げます。敬具

◉뜻 …… 근계 신추지절 더욱더 발전하시고 계시는 줄 알아 진심으로 축하하는 바입니다.

그리고, 저희들 모임에서는 매달 한 번 명사의 교양 강연을 배청하여 오늘에 이르고 있습니다. 그런데, 오는 10월분에 대해서는 시사문제를 부탁한다는 것으로 소생이 그 간사역을 맡기로 되었습니다. 그래서, 바쁘신 중 귀찮으실 줄로 생각합니다만 꼭 하룻저녁을 할애해 주시기 이에 부탁 말씀 드립니다. 일정으로 말하면 매달 제1 토요일을 원칙으로 삼고 있습니다만, 제2, 또는 제3 토요일이라도 무방합니다. 시간은 오후 7시경부터 두 시간, 장소는 이곳의 공민관 회의실, 참가자는 매번 50명 정도입니다.

또한, 요행히 내락의 의향을 말씀해 주신다면 기회를 마련해 찾아뵙고 상세한 것을 협의하고자 합니다.

이상, 우선 의뢰 말씀 아룁니다. 경구

◉새 낱말 …… 新秋(초추, 초가을) 割く(할애하다) 日取りの儀は (일정으로 말하면) 改めて(딴 기회에, 다시)

◉비슷한 말과 구 …… ついては，適当な司会の方を得たいとの一同の希望にて，そちら様にお願いいたすこととに相成りました。一方的に決定のうえお願いいたしますこと，まことに心苦しく存じますが，私どもの意のあるところをお察しのうえ，まげてご承諾いただきたく，この段よろしくお願い申し上げます(그래서 적당한 사회자를 얻자는 일동의 희망으로 당신에게 부탁하기로 하였습니다. 일방적으로 결정하고 부탁하는 데 대하여 어쩐지 미안하게 생각합니다만, 저희들

이 뜻하는 바를 헤아려주시고 제발 승낙해 주시기, 이 점 잘 부탁드립니다)

(4) 문의할 경우

상대측이 알고 있는 것에 대해 문의하는 일도 많다. 그런 것 중에는 문의를 받는 일이 상대측의 당연한 업무가 아니기 때문에, 상대측에게 특별한 수고를 끼치는 경우도 많다. 여기서 다루는 것은 그런 종류의 문의이다. 그것에 대해서는 이른바 조회 편지와 구별하고 특별히 문의 편지의 명칭도 행하여지고 있을 정도이다.

그런데, 그런 종류의 문의 편지로는 예를 들면 이쪽에서 방문하고 싶은 상대측에 대해 그 형편을 묻는 것 등이 그것이다. 갑작스러운 방문이 상대측에게 큰 폐를 끼치는 이상, 사전에 그 형편을 문의하는 것이 예의이다. 또는, 상대측의 여행에 대해 그 일정을 문의할 경우도 있다. 배웅을 하고 싶거나 영접하러 갈 경우에는 일시(日時)의 문의가 된다. 그밖에 주소를 알지 못하는 사람의 주소에 대해서 이 사람이면 알 수 있다는 생각에서 문의할 경우도 있다. 주소뿐만 아니라 근황이나 신원 및 신용까지도 문의하는 일이 있다. 어느 경우에도 문의하게 된 경위와 더불어 문의 사항을 명기하는 것은 더 말할 나위도 없다.

또한, 그런 종류의 문의에 대해서는 당연히 답신을 필요로 한다. 그것이 전화로 끝날 수 있을 경우에는 끝에다 이쪽의 전화 번호를 곁들여 적는 것만으로도 된다. 또, 필요에 따라 답신용 엽서를 동봉하거나, 혹은 답신용 우표를 동봉하는 일도 행하여지고 있다. 그러나, 업무상의 조회와 달라, 답신용 엽서나 봉투에 이쪽의 수신인명을 적고서 동봉할 필요는 없다. 그런 형식은 마치 사무적으로 보이기 쉬워, 도리어 상대측의 감정을 해칠지도 모르기 때문이다.

예문 4 방문에 대한 문의

拝啓　朝夕は多少ともしのぎやすいこのごろとなりましたが，その後お変わりもなくお過ごしでしょうか，お伺い申し上げます．
さて，ここにお手紙を差し上げるのは，ほかでもございません．職場のことにて多少面倒が起き，困り抜いておるからでございます．ついては，近くご訪問のうえいろいろお知恵など拝借いたしたいと存じますが，ご都合いかがでおいてでしょうか．ご多用中恐縮に存じますが，夜分にでも，二時間ほど機会を持たせていただければ幸いと存じます．つまらぬことにてご心配をお掛けすること，まことに心苦しく存じますが，事情ご賢察の程，伏してお願い申し上げます．折り返しお電話にてでも，ご都合ご連絡くださるよう，併せてお願い申し上げます．
時節柄，ご自愛の専一，お祈り申し上げます．
まずは取り急ぎお願いまで．敬具

○뜻…… 근계 아침저녁은 다소라도 견디기 쉬워진 요즈음입니다만, 그후 별일없이 지내시는지요 문안드립니다.
　그리고, 이에 편지를 드리는 것은 다름아닙니다. 직장 일로 좀 귀찮은 일이 생겨 곤경에 빠져 있기 때문입니다. 그래서, 일간 방문하고 여러 가지로 지혜 등을 빌렸으면 하고 생각합니다만 형편이 어떻겠습니까? 바쁘신 중 죄송하게 생각합니다만, 밤에 두 시간쯤 기회를 주시면 다행으로 알겠습니다. 쓸데없는 일로 걱정을 끼치게 되는 데 대하여 어쩐지 미안하게 생각합니다만, 사정을 현찰하시기 삼가 부탁드립니다. 즉시 전화로라도 형편을 연락해 주시기 아울러 부탁드립니다.

때가 때인 만큼 몸조심에 전념하시기 비는 바입니다.

이상, 시급한 대로 부탁 말씀 아룁니다. 경구

○**새 낱말** …… ほかでもございません(다름 아닙니다) 面倒が起き(귀찮은 일이 생겨) 困り抜く(곤경에 빠지다) 拝借(빌려 씀) 夜分(밤, 밤중) 機会を持たせていただければ(기회를 가지게 해 주시면, 즉 기회를 주시면)

○**비슷한 말과 구** …… その後の事情などご報告申し上げ、いろいろご相談いたしたいと存じます。については、近日中にお伺いいたしたいと存じますが、ご都合などいかがなものでしょうか、ご多用のために不在がちとも承っておりますので、あらかじめお伺い申し上げます(그후의 사정 등도 보고 드리고 여러 가지 의논하고자 합니다. 그래서 일간 찾아뵙고자 합니다만, 형편이 어떻겠습니까? 바쁘시기 때문에 자주 안 계신다고 들었기 때문에 사전에 여쭈어봅니다) 小生このたび御地に出張いたすことと相成りましたので、この機会にご懇談いたしたいと存じます。については、来月九日(日)が自由の身となっておりますので、ご都合の時間など、ご一報いただければ幸いと存じます。はなはだご面倒ながら、ご都合の程お聞かせいただきたく、お願い申し上げます(소생은 이번 그곳으로 출장가게 되어 있어서, 이 기회에 간담하고자 합니다. 그래서 내달 9일(일)이면 자유로운 몸이 되어 있기 때문에 형편이 좋은 시간을 기별해 주시면 다행이겠습니다. 매우 귀찮으시겠지만 형편에 대하여 알려주시기 부탁 말씀 드립니다)

3. 승낙 편지와 사절 편지

(1) 의뢰에 대한 승낙

　상대측의 의뢰에 대해 받아들일 입장에서 쓰는 것이 승낙 편지이다. 그러나, 경솔하게 떠맡는 것은 금물이다. 승낙 편지의 형식으로 받아들인 이상은 실행할 책임이 있다는 것을 잊어서는 안 된다.
　그런데, 승낙 편지의 내용으로 무엇을 승낙했는지 구체적으로 쓸 필요가 있다. 「몇 월 며칠 날짜로 전언하신 건, 틀림없이 승낙했습니다」이면, 내용이 분명하지 않기 때문에 받은 쪽도 불안하다. 구체적으로 적음으로써 승낙의 내용을 서로 재확인하지 않으면 안 된다. 특히 전면 승낙이냐 부분 승낙이냐 하는 것도 있어 수반되는 상세한 협의가 필요할 때도 있다. 성의를 가지고 구체적으로 쓰는 것이 좋다.
　또한, 승낙에 있어서는 하는 수 없이 받아들이는 식의 태도는 바람직하지 않다. 오히려, 기꺼이 받아들이는 형식으로 하는 편이 받는 쪽으로서도 기분이 좋은 법이다. 또, 승낙의 이유 같은 것도 장황하게 쓸 필요가 없다. 너무 생색내는 것 같은 표현은 상대측을 불쾌하게 할 뿐이다. 승낙하는 이상, 이유 같은 건 쓰지 않는 편이 도리어 산뜻한 방법이다.

예문 1 보증인을 승낙

拝復　三月十一日付のお手紙，正に拝見いたしました。いよいよご就職お決まりとのこと，心からお喜び申し上げます。
　さて，ご就職のことについて保証人がご入用とのこと，小生のような者にても差し支えございません節は，この際，喜んで引き受けさせていただきたいと存じます。
　ついては，おついでの折に書類などお持ちいただきたく，お待ちしております。
　寒さなお厳しいこととて，ご自愛専一の程，お祈り申し上げます。
　まずは，とりあえずご承諾まで．敬具

○뜻……복계 3월 11일 날짜의 편지 틀림없이 잘 받아보았습니다. 마침내 취직이 결정되었다니 진심으로 기뻐해 마지 않습니다. 그리고, 취직함에 있어서 보증인이 필요하다는 데 대하여, 소생 같은 사람이라도 무방할 때는 차제에 기꺼이 보증하려고 합니다. 그러니, 기회 있을 때에 서류 등 가지고 오시기 기다리고 있겠습니다.
　추위가 아직 심한 터이니, 몸조심에 전념하시기 비는 바입니다.
　이상, 우선 승낙 말씀 아룁니다. 경구

　○새 낱말……決まる(정해지다, 결정되다) 入用(필요함) この際(차제, 이때에) 引き受ける(떠맡다, 맡다, 지다, 보증하다) ついで(계제, 기회) 折(때, 기회)

　○비슷한 말과 구……お申し越しのご子息様について試験期間中三日間のお宿，むさ苦しいところでお差し支えなければ，喜んでお預かりいたしたいと存じます(전언하신 아드님에 대해 시험 기간 동안 사

흩간의 숙박, 누추한 곳이라도 무방하시다면 기꺼이 맡고자 합니다)
お嬢様のご監督などその器でもございませんが、お気軽なご相談のお相手ということでよろしければ、お引き受けいたしたいと存じます(따님의 감독 같은 건 그 기량도 못되지만, 부담이 없는 의논 상대라는 것으로 좋으시다면 맡아보고자 합니다)

(2) 부득이 사절할 경우

   상대측의 의뢰를 거절하는 것이 사절 편지이다. 거절한다는 것은 상대측의 기대에 어긋나는 일로 자칫하면 감정을 해치는 것이 되기도 한다. 또, 의리나 인정을 생각하면 사절하는 쪽으로서도 어쩐지 기분이 언짢다. 그런 점 사절 편지라는 것은 부득이하게 사절한다는 것이 실정이다.
   따라서, 그 표현도 거절한다기보다는 사과하는 태도가 기본이다. 여럿이 있는 상대 중에서 특별히 자기를 신임하고 의뢰했던 것에 감사하는 마음을 잊어서는 안 된다. 요컨대, 상대측의 제의에 감사하면서도 응하지 못하는 이유를 납득할 수 있도록 하되 상대측의 감정을 해치지 않게 누가 읽어도 거절당했다고 내용을 이해할 수 있도록 쓸 필요가 있다. 그런 점「생각해 보겠습니다」라고 하는 투의 표현은 조심하지 않으면 안 된다. 그것은 거절할 경우에 널리 쓰이고 있기는 하지만, 요즈음은 문자 그대로 받아들이는 사람도 적지 않기 때문이다.
   어쨌든 간에 사절 내용을 명확히 하고, 상대측이 납득할 이유를 곁들여 쓰는 것이 사절 편지의 내용이다. 단, 이유에 대해서도 사교상의 입장에서 실제의 이유를 쓰지 못하는 일도 많다. 그럴 경우에는 상대측을 손상입히지 않을 이유로 바꾸어 쓸 필요도 있다. 또, 이유를 장황하게 쓰는 것은 도리어 감정을 해치는 결과가 되는 것도 알아두지 않으면 안 된다. 또한, 전면 사절이 아니고 부분 사절이라는 것도 있는 데, 그럴 경우에는 부분 승낙 쪽을 강조하고 승낙 편지의 형식이 되도록 하는 것이 좋다.

예문 2 숙박 의뢰의 거절

拝啓 一月十五日付ご書面, 懐かしく拝見いたしました。こちらこそ久しくご無音に打ち過ぎましたこと, 伏しておわび申し上げます。
さて, ご子息様もいよいよご進学ご準備とのこと, 心からお喜び申し上げます。また, その受験に当たり拙宅にご宿泊ご希望の趣, まことに無理からぬご事情と拝察いたします。
しかるところ, 拙宅は狭い上にむさ苦しいところにて, とても他人様をお泊めいたしかねる実情にございます。
ついては, まことに申し上げにくいことではございますが, いずれか他をお探しいただきたく, 何とぞあしからずご賢察の程, お願い申し上げます。末筆ながら, ご子息様のご成功, 心からお祈り申し上げます。
寒気一段と厳しい折から, ご自愛専一の程, 併せてお祈り申し上げます。
右, とりあえずご返信申し上げます。敬具

○**뜻** …… 근계 1월 15일 날짜 편지 반갑게 잘 받아보았습니다. 저야말로 오랫 동안 소식 전하지 못한 데 대하여 삼가 사과 말씀 드

립니다.
 그리고, 아드님도 마침내 진학 준비라니 진심으로 축하하는 바입니다. 또, 그 수험함에 있어서 누옥에서 숙박을 희망하신다니 무리가 아닌 사정으로 배찰합니다. 그렇지만 누옥은 좁은 데다 누추한 곳으로 도저히 남을 숙박시킬 수 없는 실정입니다. 그러니, 참으로 말씀드리기 거북한 일이기는 합니다만, 어디 딴 곳을 찾아주시기 바라오며, 제발 나쁘게 생각 마시기 부탁합니다. 끝으로 아드님의 성공을 진심으로 비는 바입니다. 추위가 한결 심한 때, 몸조심에 전념하시기 아울러 비는 바입니다.
 이상, 우선 회답 말씀 아룁니다. 경구

　●새 낱말 …… 懷かしく(그립게, 반갑게) こちらこそ(이쪽이야말로, 저야말로) 無理からぬ(무리가 아닌, 당연한) 狹い上に(좁은 데다) 申し上げにくい(말씀드리기 거북하다) あしからず(달리 생각 마시도록, 나쁘게 생각 마시도록)

　●비슷한 말과 구 …… お申し越しの食器類、種々破損いたし、使用に耐えない事情にございますので、お許しの程、お願い申し上げます(전언하신 식기류, 이모저모로 파손돼 사용하지 못할 사정에 있으니, 용서해 주시기 부탁 말씀 드립니다) わが子の監督すら 思うに任せぬ今日、他人樣のご息女など、お預かりする器でもないことを殘念に存じます(내 자식의 감독조차 뜻대로 못하는 요즈음, 남의 따님 같은 건 맡을 그릇도 못됨을 유감스럽게 생각합니다)

(3) 문의의 답신일 경우

 문의를 받았을 경우에는 그것에 응답하지 않으면 안 된다. 방문에 대한 형편을 문의해 왔을 경우에는 이쪽의 형편을 신속히 써 보내야 한다. 또, 상대측의 희망을 거절하는 일도 생긴다. 그럴 경우에는 사절 편지와 마찬가지로 사과하는 마음을 잊어서는 안 된다. 그럴 때에 상대측이 납득할 이유를 곁들여 쓰는 것도 사절 편지의 경우와 마찬가지이다.

또한, 문의에 대해서는 다만 이쪽이 알고 있는 범위에서 응답하는 일도 많다. 친지의 주소를 문의해 왔을 경우 등이 그것이다. 그러나, 개중에는 특정인의 신원, 신용 등 본인이나 그 관계자에 대해서는 비밀로 하지 않으면 안 되는 내용도 있다. 그럴 경우에는 「親展(친전)」으로 하고, 「읽은 후에는 반드시 불살라 버리기 바랍니다」라는 뜻의 말을 곁들여 쓰는 것이 일반적이다.

예문 3 내방에 대한 문의를 했을 경우

拝復　九月三日付お手紙，正に拝読いたしました．当方相変わらず仕事に追われておりますが，大過なく過ごしておりますので，ご休心くださるよう，お願い申し上げます．
　さて，何かご相談事などおありとのこと，お役に立てば幸いと存じます．
　ついては，当方の都合をとのこと，来る十二日(日)の休日にてはいかがでしょうか．平日はとかく会議その他にて夜分も遅くなること多く，お約束もいたしかねますが，休日の場合は差し支えないかと存じます．
　何とぞお気軽においでくださるよう，お待ちいたしますが，あらかじめお電話いただければ幸いと存じます．
　右，とりあえずご返信まで．敬具

◉뜻 …… 9월 3일자 편지 틀림없이 잘 읽어보았습니다. 이쪽은 변함없이 일에 쫓기고 있습니다만, 대과없이 지내고 있으니 방념해 주시기 부탁드립니다.

그리고, 뭔가 의논할 일 등이 있으시다니 도움이 되면 다행으로 알겠습니다. 그래서, 이쪽의 형편을 물으셨는데, 오는 9월 12일(일)의 휴일이면 어떻겠습니까? 평일은 자칫 회의와 그밖의 일로 밤에도 늦어지는 경우가 많아 약속도 할 수 없습니다만, 휴일의 경우는 무방하지 않을까 하고 생각합니다. 부디 부담없이 오시기 기다리겠습니다만, 사전에 전화 주시면 다행으로 알겠습니다.

이상, 우선 회답 말씀 아룁니다. 경구

◉새 낱말 …… 仕事に追われる(일에 쫓기다) 相談事(의논할 일)

◉비슷한 말과 구 …… お申し越しのことは、今のところ在宅の予定でおりますので、何とぞ都合よろしいときにおいでくださるよう、お待ちいたします(전언하신 것은, 현재로서는 집에 있을 예정으로 있으니, 부디 형편 좋으실 때에 오시기 기다리겠습니다) お申し出の九日については、いつにても差し支えございませんが、相成るべくは、夕食を共にいたしたいと存じます(제의하신 9일이면 언제든지 무방하지만, 가능하면 저녁 식사를 함께 했으면 합니다)

제 6 장 적극적인 제의의 편지

1. 요망을 주로 하는 편지

(1) 소개장과 추천장

어느 한쪽을 다른 한쪽에 소개하는 것이 요컨대 소개장이다. 소개장의 내용은 당사자와 자신과의 관계, 당사자의 성명, 용건이 중심이다.

소개장 중 내용이 간단할 경우는 명함을 이용하여 그 여백에 써넣는다. 명함의 자기 성명 우측에 소개하는 당사자의 성명이나 용건을 쓰고 소개 연월일을 덧붙인다. 좌측 위에 수신인명을 쓰고 자기 성명 밑에 날인한다. 전체로서 용건을 쓰고 날짜와 서명과 수신인명을 적으면 된다.

그러나, 소개하는 내용에 따라서는 역시 봉서를 사용한다. 당사자에 대해 일신상의 사항을 구체적으로 쓰거나, 용건이나 희망이 복잡할 경우에는 편지의 형식이 될 수밖에 없다. 봉서일 경우에는 봉투에 넣기 전에 봉자(封字)만을 써서 당사자에게 건네 준다. 당사자가 그것을 훑어보고 봉한 다음, 상대편에게 지참하거나 자기 편지에 동봉한다.

그런데, 소개장과 비슷한 추천장이 있다. 특별히 보살펴 주기를 부탁할 경우에는 소개장이 아니라, 추천장의 형식으로 하는 것이 일반적이다. 그러나, 추천하는 이상, 그것에 대해 책임을 질 각오가 필요하다. 따라서, 실제 문제에 있어서는 소개장이면 쓸 수 있지만, 추천장은 쓰지 못한다는 경우도 생긴다. 또, 추천장이라고 해서 좋은 면만을 강조해 쓸 필요는 없다. 때로는 좋은 면과 좋지 않은 면을 대조하여 책임을 질 수 있는 범위를 분명히 할 필요가 있다.

예문 1 명함 소개장의 경우

同鄕 の友人 平山榮二氏をご紹介申し上げます。
よろしくご教導の程お願い申し上げます。

　　　　　一九八九年十一月七日
　　　　　　○○工業株式会社
　　　　　　　取締役 ○○ ○○ ㊞
　　　　　　　　○○ ○○様

○뜻 …… 동향의 친구 平山榮二씨를 소개합니다. 잘 교도해 주시기 부탁드립니다.
　　　1989년 11월 7일
　　　　○○공업 주식회사
　　　　　이사 ○○ ○○ ㊞
　　　　　　○○ ○○님

○새 낱말 …… 友人(친구) 取締役(이사)
○비슷한 말과 구 …… 学友井上進氏をご紹介申し上げます(학우 井上進씨를 소개합니다) 多年の友人鈴木一氏(다년간의 친구 鈴木一씨) ○○産業株式会社の村田孝一氏(○○산업 주식회사의 村田孝一씨)

예문 2 대학 시절의 옛 친구 소개

拝啓 新秋の候, いよいよご活躍のことと存じ, お喜び申し上げます. その後久しくごぶさたいたしましたこと, まことに申し訳ございません. さて, 突然ながら, 大学時代の旧友中西正雄氏をご紹介申し上げます. 同氏は洋品店を経営しておられますが, 町内会有志とともに, 工場見学の会を催されております. その企画の一つとして, このたび貴社埼玉工場の見学を望まれ, 小生に相談に見えられました. 事情を伺いましたところ, 要するに見聞を広めるための研修の一環とのこと, ご同慶の至りにたえません. ついては そちら様にご紹介申し上げますので, ご多忙中恐縮に存じますが, 何とぞご便宜をお図りくださるよう, お願い申し上げます.
なお, 定休日の関係で水曜日を希望ておられますが, 詳細についてはご本人より直接お聴き取りくださるよう, 併せてお願い申し上げます.
時節柄, 一層のご自愛, お祈り申し上げます.
右, ご紹介かたがたお願いまで申し上げます. 敬具

●뜻 …… 근계 신추지절, 더욱더 활약하시는 것으로 알아 축하하는 바입니다. 그후 오랫 동안 격조하게 지낸 점 정말 죄송합니다.

그리고, 갑작스럽습니다만 대학 시절의 옛 친구 中西正雄씨를 소개합니다. 동씨(同氏)는 양품점을 경영하고 있습니다만, 동네 모임의 유지와 함께 공장 견학 모임을 개최하고 있습니다. 그 기획의 하나로 이번 귀사 埼玉 공장의 견학을 원해 소생에게 의논하러 왔습니다. 사정을 들었던 바 요컨대 견문을 넓히기 위한 연수의 일환이라고 하니 함께 경하하지 않을 수 없었습니다. 그래서, 귀형에게 소개하오니 바쁘신 데 죄송하지만, 아무쪼록 편의를 봐 주시기 부탁 말씀 드립니다.

또한 정기 휴일 관계로 수요일을 희망하고 있는데, 상세한 것은 본인에게 직접 들어 주시기 아울러 부탁 말씀드립니다.

때가 때인 만큼 더 한층의 몸조심 비는 바입니다.

이상, 소개를 겸해 부탁 말씀 아룁니다. 경구

●새 낱말 …… 町内(동네) ご便宜をお図りくださる(편의를 꾀해 주다, 즉 편의를 봐 주다)

●비슷한 말과 구 …… ご多用中恐縮に存じますが、ご面接いただければ幸いと存じます(바쁘신 데 송구스럽지만, 면접해 주시면 다행으로 알겠습니다) 同氏は郷里にて中学校の教員をしておられますが、このたび同僚数人と御地の史蹟探訪を意図され、相談に来られました(동씨는 향리에서 중학교 교원을 지내고 있습니다만, 이번 동료 몇 사람과 그곳 사적 탐방을 의도하시고 의논하러 왔습니다) 同氏は今回御地、商工事情の視察に出掛けられますが、ぜひとも御社工場の見学をとのご希望を伺っております(동씨는 이번 그곳으로 상공 사정의 시찰을 떠납니다만, 꼭 귀사 공장의 견학을 바란다는 희망을 듣고 있습니다)

(2) 주의를 촉구할 경우

때로는 상대측이 성가심을 받지 않도록 주의를 촉구하는 일도 필요하다. 요즈음에는 모조품이나 가짜 회사원 등도 횡행하고 있다. 잡상인, 외무원, 불량한 옛친구 등도 전혀 눈을 뗄 수 없는 세상이다.

그런데, 그런 일로 상대측이 성가심을 받아도 일반적으로는 이쪽의 책임이 아니라는 것은 더 말할 나위도 없다. 그러나, 이쪽이 받은 성가심을 참고로 하여 상대측에게도 경계하라고 하면, 서로에게 유리하다. 특히 이쪽의 신용을 이용해 상대측을 속이는 경우 등은 이쪽과 관계없다고는 단언할 수 없다. 그래서, 그런 경우에는 상대측에게 주의를 촉구하는 편지가 필요하게 된다. 그것이 주의 편지이다.

주의 편지는 주의할 사례가 중심이 된다. 그와 동시 이쪽에서 받은 피해를 참고로 적고, 이쪽의 이익을 이용하고 있을 경우에는 이쪽과 관계없다는 것을 강조하지 않으면 안 된다. 그리고, 부디 주의해 달라고 하는 것이 그 내용이다.

예문 3 보험 외교의 소개에 대하여

冠省 実は，昨日小生宅へ旧友墨田実君が，保険の外交として参りました．その際いろいろお断りいたしましたが，最後にどなたか一人だけでも紹介していただかなければ退散しないとのこと，やむをえずそちら様をご紹介いたしました．はなはだご迷惑とは存じますが，同氏は小生と

何らの利害関係もございませんので, 何とぞご自身のご判断にてご処置くださるよう, お願い申し上げます。
右, とりあえずご連絡まで. 草々

●뜻 …… 전략, 실은 어제 제 집에 옛친구 黑田実군이 보험 외교하러 왔습니다. 그때 여러 가지로 거절했습니다만 마지막에 누구든 한 사람만이라도 소개해 주지 않으면 물러나지 않겠다기에, 부득이 귀형을 소개했습니다. 매우 귀찮을 것으로 압니다만, 동씨는 저와 아무런 이해 관계도 없으니, 부디 자신의 판단으로 조처해 주시기 부탁 말씀 드립니다.
　이상, 우선 연락 말씀 아룁니다. 총총
　●새 낱말 …… 小生宅(소생의 집, 제 집) どなたか(누구든지) 紹介していただかなければ(소개해 주지 않으면) はなはだ(매우, 몹시) 退散(물러남)
　●비슷한 말과 구 …… ついては, 何としても三軒だけ紹介を受けなければ退去しないとのこと, やむをえずそち様のお名前などお伝えいたしました(그러니, 무슨 일이 있어도 세 집만 소개를 받지 않으면 물러나지 않겠다기에, 부득이하게 귀형의 이름 등을 알려주었습니다) 別にお断りになっても一向に差し支えございませんので, 右お含みのうえご判断くださるよう, お願い申し上げます(특별히 거절하셔도 전혀 지장이 없으니, 이상 유념하시고 판단해 주시기 부탁 말씀 드립니다)

(3) 권고와 격려를 할 경우

　망설이고 있는 상대측에게 바람직한 방향을 제시하는 것이 권고장이다. 일반적으로 뭔가 망설이고 있을 경우, 구두로 전하면 그냥 받아들여 주지 않지만, 편지의 형식으로 하면 내용을 냉정히 판단하고 선택할 수도 있다. 그것이 권고 편지의 효용이다.
　권고 편지는 특별히 의논 받은 사항의 답신으로 쓰는 경우도 있고, 또는 이쪽에서 적극적으로 쓰는 경우도 있다. 어쨌든 간에 그 내용은 자기가 본 현상과 그것에 대한 의견이 중심이 된다. 그것에 대해 이렇게 하는 것이 좋겠다는 방향과 자기 같으면 이렇게 하겠다는 태도로써 나간다. 때로는 몇 가지의 안을 제시하고, 그 선택을 상대측에게 맡기는 것도 효과적이다.
　또, 이미 바람직한 방향으로 나아가고 있는 사람에 대해서는 더욱 용기를 북돋아줄 필요가 있다. 그것이 격려 편지이다. 마주 보고 잘하라고 하면 그때만의 효과로 끝나고 만다. 그러나 편지의 형식으로 하면 기회 있을 때마다 숙독하고, 그것에 의해 용기도 얻게 된다.
　격려 편지의 경우도 특별히 보고를 받은 사항의 답신으로서 쓰는 때가 있다. 그러나, 이쪽에서 적극적으로 쓰는 일도 많다. 어쨌든 간에 상대측의 현상 확인과 격려 등을 쓰고, 더욱 발분하도록 한다. 단, 만일의 실패를 생각해서 그때 책임을 모면할 길을 마련해 둘 필요가 있다.

예문 4 퇴원 후에는 충분한 섭생을

拝復 このたびはご丁寧なごあいさつ、ありがたく拝見いたしました。久しくごぶさたいたしましたこと、深くおわび申し上げます。

さて，長い間のご闘病が効を奏し，ここにめでたくご退院とのこと，心からお祝い申し上げます．ご家族の皆様も，さぞお喜びのことと拝察いたします．しかるところ，早速ご勤務に就かれるとのご意思いかがかと存じ，ここにお手紙を差し上げることにいたしました．病院というところは全くの別天地になっておりますこと，既に十分ご承知かと存じます．それに反し浮世の風は冷たく，特に昨今の不況は不規則な勤務を余儀なくされること，まことにやむをえないかと存じます．ついては，しばらくは徐々に実社会に復帰されることこそ肝要かと存じます．何とぞ，功など焦らず十分ご自愛のうえ，後日の大成を期されるよう，心から切望いたします．

右，書中失礼ながら一応愚見を申し上げ，ご一考を煩わしたいと存じます．敬具

○뜻⋯⋯ 복계 이번 정중한 인사, 감사히 잘 받아보았습니다. 오랫동안 격조하게 지낸 데 대하여 깊이 사과 말씀 드립니다.

그리고, 오랜 기간의 투병이 주효하여 이제 경사스럽게도 퇴원하셨다니 진심으로 축하하는 바입니다. 가족 여러분도 틀림없이 기뻐하실 것으로 배찰합니다. 그렇지만 즉시 근무하시겠다는 의사는 어떨까 하는 생각에서, 이에 편지를 드리기로 했습니다. 병원이라는 곳은 전혀 별천지라는데 대해서는, 이미 충분히 알고 계실 줄로 압니다. 그에 반해 세상사는 차갑고, 특히 작금의 불황은 불규칙한 근무를 어쩔 수 없이 하게 되는 것은 정말 부득이한 일이 아닐 수 없습니다. 그러니, 당분간은 한직을 본지(本旨)로 삼다가 서서히 실사회에 복귀하는 일이야말로 중요하다고 봅니다. 아무쪼록, 공을 서두르지 말고 충분히 몸조심하시어, 후일의 대성을 기하시기 진심으로 갈망합니다.
　이상, 편지로 실례지만 일단 우견을 말씀드려 일고의 수고를 끼치고자 합니다. 경구

　○**새 낱말** …… 長い間(오랜 기간) 効を奏する(주효하다) それに反し(그에 반해) 浮世の風(세상사, 세상살이) 余儀ない(하는 수 없다, 어쩔 수 없다, 부득이하다) しばらくは(당분간은) 功を焦る(공을 서두르다)

　○**비슷한 말과 구** …… 承るところによりますと、御地は著名な公害地帶とのこと、健康を損なう害惡これに過ぎるものはないと思います。ついては、この際多少の不便を覺悟のうえ、校外へご転居なさるのも一法かと存じます(듣자옵건대, 그곳은 이름난 공해 지대라고 하니, 건강을 해칠 해악(害惡) 이에 더한 것은 없는 줄로 압니다. 그러니, 차제에 다소의 불편을 각오하시고 교외로 이사하는 것도 한 방법인 줄로 압니다) 最近は微熱などおありとのとの趣、責任ある專門醫にご相談なさること必要かと存じます(최근에 미열 등이 있으시다니, 책임있는 전문의에게 의논할 필요가 있다고 생각합니다)

예문 5 사법 시험을 격려

拝復 このたびは、久方ぶりに懐かしいお手紙、正に拝承いたしました。当方一同おかげさまにて元気に消光しておりますゆえ、ご休心くださるよう、お願い申し上げます。
　さて、承れば、三度司法試験にご挑戦との趣ご覚悟の程も察せられ、まことに頼もしく存じます。ついては、日夜寝食を忘れてのご勉学もさぞやと拝察し、心からご激励申し

上げます。顧みれば、この世知辛い社会に処する上に、出発点の選び方こそ、最も肝要かと存じます。その点、司法試験合格を目指されるご計画まことにたのもしく。慶賀の至りに存じます。何とぞ存分にご準備のうえ最善を尽くされるよう、切にお祈り申し上げます。
末筆ながら、十分ご自愛くださるよう、併せてお祈り申し上げます。
まずは、とりあえず意のあるところを申し上げ、もってご激励の言葉といたします。敬具

○뜻……복계 이번에는 오래간만에 반가운 편지 틀림없이 잘 받아보았습니다. 우리는 모두 덕분에 건강하게 소일하고 있으니 방념해 주시기 부탁 말씀 드립니다.

그리고 듣자니 세 번 사법 시험에 도전한다니 각오의 정도가 헤아려져 정말 믿음직스럽게 생각합니다. 그러나, 밤낮으로 침식을 잊고 서의 면학도 틀림없을 줄 배찰하오며, 진심으로 격려 말씀 드리는 바입니다.
돌이켜보면, 이 살기 힘든 사회에 처신함에 있어서 출발점의 선택이야말로 가장 중요하다고 생각합니다. 그 점, 사법 시험합격을 목표하는 계획은 참으로 믿음직스러워 경하해 마지 않습니다.
아무쪼록 마음껏 준비해 최선을 다하시기 간절히 비는 바입니다.
끝으로 충분히 몸조심하시기 아울러 빌어 마지 않습니다.
이상, 우선 생각하는 바를 말씀드리고 그로써 격려의 말을 삼습니다. 경구

○새 낱말……賴もしい(믿음직스럽다) 世知辛い(살기가 힘들다) 処する(처하다, 처신하다) 選び方(선택, 선택하는 법) 目指す(목표하다, 지향하다) 存分に(충분히, 마음껏) 最善を尽くす(최선을 다하다)

○비슷한 말과 구……ニューヨーク支店ご勤務との趣、異国のご

生活は不如意ゆえ、十分のご覚悟のうえ、所期の目的を達せられるよう切にお祈り申し上げます(뉴욕 지점에 근무하게 되셨다니, 이국 생활은 뜻과 같지 않다는 것을 충분히 각오하시고 소기의 목적을 이룩하시기 간절히 비는 바입니다) 道路拡張に反対の運動を展開されるとのこと、ご成功を心からお祈り申し上げます(도로 폭 확장에 반대 운동을 하신다니, 성공을 진심으로 비는 바입니다)

(4) 훈계와 충고를 덧붙일 경우

바람직하지 않은 방향으로 나아가고 있는 상대측에 대해서 때로는 타이르는 일도 필요하다. 특히 좋지 못한 길에 빠졌을 경우에 옳은 방향으로 이끌게 된다. 그것이 훈계 편지이다.

그러나, 상대측에서는 그것이 옳지 않다고 깨닫지 못할 경우도 많다. 또한 깨닫고 있어도 거기에 만족을 느낄 수도 있다. 또, 그것을 지적받는 것에 반발을 느끼는 사람도 많다. 훈계라는 것은 받는 쪽에서도 절대로 기분 좋은 건 아니다. 자칫하면 감정을 상하고 대인관계를 파멸로 이끌지도 모르는 것이 훈계 편지이다.

따라서 훈계 편지를 쓸 경우는 상대측의 좋지 못함을 지적하는 것과 동시, 상대측의 자존심이 상처입지 않도록 하는 배려가 필요하다. 그러자면, 상대측의 행위를 선의로 해석하고, 그 필요성을 충분히 인정하는 데서 출발해야만 한다. 그리고, 그런 관점에서 상대측의 입장이 되어 행복해질 것을 비는 마음으로 쓰면, 어느 정도 주효할 수 있다. 그럴 때, 함부로 홍분하지 않고 냉정한 기분으로 우회적으로 써 나가는 것이 중요하다. 구체적으로 장황하게 쓰지 않아도 상대측에서는 충분히 이해할 수 있는 사항이다.

또한, 훈계 편지라는 것은 일반적으로 후배나 손아랫 사람에게 보낼 성질의 것이다. 또한, 그같은 것을 동료나 선배 손윗 사람에 대해서 행하는 것이 충고 편지이다. 충고 편지는 특별히 상대측 기분을 해치지 않도록 주의하지 않으면 안 된다. 무심코 쓰게 되면 도움이 되지 않을 뿐만 아니라 도리어 반발을 사게 되기 때문이다.

예문 6 상사와의 불화에 대하여

拝啓 向寒のみぎり、ますますご発展の趣まことに喜ばしく存じます。
さて、承れば、そのご発展も度を過ごし、最近ご上司との間に不和を生じるに至ったとの趣、いささか心外に存じます。そのうえ、これを機に辞表ご提出もご考慮とのこと、何とも驚き入っております。顧みれば一時の好景気、あるいは他に更によい勤務先も皆無とは申せません。しかるところ、よわい既に中年に達してのご転とおりで職、決して有利に作用いたさぬこと、幾多の例に見るございます。ついては、精々ご自重のうえ、ご上司との間の不和につき、ご解消なさることこそ肝要かと存じます。血気の大言壮語も時には必要かと存じますが、他人の心情を害すること、決して得策ではございません。
静かに時機の到来を待たれ、雄飛を他日に期されるよう、切にお祈り申し上げます。
右、取り急ぎ意のあるところを申し上げ、もって参考に供したいと存じます。敬具

○**뜻** …… 근계 향한지절, 더욱더 발전하신다니 정말로 축하하는 바입니다.

그리고, 들자옵건대 그 발전이 도가 지나쳐 최근 상사와의 사이에 불화를 낳기에 이르렀다고 하니, 얼마간 뜻밖이 아닐 수 없습니다. 게다가 이것을 계기로 사표 제출도 고려하신다니 정말 놀라고 있습니다. 돌이켜보면 일시의 호경기, 또는 달리 더 좋은 근무처도 전혀 없다고는 할 수 없습니다. 그렇지만, 연령이 이미 중년에 이르고서의 전직, 절대로 유리하게 작용하지 않는다는 것은, 수많은 사례에서 보는 바와 같습니다.

그러니, 가능한 한 상사와의 사이에 생긴 불화에 대해 해소하는 일이야말로 중요하다고 봅니다. 혈기의 호언 장담도 때로는 필요하다고 봅니다만, 남의 심정을 해치는 건 절대로 득책이 못됩니다. 조용히 시기의 도래를 기다려, 웅비를 훗날에 기하시기 간절히 비는 바입니다.

이상, 시급한 대로 생각하는 바를 말씀드렸으니 참고로 삼기 바랍니다. 경구

○**새 낱말** …… 度を過ごす(도가 지나치다) 生じるに至る(낳기에 이르다) いささか(얼마간, 약간) 心外(뜻밖) 機(기회, 계기) 他に(달리) 皆無(전혀 없다) よわい(나이, 연령) 幾多(수많은) 精々(가능한 한, 힘껏) 大言壯語(호언 장담) 他日(훗날)

○**비슷한 말과 구** …… この期に及んで職をお替えになること、何とも不得策かと存じます(이제 와서 직업을 바꾸신다니, 정말 득책이 아닌 줄 압니다) いずれにしても、このたびご転業の儀は不賛成にて、ご反省の程、お祈り申し上げます(어쨌든 간에 이번 전업 건은 찬성 못하니 반성하시기 비는 바입니다)

예문 7 경마에 열중하는 동료에게 충고

拝啓　若葉の緑もすがすがしい今日このごろ，いかがお過ごしでしょうか，案じております。日ごろは何かとお世話になっておりますこと，厚く御礼申し上げます。
　さて，先日来，しばしばよからぬうわさを耳にいたし，驚いております。承れば，競馬に熱を上げ，ご本業へのご配慮全くこれなきとの趣，商人の資格ご喪失，まことに嘆かわしいことと存じます。かつては品行方正にて前途を嘱望されたそちら様には，何か委細もおありかと存じますが，競馬を本業になさること全く言語道断かと存じます。何とぞいま一度ご考察のうえ，ご家業ご精励の程，切にお祈り申し上げます。以上，まことに失礼とは存じますが，何とぞ意のあるところをおくみ取りくださるよう，お願い申し上げます。
　まずは，とりあえず一筆申し上げます。敬具

●뜻 …… 근계 새 잎의 푸른 빛도 상쾌한 요즈음, 어떻게 지내시는지요 걱정하고 있습니다. 평소에는 여러 가지로 신세지고 있는 데 대하여 깊이 사례 말씀 드립니다.

　그리고, 요전부터 자주 좋지 않은 소문을 듣게 되어 놀라고 있습니다. 듣자옵건대, 경마에 열중해 본업에 대한 배려를 전혀 안 하신다니 상인의 자격 상실은 정말 한탄스러운 일인 줄로 압니다. 과거에는 품행이 방정해 앞날을 촉망받았던 귀형에게 뭔가 자세한 사정도 있는 줄 알지만, 경마를 본업으로 삼는다는 것은 정말 언어 도단이 아닐 수 없습니다. 아무쪼록 다시 한 번 고찰하셔서, 가업에 힘쓰시기 간절히 빌어 마지 않습니다. 이상, 참으로 실례인 줄은 압니다만, 아무쪼록 말하는 바를 이해해 주시기 부탁드립니다.

이상, 우선 몇 자 올립니다. 경구

○새 낱말 …… しばしば(자주) よからぬうわさ(좋지 못한 소문) 耳にいたす(귀에 들리다, 듣다) 熱を上げる(열을 올리다, 열중하다) 嘆かわしい(한탄스럽다, 한심스럽다) 委細(자세한 사정)

○비슷한 말과 구 …… 最近は商売思わしからぬ趣, 重々承知しております。しかるところ, ご本業をおろそかにして飲酒にふけられること, いかがかと存じます。過日は大酒の故にて吐血なされたとのこと, ご家族皆様のお嘆きも, さぞやと拝察いたします。お互いに家庭を持つ身, 万事に節度をわきまえることこそ, 何よりも肝要かと存じます (요즈음 장사가 탐탁치 않다는 것은 거듭거듭 잘 알고 있습니다. 그렇지만 본업을 소홀히 하고 음주에 빠져 있다니 어떨까 하고 생각합니다. 전날에는 많은 술 때문에 토혈하신 데 대하여 가족 여러분의 슬픔도 틀림없을 것으로 배찰합니다. 서로 가정을 가진 몸, 모든 절도를 아는 일이야말로 무엇보다도 중요하다고 생각합니다)

2. 여러 가지의 요구 편지

(1) 권유 편지와 청구 편지

똑같이 이렇게 해 주시오라고 하는 편지라도 권유 편지이면, 「あなたも一緒にしませんか(당신도 함께 하지 않겠습니까)」하는 형이 된다. 즉 자신은 이런 일을 하고 있습니다, 또는 이런 일을 하려고 생각합니다라고 하는 것이 기본이 된다. 그리고 권유하는 이유, 자기의 의견 등을 덧붙여 쓰는 것이다.

그러나, 강제적인 인상을 주는 것은 역시 바람직하지 않다. 상대측의 자유 의사를 존중하고 게다가 기분 좋게 승낙해 주도록 쓸 필요가 있다. 그와 동시에 형편이 좋지 않아 승낙하지 못하더라도 어색한 기분이 남지 않도록 상대측의 입장이 되어 써 나가는 노력이 중요하다.

그것에 비해 청구 편지는 「이렇게 해 주시오」하는 형이 된다. 상대측을 움직여서 이쪽의 의견을 따르도록 하는 점에서는, 청구 편지도 권유 편지와 마찬가지이다. 그러나, 청구 편지의 경우에는 요구하는 측에게 권리가 있고, 요구받는 측에게 의무가 있는 점이 권유 편지와 다르다.

그 때문에 청구 편지는 자칫 강한 말을 쓰기 쉽다. 그러나, 대인 관계의 편지는 정중히 다루지 않으면 안 된다. 즉, 청구 목적이나 내용을 분명히 하는 것과 동시에 이쪽의 사정을 언급하는 배려가 필요하다. 그것에 따라 이쪽이 의도하는 방향으로 마음을 돌려 주도록 하는 그런 형이 바람직하다.

예문 1 사적(史蹟) 탐방회에의 권유

拝啓　青葉を渡る風も懐かしい季節となりました。その後お変わりもなくお過ごしでしょうか、お伺い申し上げます。
さて、私ども永らくこの土地に住み慣れておりますが、

身辺の雑事に追われ，県下の名所旧蹟などにも案外関心のないこと，まことに残念に存じます。たまたま親類縁者の来訪を受けた節も，案内の要領すら分からず，閉口いたすこともしばしばかと存じます。しかるところ，このたび県の観光課にて史蹟探訪の集いが行われているとのこと，試みに参加いたしましたが，まことに有益にて，認識を新たにいたした次第でございます。ついては，そちら様にもご参考になるかと存じ，ここにお手紙を差し上げることにいたしました。要領は，同封案内書のとおりでございます。お互い多忙の身ゆえ，毎回の参会いかがかと存じますが，臨時会員の制度もございますので，ここにお勧め申し上げます。
時節柄，ご自愛専一の程，お祈り申し上げます。
右，とりあえずご案内まで．敬具

○뜻……근계 푸른 나뭇잎에 스치는 바람도 반가운 계절이 되었습니다. 그후 변함없이 지내시는지요 문안드립니다. 각설하옵고, 우리는 오랫 동안 이 고장에 살아 정들었습니다만, 신변의 잡일에 쫓겨 県內의 명소 고적 등에도 의외로 관심이 없었던 데 대하여 참으로 유감스럽게 생각합니다. 우연히 일가 친척의 내방을 받았을 때도, 안내의 요령조차 몰라 질리는 때도 자주 있었습니다. 그렇지만, 이번 県의 관광과에서 사적(史蹟) 탐방의 모임이 있다는 말을 듣고 시험삼아 참가해 보았습니다만, 정말 유익해 인식을 새롭게 한 참입니다. 그래서, 귀형께도 참고가 될까 하여 이에 편지를 드립니다. 요령은 동봉한 안내서대로입니다. 서로 바쁜 몸이니, 매회 참가한다는 건 어떨까 하고 생각합니다만, 임시 회원 제도도 있으므로 이에 권하는

바입니다.
　때가 때인 만큼 몸조심에 전념하시기 비는 바입니다.
　이상, 우선 안내 말씀 아룁니다. 경구
　◦**새 낱말** …… 住み慣れる(살아서 정이 들다) たまたま(우연히, 때마침) 親類縁者(일가 친척) 閉口(질림, 손듦, 질색) 集い(모임) 新たにする(새롭게 한다)
　◦**비슷한 말과 구** …… 秋の夜長を持って余す昨今成人学級の教養講座受講などいかがかと存じ, 案内書を取り寄せました. については, そちら様にも何かご参考になるかと存じ, ここに案内書を同封いたします (가을의 긴긴 밤을 주체 못하는 요즈음, 성인 학급의 교양 강좌의수강 같은 건 어떨까 하고 생각해 안내서를 주문하여 배달시켰습니다. 그래서, 귀형께도 무슨 참고가 될까 하고 이에 안내서를 동봉합니다)

예문 2 빌려 준 돈의 변제에 대하여

拝啓　向暑のみぎり, その後いかがお過ごしでしょうか, お伺い申し上げます.
さて, 先般ご融通いたしました金子弐拾五万円, もはやお約束の期日も経過いたしましたが, 何のご連絡もなく心配しております. 夏期のお手当にてご返却とのお言葉, ご都合いかがお運びでしょうか. いろいろご事情もおありかと存じますが, 私どもにおいてもいろいろ無理のうえにてご融通いたしましたゆえ, 手元何かと不如意にて, 困惑しております. ついては, まことに申し上げにくいことではございますが, 至急ご返金のご予定をお立ていただけ

れば幸いと存じます。何とぞ特別のご配慮を賜るよう、ここにお願い申し上げます。
まずは、書中失礼ながら、とりあえずご連絡申し上げます。
敬具

○뜻 …… 근계 날씨가 점점 더워지는 때, 그후 어떻게 지내시는지요 문안드립니다. 그리고 전번에 융통해 드린 돈 25 만엔, 이제는 약속 기일도 경과했습니다만 아무런 연락도 없어 걱정하고 있습니다. 여름철 수당으로 반환하시겠다던 말씀, 형편이 어떻습니까? 여러 가지로 사정도 있을 줄 압니다만, 우리도 여러 가지로 무리해서 융통했기 때문에 가진 돈도 뭔가 여의치 않아 난처해 하고 있습니다. 그래서, 참으로 말씀드리기 거북한 일이기는 합니다만, 시급히 돈 갚을 예정을 세워 주시면 다행일까 합니다. 아무쪼록 특별한 배려를 해 주시기 이에 부탁 말씀 드립니다.

이상, 편지로 실례입니다만 우선 연락 말씀 아룁니다. 경구

○새 낱말 …… 金子(돈) もはや(이제는, 벌써, 이미) 夏期(하계, 여름철) 手当(수당) 返却(돈을 돌려 줌, 반환) 手元不如意(가진 돈이 여의치 않음) 困惑(곤혹, 난처함)

○비슷한 말과 구 …… 実は、家内に内證にてご融通いたしましたので、いろいろとやり繰りに苦勞しております事情も、ご賢察いただきたいと存じます(실은 내자에게 비밀로 융통했기 때문에 여러 가지로 변통해 나가기에 고생하고 있는 사정도 현찰해 주시기 바랍니다)

(2) 제안과 의논에 대하여

이쪽에 뭔가 안이 있어 그것에 대해 상대측의 의견을 원할 경우도 있다. 그것이 제안 편지이다. 예를 들어, 함께 여행하고 싶은 데 어떻겠습니까, 공동으로 구입하고 싶은데 어떻겠읍니까 하는 것 등의 경우가 그것이다.

제안 편지의 경우는 제안하는 내용이 중심이다. 그러나, 어째서 그런 제안을 하는지에 대하여 그에 상응하는 이유가 없으면 상대측도 의견을 말할 바가 없다. 또한 반드시 상대측에게 유리하지 않을 경우도 생긴다면 더욱 그렇다. 따라서, 본래는 이쪽의 사정에 의한 제안이더라도, 그것이 상대측에게도 유리해진다는 것을 강조하는 노력이 필요하다.

또 무슨 문제가 있었을 경우에, 그것을 꺼내는 것이 의논 편지이며 진학, 취직, 결혼, 돈 마련 등 여러 가지가 있다. 그런 것에 대해 사정을 털어놓고 상대측의 의견을 묻게 되는 것이다.

따라서, 의논 편지는 문제의 내용을 상대측에게 알기 쉽게 해설할 필요가 있다. 숨기고 있는 사항이 있으면 상대측은 그 판단을 그르치게 될지도 모르기 때문이다. 또, 이쪽에 무슨 안이 있으면 그것을 제시하고, 그것에 대해 지시를 청하는 형식도 행하여지고 있다. 그렇게 되면 의논 편지가 아니라 제안 편지가 되는 것이다.

예문 3 자동차의 공동 구입에 대하여

拝啓 初夏の風もすがすがしいころとなりました。　日ごろは数々のお世話になっておりますこと，感謝この上もございません。
さて，ここにお手紙を差し上げるのは，ほかでもございません。自家用自動車のことについてでございます。
最近は自家用車の普及目覚ましく，休日の行楽などにも

特に目立つに至りました．そのため家族の者もその購入を切望しておりますが，まことに無理からぬことかと存じます．しかるところ，個人にて購入いたしましても，通勤に使用しにくい私どもにとって，必ずしも得策ではないかと存じます．ついては，家内とも相談いたしましたところ，共同にて購入しお互いに使用すること，いかがかとの案に達した次第でございます．購入価格などについて調べましたところ，六拾万円ほどにて中古車の上物が入手可能とのことでございます．

そのため，そちら様との共同出資により，お互いの負担参拾万円ほどにて実現が可能かと存じますが，いかがなものでしょうか．このような点，ご一考いただければ幸いと存じおす．奥様にもよろしくご伝言くださるよう，お願い申し上げます．

向暑の折から，なお一層ご自愛くださるよう，お祈り申し上げます．

まずは，とりあえずご連絡申し上げます．敬具

○뜻 …… 근계 초여름의 바람도 시원한 때가 되었습니다. 평소에 여러 가지 신세지고 있는 데 대하여 더없이 감사하고 있습니다.

그리고, 이 편지를 드리는 것은 다름이 아닙니다. 자가용 자동차의 일에 관해서입니다. 요즈음은 자가용차의 보급이 눈부시고 휴일의 행락 등에서도 특별히 눈에 띄게 되었습니다. 그 때문에 가족들은 구입을 갈망하고 있고, 정말 당연한 일인 줄 압니다. 그렇지만, 개인으로 구입해도 통근에 사용하기 힘든 우리로서는, 반드시 득책은 아닌 것 같습니다. 그래서 집사람과도 의논했던 바, 공동으로 구입해 함께 사용하는 것이 어떻겠느냐는 안에 도달하게 된 것입니다. 구입 가격 등에 대해 조사했더니, 60 만엔 정도로 중고차의 상품이 입수 가능하다는 것입니다. 그 때문에 귀형과의 공동 출자에 의해 서로의 부담액 30 만엔 정도로 실현이 가능하다고 생각합니다만 어떻겠습니까? 이같은 점 한 번 생각해 주신다면 다행으로 여기겠습니다. 부인께도 부디 잘 말씀해 주시기 부탁합니다.

더워지기 시작하는 때, 더 한층 몸조심 하시기 비는 바입니다.

이상, 우선 연락 말씀 아룁니다. 경구

●새 낱말…… 感謝この上もございません(더없이 감사합니다) ほかでもございません(다름이 아닙니다) 目覚ましい(눈부시다) いかがなものでしょうか(어떻겠습니까)

●비슷한 말과 구…… 週末など, 近郊の温泉にて気分の転換を図りたいと存じますが. 一人にては旅館側も歓迎しないとのこと, いかにも残念に存じます. ついては, そちら様とご一緒いたすのも一法かと存じ, ここにご連絡申し上げます(주말 등, 근교의 온천에서 기분 전환을 꾀하려고 생각합니다만, 혼자서는 여관측도 환영하지 않는다고 하니 참으로 유감스럽게 생각합니다. 그래서, 귀형과 함께 하는 것도 한 가지 방법인 것 같아 이에 연락 말씀 아룁니다)

예문 6 자택 신축의 자금 조달

拝啓 初春とはいえ, 例年にもない寒さが続いておりますこのころ, いかがお過ごしでしょうか, お伺い申し上げます.
さて, 小生も結婚後やがて十年, 二人の子の親と相成りましたこと, まことに今昔の感にたえません. そのうえ近代生活にあこがれて入居いたしました公団住宅も,

もはや手狭となり、そろそろ脱出を心掛ける時期に至ったかと存じます。ついては、家内とも懇談のうえ、郊外に土地を求めての新築など、いかがかと考えるに至りましたが、先立つものの見通しも付かず、困惑しております。しかるところ、そちら様にはいろいろご融資を受けてご新築なされたとの趣、一度お知恵を拝借いたしたいと存じ、ここにお手紙を差し上げることにいたしました。折を見てご相談の機会を持たせていただきたく、ここにお願い申し上げます。
まずは、書中失礼ながら、お伺い申し上げます。敬具

○뜻 …… 근계, 초봄이라고는 하지만 예년 같지 않은 추위가 계속되고 있는 요즈음, 어떻게 지내시는지요 문안드립니다.

그리고 소생도 결혼한 지 이럭저럭 10년, 두 자식의 어버이가 된 데 대하여, 참으로 금석지감을 금할 수 없습니다. 게다가 근대 생활을 동경해 입주했던 공단 주택도 이제는 비좁아져, 슬슬 탈출을 유념할 시기에 이른 줄 압니다. 그래서, 집사람과도 의논해서 교외에 땅을 구입해서 신축 등, 어떻겠느냐고 생각하기에 이르렀습니다만, 우선 필요한 것의 전망도 서지 않아 난처해 하고 있습니다. 그렇지만 귀형께서는 여러 가지 융자를 받아 신축하셨다니, 한 번 지혜를 빌리고 싶어 이에 편지를 올리게 된 것입니다. 기회를 보아 의논할 기회를 가지게 해 주시기 이에 부탁드립니다.

이상, 편지로 실례지만 여쭈어봅니다. 경구

○새 낱말 …… やがて(이럭저럭) 今昔の感にたえません(금석지감을 금할 수 없습니다) あこがれる(동경하다) 入居(입주) そろそろ(슬슬) 先立つもの(우선 필요한 것) 折を見て(기회를 보아)

◎비슷한 말과 구······ 当人は○○出版なるところに就職したいと申しておりますが、聞くところによりますと、従業員二、三人の小さな出版社とのこと、いろいろ心配になりましたので、率直なご意見を伺わせていただきたく、ここにごそうだん申し上げます(본인은 ○○ 출판이라는 곳에 취직하고 싶다고 합니다만, 들은 바에 의하면 종업원 2,3명의 작은 출판사라고 하니, 여러 가지로 걱정이 되므로 솔직한 의견을 듣고 싶어서 이에 의논드립니다)

(3) 추궁과 독촉의 경우

    권유해도 반응이 없을 경우, 거듭 권유하는 일도 행하여지고 있다. 제안과 의논의 경우도 마찬가지이다. 그럴 경우에 보내는 것이 이 추궁 편지이다.
    추궁 편지는 권유, 제안, 의논의 내용을 되풀이한다는 것은 더 말할 나위도 없다. 그러나, 추궁하는 이상 그때마다 취향을 바꾸는 노력이 필요하다. 또, 전번 인상이 가시기 전에 보내는 것이 효과적이다. 답신을 보낼 기회를 놓쳤을 경우 등, 추궁 편지가 계기로 되는 때도 많기 때문이다.
    또한, 청구 편지에 대해서 이행되지 않을 경우에 보내는 것이 독촉 편지이다. 독촉 편지도 그 내용은 청구 편지의 내용을 반복한 것이다. 그러나, 상대측으로서 의무를 가지고 있는 것 등, 충분히 알고서의 불이행이다. 따라서 태도로서는 상대측의 불이행을 책하는 것보다 이쪽의 난처한 사정을 강조하는 것이 효과적이다.

예문 5 도서 반환에 대한 독촉

再啓　晩秋のみぎり，ますますご活躍のことかと存じ，お喜び申し上げます。
　さて，先便にて申し上げました「世界文学辞典」の件，その後お待ちしておりましたがご連絡もなく，困惑しております。実は，文学辞典のような基本図書は，常に座右に備えて参照すべきもの，お貸して以来，いろいろと不便しております。しかるところ，このたび種々の調査もあり，図書館にて一時をしのぐ実情でございます。
　何とぞ事情ご考察のうえ至急ご返却の程，お願い申し上げます。
　右，取り急ぎ連絡申し上げます。敬具

○뜻 …… 재계 만추지절, 더욱더 활약하실 줄로 알아 축하하는 바입니다.
　그리고, 전번 편지에서 말씀드린 「세계 문학 사전」의 건, 그후 기다렸습니다만 연락이 없어 난처해 하고 있습니다. 실은 문학 사전 같은 기본 도서는 항상 곁에 갖추어 놓고 참조해야 하는 것, 빌려드린 이래 여러 가지로 불편을 겪고 있습니다. 그렇지만 이번 여러 가지의 조사도 있어 도서관에서 잠시 견디고 있는 실정입니다. 아무쪼록 사정을 고찰하시어 시급히 반환해 주시기 부탁드립니다.
　이상, 급한 대로 연락 말씀 아룁니다. 경구
　　○새 낱말 …… 先便(전번 편지) 一時(한때, 일시, 잠시) しのぐ(견디다)
　　○비슷한 말과 구 …… 先日ご依頼いたしました玉稿，その後いかがなものでしょうか。既に期日も過ぎましたので，困惑しております

(요전에 의뢰한 옥고, 그후 어떻게 되셨는지요? 이미 기일도 지났으므로 난처해 하고 있습니다) 先日ご連絡いたしました金子弍拾万円の件、お約束の期日もつとに経過しておりますので、ここに再度ご連絡いたします(요전에 연락한 돈 20 만엔의 건, 약속한 기일도 벌써 경과했기 때문에 이에 재차 연락드립니다)

(4) 부당함에 대한 항의 편지

 상대측의 조처가 부당할 경우에는 참지 못하고 불만을 말하게 된다. 그럴 때에 쓰는 것이 항의 편지이다.
 항의 편지의 내용은 우선 항의 대상이 되는 사실을 확인하고, 명확히 기술하는 데서부터 시작된다. 그런 뒤, 그것에 의해 받은 불이익이나 손실에 대해 선처를 요망한다. 어쨌든 간에 상대측의 잘못에 의해 피해를 입었을 경우에 쓰는 것이 항의 편지이다.
 그 때문에 때로는 분개하는 정도가 지나쳐 상대측을 비난하는 형식이 되기가 쉽다. 그러나, 감정에 치우치면 도리어 상대측을 흥분시키는 것만으로 끝나 항의 편지의 효과는 반감하게 된다. 상대측의 잘못을 지적하는 것과 동시, 온정을 보이고 그것을 용서하는 일이 필요한 것이다. 요컨대, 지나가 버린 일은 하는 수 없으니 두 번 다시 그같은 일이 없도록 바라는 것이다. 따라서 상대측의 양심에 호소해서 반성을 촉구하는 것이 바람직한 일이다.
 또한, 상대측에 잘못이 있어도 그것에 의해 이쪽이 피해를 입은 것이 아니면, 항의 편지의 형식이 안 되게 하는 것이 현명하다. 숫자의 오기 등은 일일이 과장해서 거론할 필요는 없다.

예문 6 구독지의 미도착에 대하여

拝啓 清秋のみぎり，貴社ますますご隆盛の段，お喜び申し上げます。
　さて，ここにお手紙を差し上げますのは，貴社ご発行の雑誌「趣味と鉄道」についてでございます。実は，去る九月号にて前金切れのご通知を頂きましたので，早速九月八日，貴社振替口座に壱か年分，金四千八百円をお振り込みいたしました。しかるところ，その後何のごさたもなく，十月号もいまだに入手いたさぬ実情，やがて十一月号の発行時期かと存じます。ついては，ここに送金の際の受領証を同封いたしますので，至急ご調査のうえ，十月号よりご送付くださるよう，お願い申し上げます。
　末筆ながら，貴社ますますのご発展，心からお祈り申し上げます。
　右，とりあえず用件のみ。敬具

○뜻 …… 근계 청추지절, 귀사 더욱더 번창하시는 점 축하하는 바입니다.

그리고, 이에 편지를 드리는 것은 귀사가 발행하는 잡지「취미와 철도」에 관해서입니다. 실은 지난 9월호로 선금이 끊겼다는 통지를 받았기 때문에 곧바로 9월 8일, 귀사 대체 구좌에 1년치, 일금 4천 8백엔을 불입했습니다. 그렇지만, 그후 아무런 소식도 없고, 10월호도 아직 입수하지 못한 실정인 데다 멀지 않아 11월호의 발행 시기인 줄로 압니다. 그래서, 이에 송금했을 때의 수령증을 동봉하오니, 시급히 조사하시고 10월호부터 송부해 주시기 부탁드립니다.

끝으로 귀사 더욱더 발전하시기 진심으로 빌어 마지 않습니다.
　이상, 우선 용건만 아룁니다. 경구

●새 낱말 …… 清秋(청추, 맑게 갠 가을) 前金(선금) 切れる(끊기다) 振替口座(대체 구좌) さた(소식) いまだに(아직도)

●비슷한 말과 구 …… このたびお届けの品全く品違いのため、早速お電話にて連絡いたしましたところ、お持ちくだされればご指定の品と交換するとのご返事、まことに心外に存じます(이번 배달하신 물건 전혀 다른 물건이기 때문에 즉시 전화로 연락했더니 가지고 오면 지정한 물건과 교환하겠다는 대답, 정말 뜻밖이 아닐 수 없습니다) 先日御店にて買い物をしておりましたところ、警備員と稱する方に不審尋問を受けました。その際何か犯罪人のように扱われましたこと、まことに気色惡く、残念至極に存じます(요전에 귀점에서 쇼핑을 하던 중 경비원이라고 칭하는 사람에게 불심 심문을 받았습니다. 그때 뭔가 범죄인처럼 취급당한 데 대하여, 참으로 기분 나쁘고 유감스럽기 그지없습니다)

3. 입장을 밝히는 진사 편지

(1) 진사 편지는 저자세로

상대측에게 손해나 폐를 끼쳤을 경우에는 사과할 필요가 있다. 그 것이 진사(陣謝) 편지이다. 그럴 경우의 손해나 폐라는 것은 이쪽의 태만, 과실, 부주의, 소홀함 등으로 이쪽의 잘못이 원인이 된다.

진사 편지는 사과해야 할 사실을 깨달았을 때 자발적으로 쓸 뿐만 아니라, 항의 편지를 받고 그 답신으로 쓰는 경우도 있다. 추궁하는 편지, 독촉하는 편지 등의 형식으로 재촉받았을 경우에도 진사 편지가 된다. 어쨌든 간에 사과해야 할 사실을 받아들여, 그것에 대한 이쪽의 자기측 태만, 과실, 부주의 소홀함을 인정하는 것이 전제가 된다. 그리고, 그것에 대해 진심으로 사과하는 것이 진사 편지이다. 그럴 경우, 솔직이 사과하고 상대측이 납득할 수 있도록 할 필요가 있다. 변명하거나 자기 변호를 하면 도리어 상대측의 감정을 상하게 하고, 원만한 해결의 방해가 되기 때문이다. 그리고 금후의 조처에 대해 제안하는 것과 동시에 다시는 그 같은 폐를 끼치지 않을 뜻을 덧붙인다.

또한, 진사 편지의 경우는 특히 시기를 놓치지 않도록 쓸 필요가 있다. 시기를 놓치면 성의를 의심받고 대인 관계에 좋지 않은 영향을 주기 때문이다.

예문 1 차입금 변제의 지연에 대하여

拝復　ただいまはご丁寧なご芳書，謹んで拝見いたしました．日ごろは何かとお世話になっておりますこと，厚く御礼申し上げます．
　さて，　先般ご融通いただきました金子弐拾五万円の儀，いろいろご便宜を賜りましたこと，心から感謝しております．ついては，その期限の参りましたこと重々承知しておりますが，ご迷惑をお掛けしておりますこと，ただただおわび申し上げるよりほかございません．　幸い近く金策の見通しも付きましたので，来る六月末日までには，お返しに上がること可能かと存じます．何とぞいましばらくご

寛容(かんよう)のうえご猶予(ゆうよ)くださるよう，お願(ねが)い申(もう)し上(あ)げます。
向暑(こうしょ)の折(おり)から，ご自愛専一(じあいせんいつ)をお祈(いの)り申(もう)し上(あ)げます。
まずは，とりあえずおわび申(もう)し上(あ)げます。敬具(けいぐ)

　●뜻 …… 복계 방금 정중한 방서, 삼가 잘 받아보았습니다. 평소에는 여러 가지 신세지고 있는 데 대하여 깊이 감사 말씀 드립니다.
　그리고, 지난 번에 융통해 주신 돈 25만엔의 건, 여러 가지로 편의를 봐 주신 데 대하여 진심으로 감사하고 있습니다. 그래서, 그 기한이 되었음을 거듭거듭 잘 알고 있습니다만, 폐를 끼치고 있는 점 그저 사과드리는 수밖에 없습니다. 다행히 곧 돈 마련의 전망도 섰으니, 오는 6월 말일까지는 변제하러 갈 수 있을 것으로 압니다. 아무쪼록 조금만 더 관용하시고 유예해 주시기 부탁 말씀 드립니다.
　향서지절, 몸조심에 전념하시기 비는 바입니다.
　이상, 우선 사과 말씀 아룁니다. 경구

　　●새 낱말 …… ただいまは(방금) 先般(지난 번) 近く(멀지 않아, 곧) 金策(돈 마련) お返しに上がる(돌려 주러 찾아뵙다) いましばらく(조금만 더)

　　●비슷한 말과 구 …… 恩借(おんしゃく)の金子(きんす)の儀(ぎ)，お約束(やくそく)を果(は)たすべく最善(さいぜん)の努力(どりょく)を重(かさ)ねておりますことを，ここにご報告(ほうこく)申(もう)し上(あ)げます。来(きた)る六月三十日(がつさんじゅうにち)までにお支払(しはら)いの目途(もくと)も付(つ)きましたので，いましばらくはご容赦(ようしゃ)の程(ほど)，お願(ねが)い申(もう)し上(あ)げます(빌려 쓴 돈의 건, 약속을 지키고자 최선의 노력을 거듭하고 있음을 이에 보고드립니다. 오는 6월 30일까지 지불할 목표도 섰으니, 조금만 더 사정을 보아 주시기 부탁 말씀 드립니다)

(2) 경위를 밝히는 해명 편지

 상대측에게 끼친 폐나 손해 중에는 자기측에게 잘못이 없을 경우도 적지않다. 그럴 경우에, 그 잘못이 달리 있으면 그것을 분명히 하지 않으면 안 된다. 그것이 해명 편지이다. 그리고 해명 편지도 그런 사실을 깨달았을 때 즉시 쓰는 것이 바람직하다. 또, 해명이라는 것은 항의, 추궁, 독촉 등에 대해서도 필요한 경우가 있다. 어쨌든 간에 문제가 되었던 사실을 받아들여 결과적으로 폐나 손해를 끼쳤다는 것을 확인한다. 그리고 나서 거기에 피치 못할 사정이 있었음을 분명히 하고, 상대측이 납득할 수 있도록 한다. 그것은 변명이나 자기변호가 아니라 자신의 신용을 지키기 위해 행하는 것이다. 따라서 조금이라도 자기측에게 잘못이 있을 경우에는 절대로 해명 편지를 쓰면 안 된다. 그럴 경우에는 진사 편지의 형식이 좋다.
 또한, 해명 편지의 경우에는 상대측에게 잘못이 있는 것은 아니니 상대측을 꾸짖어서도 안 된다. 상대측에게 잘못이 있을 경우에는 반박 편지의 형식을 취한다는 것은 더 말할 나위도 없는 일이다.

예문 2 회합의 무단 결석에 대하여

急啓 昨日の会合については, 出席のご返信を差し上げながら欠席いたしましたこと, まことに申し訳ございません. 実は当日万障繰り合わせて予定のうえ, 参加を楽しみにしておりましたこと, ご高察いただけるかと存じま

す．しかるところ，午後四時ごろに至って緊急会議の召集を受けましたこと，残念至極に存じます．
それも簡単に終わると考えておりましたところ，意外と延引し，はなはだ失礼いたしました．しかも会議中の中座かなわず，ご連絡の機会もないままに打ち過ぎましたこと，重々おわび申し上げます．何とぞ事情ご賢察のうえご寛容くださるよう，切にお願い申し上げます．
右，とりあえずおわびまで．草々

○뜻······ 급계 어제 회합에 대해서는 출석의 답신을 했으면서 결석한 점, 정말 죄송합니다. 실은 당일 만사를 제쳐놓고 예정했으며, 참가를 고대하고 있었음을 현찰해 주시리라고 믿습니다. 그렇지만, 오후 4시경에 이르러 긴급 회의의 소집을 받은데 대하여 유감스럽기 그지없습니다. 그나마 간단히 끝날 것으로 알았더니, 의외로 늦어져 대단히 실례했습니다. 게다가 회의중에 자리를 뜰 수도 없어, 연락할 기회도 없이 지낸 데 대하여 거듭거듭 사과 말씀 드립니다. 아무쪼록 사정을 현찰하셔서 관용해 주시기 간절히 부탁드립니다.
이상, 우선 사과 말씀 아룁니다. 총총

○새 낱말······ ついては(그래서, 그러니, 따라서) 楽しみ(즐거움, 고대) 延引(늦어짐) はなはだ(대단히) しかも(게다가, 더구나) 中座(도중에 자리를 뜸)

○비슷한 말과 구······ お申し越しの拙稿，去る十月十五日までに脱稿予定のところ，あいにく家内流感にて寝込み，意外と手違いを生じましたこと，まことに恐縮に存じます(전언하신 졸고, 지난 10월 15일까지 탈고 예정이던 바, 공교롭게도 집사람이 독감으로 자리에 누워 의외로 착오가 생긴 데 대하여 정말 죄송하게 생각합니다)

(3) 반박 편지로 반론을

　상대측이 받은 피해나 손해 중에는 상대측에게 잘못이 있을 경우도 있고, 또는 상대측의 오해도 있다. 그러나, 그럴 때에 불만을 듣는 일이 적지않다. 그래서, 자기측의 입장을 분명히 하고 상대측에게 반론하는 일도 필요하다. 그것이 반박 편지이다.

　반박 편지의 경우도 상대측이 자청해서 말한 사실을 확인할 필요가 있다. 그리고, 상대측이 입은 피해나 손해에 동정하는 형식이 바람직하다. 그리고나서 실정을 분명히 하고, 그 원인이나 오해가 상대측에게 있음을 납득시킨다. 그러나, 상대측의 입장도 생각해 상대측이 궁지에 몰리지 않도록 써 나가지 않으면 안 된다. 이론으로 이겨도 감정적인 응어리를 남기게 되면, 결과적으로는 불리하기 때문이다. 말꼬리를 잡고 추궁하는 것은 당치 않은 일이다. 반박 편지의 경우에는 어느 정도 강한 태도를 보이게 되는 것이지만, 역시 정중한 표현을 소홀히 해서는 안 된다.

　또한, 반박 편지를 쓰는 것은 진사나 해명할 필요가 없을 경우에 한한다. 그 원인이나 오해가 반드시 상대측에게 있다고는 말할 수 없을 경우 반박 편지를 쓰는 것은 역시 바람직하지 않다. 그럴 경우에는 진사 편지나 해명 편지를 써야만 한다.

예문 3 대금의 재청구에 대하여

拝復　三月十日付お手紙，正に拝見いたしました．早速ご返事を差し上げなければならないところ，雑事に追われ，

何とも申し訳ございません。
さて、お申し越しのお支払いご請求の件、去る一月分の代金かと存じます。しかるところ、一月分代金五万参千弐百円については、二月十五日のご請求に対し、二月二十日に〇〇銀行当地支店より、貴店ご指定の口座に振り込み済みでございます。念のため調べましたところ、その送金票の写しが見付かりましたので、ここにご同封いたします。ついては、至急お取り調べの上、入金方ご確認の程、お願い申し上げます。
末筆ながら、貴店ますますのご隆盛、切にお祈り申し上げます。
右、とりあえずご返信まで。敬具

○뜻 …… 복계 3월 10일 날짜 편지, 틀림없이 잘 받아보았습니다. 즉시 회답을 드려야 하는 것이지만 잡일에 쫓기다보니 뭐라고 사과해야 할지 모르겠습니다.

그리고, 전해 오신 지불 청구의 건, 지난 1월분의 대금인 줄로 압니다. 그렇지만 1월분 대금 5만 3천 2백엔에 관해서는 2월 15일의 청구에 대해, 2월 20일에 〇〇은행 이곳 지점에서, 귀점이 지정한 구좌에 지불이 끝나 있습니다. 확실히 하기 위해 조사해 보았더니 그 송금표의 사본이 발견되었기 때문에 이에 동봉합니다. 그러니, 시급히 조사하시고 입금쪽을 확인하시기 부탁 말씀 드립니다.

끝으로, 귀점 더욱더 번창하시기 간절히 비는 바입니다.

이상, 우선 회답 말씀 아룁니다. 경구

○새 낱말 …… 支払い(지불) 念のため(만약을 위해, 확인하기 위해) 写し(사본) 見付かる(발견되다, 찾게 되다)

비슷한 말과 구……このたびは代金支払いのご督促，いかがかと存じます．実は，十月十八日(月)午前中に収金とのご連絡にて，わざわざ都合を付けて在宅しておりましたが，お見えにもならなかったこと，残念至極に存じます(이번 대금 지불의 독촉은 어떨까 하고 생각합니다. 실은 10월 18일 (월요일) 오전 중에 수금하시겠나는 연락을 받고 일부러 시간을 내어 집에 있었습니다만, 찾아오지도 않은 것은 유감스럽기 그지없습니다)

제 7 장 감사 표시를 하는 편지

1. 사례를 주로 하는 답신

(1) 축하 편지를 받고서의 사례 편지

뭔가 경사스러운 일이 있으면 그것에 관한 축하 편지를 받는다. 출산, 결혼, 취직, 영전 등으로 축하 편지를 받을 기회도 많다. 신축, 개업이나 하수(賀壽) 등의 경우도 그것이다. 그럴 경우에 그 답신으로 보내는 편지는 당연히 사례 편지의 형이 된다.

그런 종류의 사례 편지는 축하를 받은 것의 확인과 그것에 대한 감사가 중심이 된다. 그럴 때에 단지 감사할 뿐만 아니라 감상이나 각오를 말하게 되면 실감이 따르게 된다. 또, 축하하는 말과 함께 축하의 물건을 받는 일도 많다. 그렇게 되면, 당연히 그 일에도 언급하고 사례 말을 하게 된다. 그럴 경우에도 다만 사례를 말하는 것만이 아니라, 그 물건에 관련해 조금이라도 구체적으로 써 나가는 쪽이 좋다. 그밖에 격려하는 말이 있으면 그것을 받아 각오를 말하는 것도 한 방법이다.

  어쨌든 간에 그런 종류의 사례 편지는 획일적인 인쇄 편지와 달리, 상대측에 따라 분별해 쓰는 요령이 필요하다.

예문 1 영전 축하를 받고서

拝復 お早々とお祝いのお手紙，ありがとうございました。いつもいろいろ世話になっておりますこと，厚く御礼申し上げます。
さて，このたび名古屋支店長として赴任いたしましたこと，まことに意外の人事にていささか困惑しております。
支店長として全体を統率いたすこと，その職務，少々重きに過ぎはせぬかと心配しております。
このうえは，ただただ皆々様のお力におすがりし，大過なきを期する所存でございます。何とぞ今後とも倍旧のご援助，ご協力を賜りますよう伏してお願い申し上げます。
皆様にも，何とぞよろしくご伝言の程，併せてお願い申し上げます。
右，とりあえず御礼申し上げます。敬具

○뜻 …… 서둘러 주신 축하 편지 감사히 받았습니다. 항상 여러모로 신세지고 있는 데 대하여 깊이 감사드립니다.

  그리고, 이번 名古屋 지점장으로 부임한 것은 참으로 의외의 인사라 얼마간 난처해 하고 있습니다. 지점장으로서 전체를 통솔하는 점, 그 직무가 좀 과중한 것이 아닌가 하고 걱정하고 있습니다. 이렇게 된 이상, 오로지 여러분들의 힘에 의존해, 대과 없기를 기할 생각입니다. 앞으로도 배전의 원조, 협력을 해 주시기 삼가 부탁드립니다.
　여러분께도 부디 안부 전해 주시기 아울러 부탁 말씀 드립니다.
　이상, 우선 감사 말씀 아룁니다. 경구
　　●새 낱말……お早々と(서둘러 주신) 重きに過ぎはせぬかと(과중하지 않을까 하고) 所存(생각)
　　●비슷한 말과 구……ついてはご懇篤なお言葉を体して努力を重ね他日の大成を期する所存でございます(그래서, 지극하신 말씀을 명심하고 노력을 거듭해 훗날의 대성을 기할 생각입니다) 何分にも生来の鈍才, その職責に耐えないかと心配しております(아무튼 타고난 둔재, 그 직책을 감당하지 못하는 것이 아닐까 하고 걱정하고 있습니다) ついては, ご教示を深く心に体し, 職務に専念いたしたいと存じますので, お見捨てなくお導きの程, お願い申し上げます(그래서, 교시를 깊이 마음에 새겨 직무에 전념하고자 하오니, 버리지 마시고 이끌어 주시기 부탁 말씀 드립니다)

(2) 위문 편지를 받았을 경우

　재난을 당하면 그것에 관련한 위문 편지를 받는다. 화재, 지진, 풍수해, 해일 등 이른바 재해도 많다. 교통 사고, 조난, 도난 등의 인재(人災)도 있다. 그럴 때에 받은 위문 편지에 대해서는 그 답신이 사례 편지의 형이 된다.
　하기야 그런 종류의 위문 편지는 신문이나 텔레비전의 뉴스에 의거해서 보내는 때도 있다. 따라서, 반드시 재해를 입은 것만이 아니다. 재해를 입지 않았으면 그것을 분명히 하여 안심시킨다. 재해를 입었으면 편지를 보낼 경황이 아닐지도 모른다. 그럴 경우에는 짧아도 된다. 안정된 다음에 보고 편지의 형으로 보내는 방법도 생각할 수 있기 때문이다.

어쨌든 간에 위문 편지를 받은 확인과 그것에 대한 감사가 중심이 된다. 그럴 때, 그저 감사하는 것만이 아니라 실정을 보고하고 안심시키는 일이 필요하다. 위문품 등을 받았을 경우에는 그것에도 언급해 구체적으로 감사한다. 격려의 말이 있었으면 그것에도 언급하는 것이 좋다.

또한, 위문을 주로 하는 편지 중에는 병 위문 편지나, 조위 편지 등도 있다. 이런 것에 대한 사례 편지는 특히 의기 소침한 가운데 쓰는 적이 많다. 따라서, 쓰는 것 자체가 더욱 슬픔을 자아낼 것 같으면, 형식적인 문례(文例)를 작성해 놓고 똑같은 형으로 써 나가는 것도 한 가지 방법이다. 그러나, 상대측에 따라서는 쓰는 것에 의해, 도리어 마음을 달래는 것이 될 수도 있다. 그럴 때에는 장황하게 써도 무방하다.

예문 2 큰 화재에 대한 답신

拝復　早々とお見舞狀，ありがとうございました。強風のため火足も速く，家財も半ば燒失いたしました。ただ，家人一同は別狀これなく，ご休心の程，お願い申し上げます。
右，とりあえずご返信まで。草々

○ 뜻 …… 이번 서둘러 주신 위문 편지 감사했습니다. 강풍 때문에 불길도 빨라 가재도 반이나 소실했습니다. 다만, 가족 일동은 이상 없으니 방념해 주시기 부탁 말씀 드립니다.
이상, 우선 답신만 아룁니다. 총총

◉**새 낱말** …… 火足(불길) 速い(빠르다) 別狀(이상)

◉**비슷한 말과 구** …… このたびの火災に際してのご芳狀、ただただ感謝しております(이번 화재에 즈음하여서의 방서 다만 감사할 따름입니다) 早速のお見舞狀、恐縮に存じます(즉시 주신 위문 편지, 송구스럽게 생각합니다)

예문 3 풍수해의 위문을 받고서

拝復 このたびの風水害につき、早々にお見舞狀を頂き、恐縮に存じます。 当地にては、数日来の豪雨にて河川もあふれ、至るところ冠水いたしました。 幸い拙宅は高台ゆえに災厄を免れ 一同胸をなでおろしております。 降雨もようやく衰え、天候の回復も近づきましたので、復旧活動など始まっております。 食糧に困るほどでもございませんので、何とぞご放念くださるよう、お願い申し上げます。
右、取り急ぎご報告まで。草々

◉**뜻** …… 복계 이번 풍수해에 대해 서둘러 위문 편지를 주셔서 송구스럽게 생각합니다. 이곳에서는 며칠 전부터 호우로 하천도 도처에 침수했습니다. 다행히 누옥은 고대(돈대)이기 때문에 재난을 모면하여 모두 한숨 돌리고 있습니다. 또, 내리는 비도 마침내 쇠퇴하고, 날씨 회복도 다가왔기 때문에 복구 활동 같은 것도 시작되고 있습니다. 식량에 어려움을 겪을 정도도 아니니 아무쪼록 방념해 주시기 부탁 말씀 드립니다.
이상, 시급한 대로 보고만 아룁니다. 총총

◉**새 낱말** …… 河川(하천) あふれる(넘치다) 高台(고대, 돈대) 至

るところ(도처) 冠水(침수) 災厄(재앙, 재난) 免れる(모면하다) 胸をなで下ろす(안심하다, 한숨 돌리다) 困る(곤란해 하다, 어려워 하다)

　○**비슷한 말과 구** …… 仰せのとおり近年まれな豪雨にて, 拙宅も床上に浸水いたしました(말씀대로 근래 드문 호우로 누옥도 마루 위까지 침수했습니다)

(3) 요망을 받았을 경우

　주의 편지를 받았을 때의 답신은 그것의 확인 외에도 그것에 대한 감사가 중심이 된다. 그것으로 난을 모면했으면 말할 것도 없고, 실제로 그때까지 기다릴 것 없이 우선 경계하겠다고 각오를 말하는 것만으로도 된다. 그것이 주의 편지를 받고서의 사례 편지이다.
　그와 같은 건 권고, 격려의 경우에 대해서도 말할 수 있다. 망설이고 있을 때에 바람직한 방향을 가리켜 준 일, 이미 바람직한 방향으로 나아가고 있을 때에 더욱 용기를 북돋아 준 일, 그것에 감사하고 각오를 말하는 형으로 하면 된다. 그것에 관한 사태의 진전이 있으면, 그것에도 언급해 상대측을 안심시키는 일이 필요하다.
　그것에 대해, 훈계 편지나 충고 편지의 경우는 다소 사정이 달라지게 된다. 진사, 해명, 반박하고 싶은 마음도 생긴다. 그러나, 역시 사례 편지의 형으로 하는 것이 무난하다. 여러 가지로 할 말은 있어도, 대인 관계의 편지이면 훈계나 충고의 사실을 확인하고, 새삼스러이 훈계나 충고해 준 그 진력에 감사한다. 그리고 앞으로의 각오를 말하는 형으로 하는 편이 좋다. 단, 종전에 다소라도 상대측에게 폐를 끼쳤다면 그 일로 진사하는 것은 당연하다. 그러나, 해명의 반박은 삼가는 것이 좋다.

예문 4 여성 관계의 충고를 받고서

拝復 このたびはご丁寧なお手紙，謹んで拝承いたしました．いろいろご熟考の末と拝察し，厚く御礼申し上げます．
さて，M嬢との交際につき，余り深入りするなとのご書面，一々ごもっともにて，繰返し拝読いたしました．ただ，突然のお手紙にて気持ちの整理も付かず，眠れぬ夜の続きましたこと，ここにご報告申し上げます．しかるところ，小生が目当てではなく，当家の財産が目当てとのご観察，思い当たる節とてないこともございません．このまま推移した場合の将来に思いをいたすとき，多少の不安が伴うこと，お説のとおりかと存じます．ついては，M嬢との交際に深入りを避け，しばらくは友人関係にとどめること，肝要かと存じます．のぼせた気持ちを抑え，観察にゆとりを持たせていただきましたこと，心から御礼申し上げます．なお，今後とも折に触れてのご教導，よろしくお願い申し上げます．
右，後ればせながらご返信まで．敬具

○뜻 …… 복계 이번에 정중한 편지 삼가 받아보았습니다. 여러 가지로 숙고하신 끝인 줄로 배찰하옵고 깊이 감사 말씀 드립니다.

그런데, M 양과의 교제에 대해 너무 깊이 관여하지 말라고 하시는 서면 일일이 지당하여 되풀이해서 배독했습니다. 다만, 갑작스런 편지에 마음의 정리가 되지 않아, 잠을 못 이루는 밤이 계속되었음을 이에 보고드립니다. 그렇지만 소생이 목표가 아니고, 우리집의 재산이 목표라는 관찰, 짚이는 바가 없는 것도 아닙니다. 이대로 추이되었을 경우의 장래에 생각이 미쳤을 때, 다소의 불안이 따르는 것은 의견대로라고 생각합니다. 그래서, M양과의 교제에 깊이 관여하는 것을 삼가고, 당분간은 친구 관계로 멈추는 것이 중요하다고 생각합니다. 홍분된 마음을 억제하고 관찰에 여유를 가지게 해 주신 데 대하여 진심으로 감사드립니다. 또한, 앞으로도 기회 있을 때마다 교도 잘 부탁합니다.

이상, 뒤늦게나마 답신만 아룁니다. 경구

○**새 낱말** …… 深入り(깊이 들어감, 깊이 관여함) ごもっとも(지당함) 目当て(목표, 목적) 拙家(우리집) 思い当たるふし(짚이는 바) 思いをいたす(생각이 미치다) 説(주장, 의견) とどめる(멈추다) のぼせる(홍분하다) 抑え(억제함) 折に触れて(기회 있을 때마다) 後ればせながら(뒤늦게나마)

○**비슷한 말과 구** …… このたびはご親切なお手紙, ただただ感涙にむせんでおります(이번 친절하신 편지, 다만 감격의 눈물을 흘리고 있습니다) ご忠言一々身にしみてありがたく, ご指示の方向にて, 対処いたしたいと考えております(충고는 일일이 마음에 사무치도록 고맙고, 지시하신 방향으로 대처하려고 생각하고 있습니다)

2. 호의를 받고서의 사례 편지

(1) 방문한 뒤에 곧바로

상대측을 방문했을 경우, 상대측에서는 그 때문에 시간이나 노력(労力)을 빼앗긴 셈이다. 때로는, 음식 대접과 안내로 쓸데없는 돈을 쓰는 일도 있다. 그 가족이나 관계자에게까지 여러 가지로 신세를 지게 된다. 그런 성의에 대해 사례 편지를 쓰는 것은 당연하다.

따라서, 그런 종류의 사례 편지는 그때에 받았던 호의를 구체적으로 쓸 필요가 있다. 그리고, 그것에 대한 감상을 말하고, 진심으로 감사의 뜻을 표현한다. 혹시 여러 가지로 불만이 있더라도 그것에는 일체 언급하지 말고, 오히려 만족한 면을 강조하는 것이 그런 사례 편지이다.

또한, 방문처에서 그 가족들이나 관계자에게 여러 가지로 신세졌을 경우에는 전언하는 형식으로 감사의 뜻을 나타내는 것이 일반적이다. 또 감사의 일조로서 선물을 보낼 경우에는 아무렇지도 않은 듯이 그 사실에 언급하는 편이 좋다. 때로는 사례 편지와 같이 보내지 말고, 다른 기회에 보내는 요량도 필요하다.

예문 1 환대·후한 대접을 받고서

拝啓　昨日はお元気なお姿を拝見し、何よりのこととお喜び申し上げます。
さて、久方ぶりにご高話を拝聴し、近ごろになく楽しい半日を過ごさせていただきましたこと、心から感謝しております。そのうえ奥様お心尽くしのおもてなしなど、いろいろお手数を煩わせましたこと、恐縮至極に存じます。お言葉に甘え、ついつい長座いたしましたこと、まことに申し訳ございません。奥様にもよろしくご伝言くださるよう、お願い申し上げます。

時節柄、ご自愛専一をお祈り申し上げます。
右、とりあえず御礼まで。敬具

○뜻 …… 근계 어제는 건강하신 모습을 접하고 다행스러운 일인줄로 알아 축하하는 바입니다.

그리고, 오래간만에 고담을 배청하고, 작금에 드문 즐거운 한나절을 지내게 해 주신 데 대하여 진심으로 감사하고 있습니다. 게다가 부인의 정성들인 대접 등, 여러 가지로 수고를 끼쳐서 송구스럽기 짝이 없습니다. 권하시는 대로 그만 오래 앉아 있었던 일 참으로 미안했습니다. 부인에게도 부디 잘 전언해 주시기 부탁드립니다.

때가 때인 만큼 몸조심에 전념하시기 비는 바입니다.

이상, 우선 감사 말씀 드립니다. 경구

○새 낱말 …… 高話(고담, 고설) 近ごろになく(작금에 드물게) 半日(한나절) 心尽くし(정성들임) おもてなし(대접) 手数(수고) 煩わす(수고를 끼치다) 言葉に甘え(권하는 대로) ついつい(그만) 長座(오래 앉아 있음)

○비슷한 말과 구 …… ご体験談など特に興味深く、つい長居いたしましたこと、恐縮至極に存じます(체험담 등 특별히 흥미 있어, 그만 오래 머물러 있었던 일 송구스럽기 그지없습니다) 昨日は大勢にて押しかけ、いろいろごちそうにあずかり、本当にありがとうございました(어제는 여러 사람이 밀어닥쳐, 여러 가지의 맛있는 음식을 대접받아 정말 감사했습니다)

(2) 알선을 받았을 경우

사례 중에는 알선을 받았던 일에 대한 것도 있다. 소개, 추천 등을 받은 경우가 그것이다. 그밖에 취직의 주선을 부탁하기도 하고, 가정교사나 하숙을 주선해 받은 일 등 여러 가지가 있다.

일반적으로 알선을 위해서 드는 수고는 상당한 것이다. 따라서 그같은 알선에 대해서는 주효하지 않을 경우에도 감사해야만 한다. 또, 주효했을 경우에는 당연히 그 사실을 보고함으로써 사의를 나타내야만 한다.

어쨌든 간에, 알선을 받은 사항을 재확인하고, 그것에 대한 인사말을 하는 것이 그런 종류의 사례 편지이다. 그러려면, 구체적인 사항을 포착해, 그것에 대한 감상이나 각오를 말하는 것 이상은 없다. 그와 동시, 그런 종류의 알선에 대해 앞으로도 배전의 교도를 부탁하는 뜻을 특별히 덧붙이는 것이 그런 종류의 사례 편지이다.

예문 2 딸의 하숙을 소개받고서

拝啓　早春のみぎり，いよいよご活躍のこと，こころからお喜び申し上げます．さて，長女秀子の下宿の儀についてご奔走いただき，ありがとうございました．ただいま秀子からの手紙によりますと，環境のよい素人下宿が見付かったとのこと，感謝この上もございません．そのうえ希望どおり二食付きにて，家族同様の扱いが受けられること，厚く御礼申し上げます．家内も，そういうご家庭には心配もないと，大喜びでございます．四月〇日の入学式には小生も上京いたしますので，その節には改めて御礼申し上げたいと存じます．なお，今後とも何かにつけお世話になると存じますので，よろしくお導きの程，お願い申し上げます．

右_{みぎ}, とりあえず御礼_{おれい}かたがたお願_{ねが}いまで. 敬具_{けいぐ}

○뜻 …… 근계 조춘지절에 더욱더 활약하시는데 대하여 진심으로 축하하는 바입니다.

그리고, 장녀 秀子의 하숙 건에 대해 여러 모로 동분 서주해 주셔서 감사했습니다. 방금 秀子가 보낸 편지에 의하면 환경이 좋은 여염집 하숙을 찾게 되었다니 더할 나위 없이 고맙게 여깁니다. 게다가 두 끼니의 식사에다 가족과 똑같은 취급을 받게 되다니, 깊이 감사 말씀 드립니다. 집사람도 그런 가정이면 걱정 안해도 된다고 크게 기뻐하고 있습니다. 4월 ○일의 입학식에는 소생도 상경하니, 그때 다시 감사 말씀 드리려고 생각합니다. 또한 앞으로도 이것저것 신세질 것으로 생각되니 잘 이끌어 주시기 부탁드립니다.

이상, 우선 감사를 겸해 부탁만 아룁니다. 경구

○새 낱말 …… 奔走(동분 서주)　素人下宿(여염집 하숙)　この上もない(더할 나위 없는, 무상의)

○비슷한 말과 구 …… 住宅難_{じゅうたくなん}の時代_{じだい}にこのように割安_{わりやす}の下宿_{げしゅく}をお選_{えら}びくだされたご厚志_{こうし}, 心_{こころ}から御礼_{おれい}申_{もう}し上_あげます(주택난 시대에 이같이 값싼 하숙을 선택해 주신 후의에 진심으로 감사드립니다) ご尽_{じん}力_{りょく}によって今_{いま}のアパートに住_すみ込_こんで一週間_{いっしゅうかん}, 本当_{ほんとう}によい家_{いえ}をお世話_{せわ}いただけたと, 感謝_{かんしゃ}の毎日_{まいにち}でございます(진력에 의해 지금의 아파트에 살고서 1주일, 정말 좋은 집을 주선해 주셨다고 매일 감사하고 있습니다)

(3) 차금・차용과 관련하여

돈을 빌릴 수 있다는 것은 최대의 도움이다. 따라서 차금(借金)을 받았을 경우에는 처음부터 끝까지 감사한 마음으로 넘쳐 있지 않으면 안 된다. 그것이 기회 있을 때마다의 사례 편지이다.

개중에서도 중요한 것이 실제로 차금을 받아 지불이 끝난 단계이다. 빌려 준 쪽으로서는 그 돈이 얼마나 유효하게 쓰였는지에 관심을 가지고 있다. 따라서 그것에 대한 보고를 겸한 사례 편지가 꼭 필요하다. 그것과 기일에 돌려 줄 때에 쓰는 사례 편지이다. 오랫 동안 감사했다고 하는 것이다. 그러나, 기일에 돌려 주지 못하는 경우도 많다. 그럴 때에는 연기를 원하며 진사 해명하고 그것이 허용되었을 때에도 사례 편지가 필요하다. 어느 쪽도 이쪽의 곤경이 어떻게 도움이 되었는지에 대해 실정을 말하고, 진심으로 감사의 뜻을 나타낸다.

또한, 그와 같은 건, 차용(借用)할 경우에 대해서도 말할 수 있다. 그리고, 다시 다음 단계에서의 차금, 차용이 가능하게 되는지의 여부도, 사례 편지의 쓰기에 달렸다고 해도 지나친 말은 아니다.

예문 3 입학금을 차용하고

拝復 このたびはご丁寧なお手紙, ありがたく拝見いたしました. いろいろお世話になっておりますこと, 感謝の極みに存じます.
さて, 愚息文雄の進学について厚かましくもお願いいたしましたこと, まことに申し訳ございません. しかるところ, 快よくご承諾くだされ, 本当にありがとうございました. そのうえ早速金弐拾五万円のご送金を賜り, 本日確かに落掌いたしました. ご芳情の程, 愚息とともに厚く厚く御礼申し上げます. については, 明日にで○○

大学に赴き，入学の手続など一切を済ませたいと存じますので，何とぞご休心くださるよう，お願い申し上げます。
なお，このうえは立派な成績を挙げてご厚情に報いること，一層肝要かと存じます。幸いに愚息もその覚悟でおりますので，今後とも折りに触れてご教導を賜りますよう，よろしくお願い申し上げます。
寒さなお厳しい折から，一層ご自愛の程，お祈り申し上げます。
まずは，とりあえず御礼申し上げます。敬具

○뜻 …… 근계 이번에는 정중한 편지 감사히 잘 받아보았습니다. 여러 가지로 신세지고 있는 데 대하여 지극히 감사하고 있습니다.

그리고, 우식 文雄의 진학에 관해 뻔뻔스럽게도 부탁한 일 참으로 미안하게 생각합니다. 그렇지만 쾌히 승낙해 주셔서 정말 감사했습니다. 게다가 즉시 일금 25 만엔의 송금을 해 주셔서, 오늘 확실히 받았습니다. 방정하신 점, 우식과 같이 깊이깊이 감사드립니다. 그래서, 내일이라도 ○○대학으로 가서 입학 수속 등 일체를 끝낼 생각이오니, 아무쪼록 방심해 주시기 부탁 말씀 드립니다. 또한, 이렇게 된 이상은 훌륭한 성적을 올려 후의에 보답하는 일이 더 한층 중요하다고 봅니다. 다행히 우식도 그 각오로 있으므로 금후에도 기회 있을 때마다 교도해 주시기 잘 부탁드립니다.

추위가 아직 심한 때, 한층 몸조심하시기 비는 바입니다.

이상, 우선 감사만 아룁니다. 경구

○새 낱말 …… 極み(지극함) 厚かましくも(뻔뻔스럽게도) 落掌(받음)

○비슷한 말과 구 …… このたびは，住宅購入についてご相談申し

上げましたこと，恐縮至極に存じます。しかるところ，事情ご賢察の
うえ快よくご承諾くだされましたこと，感謝至極に存じます(이번,
주택 구입에 대하여 의논 말씀드린 데 대하여 지극히 송구스럽게 생
각합니다. 그렇지만 사정을 현찰하시고, 쾌히 승낙해 주신 데 대하여
더없이 감사하게 생각합니다) おそるおそる申し上げた金五拾万円に
つき，全額ご快諾くだされましたこと，感謝この上もございません
(조심조심 말씀드린 일금 50 만엔에 대하여, 전액을 쾌락해 주신 것에
더없이 감사하고 있습니다)

(4) 은혜를 입고서의 감사

　뭔가 특별히 신세졌을 때 그 감사로 보내는 사례 편지도 있다. 예를 들어, 특별한 우정이나 친절을 받았을 경우 등이 그것이다. 부탁한 보증인을 맡아 주었을 때에 보내는 것도 똑같은 종류의 사례 편지이다.
　어쨌든 간에 사례 편지인 이상, 그 기회를 놓치지 않도록 쓸 필요가 있다. 내용은 은혜를 입었음을 확인하고, 그것에 대해 감사하다고 말하는 것은 더 말할 나위도 없다. 그럴 때에 구체적인 사항 등을 받아들여, 그것에 대한 감상을 덧붙이면 그만큼 실감이 담기게 된다.
　그러나, 그런 종류의 은혜 중에는 은사나 상사의 경우처럼, 어떤 세월에 걸치는 것도 있다. 그럴 경우에는 무슨 기회가 있을 때에 보내는 것도 한 가지 방법이다. 은사에 대하여는 졸업시에, 상사에 대하여는 전임시에 보내는 것 등이 그것이다. 그런 것도 실기하지 않고 보내는 마음가짐이 필요하다.
　또한, 대인 관계 전반에 대해서 보면 졸업에 의해 은사와의 관계가 끊기는 것은 아니다. 전임 후에도 상사와의 관계가 어떤 형태로든

계속된다. 따라서, 앞으로의 교도를 부탁하는 것은 다른 경우와 마찬가지이다

예문 4 정년 퇴직하는 은인에게

拝復 このたびはご丁寧なごあいさつ，ありがとうございました。厚く御礼申し上げます。
さて，ご定年にてご勇退との御事，まことに驚き入っております。いつもお若くお見受けいたしましたのに，もうそのようなお年かと，残念至極に存じます。
それにつけても，いろいろお世話になったこと，今更のように思い出され，感慨無量でございます。しばらくはご郷里に退かれるとの御事，十分ご休養のうえ，再びご活躍の日をお待ちしております。
なお，今後とも培旧のご教導を賜りますよう，伏してお願い申し上げます。
右，とりあえず御礼まで申し上げます。敬具

○뜻 …… 복계 이번 정중한 인사, 감사했습니다. 깊이 감사 말씀을 드립니다. 그리고, 정년으로 용퇴하신다는 데 대하여 매우 놀라고 있습니다. 항상 젊어 보이시기만 하셨는 데도 벌써 그런 연세인가 하고 그지없이 유감스럽습니다. 그와 관련하여 여러 가지로 신세진 일이 새삼스럽게 생각나 감개 무량합니다. 당분간은 고향으로 물러나신다니 충분히 휴양하시고, 또다시 활약하시기를 고대하겠습니다.
　또한, 금후에도 배전의 교도를 해 주시기 삼가 부탁 말씀 드립니다.
　이상, 우선 감사 말씀만 아룁니다. 경구

◉새 낱말……驚き入る(매우 놀라다) 見受ける(보다, 눈에 띄다) 今更のように(새삼스럽게) 退かれる(물러나다)
　◉비슷한 말과 구……ご懇篤なご指導, ご激励を賜り(지극한 지도, 격려를 해 주셔서) 大過なく今日に至りましたこと, ひとえに課長様ご指導のたまものと感謝しております(대과없이 오늘에 이른 데 대하여, 오로지 과장님께서 지도해 주신 덕택이라고 감사하고 있습니다)

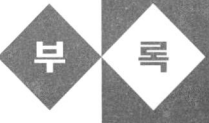

부록 1. 자타(自他)의 호칭

부록 2. 경조 전보의 예문 모음

부록 3. 편지 용어 모음

부록 1. 자타(自他)의 호칭

편지에서는 자타의 호칭에 제각기의 용어가 있다. 예를 들어「어머니」의 경우「母(はは)からもご母堂様(ぼどうさま)によろしくとのことでございます(어머니께서도 자당님에게 안부 전해 달라고 하십니다)」와 같이 된다. 즉, 자기측의「母(어머니)」와 상대측의「ご母堂様(자당님)」를 구분해 쓰고 있다. 이 표는 그런 자타의 구분을 알기쉽게 일람할 수 있도록 한 것이다.

관계	상대측의 호칭
아버지(父)	お父様(おとうさま) お父上(おちちうえ) 父君(ちちぎみ) ご尊父様(ごそんぷさま) ご賢父様(ごけんぷさま) 御亡父様(ごぼうふさま) ご先代様(ごせんだいさま)
어머니(母)	お母様(おかあさま) お母上(おははうえ) 母君(ははぎみ) ご尊母様(ごそんぼさま) ご母堂様(ごぼどうさま) ご亡母様(ごぼうぼさま) ご先母様(ごせんぼさま)
양친(両親)	ご両親様(ごりょうしんさま) ご父母様(ごふぼさま) ご両人様(ごりょうにんさま) お二方様(おふたかたさま) 亡きご両親様(なきごりょうしんさま) 亡きご父母様(なきごふぼさま)
할아버지(祖父)	ご祖父様(ごそふさま) ご隠居様(ごいんきょさま) 亡きご祖父様(なきごそふさま)
할머니(祖母)	ご祖母様(ごそぼさま) ご隠居様(ごいんきょさま) 亡きご祖母様(なきごそぼさま)
아들(息子)	ご令息様(ごれいそくさま) ご令嗣様(ごれいしさま) ご子息様(ごしそくさま) ご長男様(ごちょうなんさま) ○○様(○○さま) 亡きご子息様(なきごしそくさま) 亡き○○様(なき○○さま)

딸 (娘)	ご令嬢様（ごれいじょうさま）　お嬢様（おじょうさま）　ご息女様（ごそくじょさま）　ご長女様（ごちょうじょさま）　〇〇様（〇〇さま）　亡きご息女様（なきごそくじょさま）　亡き〇〇様（なき〇〇さま）
형·오빠 (兄)	お兄様（おにいさま）　兄上様（あにうえさま）　ご令兄様（ごれいけいさま）　ご長兄様（ごちょうけいさま）　ご次兄様（ごじけいさま）　兄君（あにぎみ）　亡きお兄様（なきおにいさま）
누나·언니 (姉)	お姉様（おねえさま）　姉上様（あねうえさま）　ご令姉様（ごれいしさま）　姉君（あねぎみ）　ご長姉様（ごちょうしさま）　ご次姉様（ごじしさま）　亡きお姉様（なきおねえさま）
동생 (弟)	弟様（おとうとさま）　ご賢弟様（ごけんていさま）　ご令弟様（ごれいていさま）　弟御様（おとうとごさま）　弟君（おとうとぎみ）　〇〇様（〇〇さま）　亡き弟様（なきおとうとさま）
누이동생 (妹)	妹様（いもうとさま）　ご令妹様（ごれいまいさま）　妹御様（いもうとごさま）　妹君（いもうとぎみ）　〇〇様（〇〇さま）　亡き妹様（なきいもうとさま）
남편 (夫)	ご主人様（ごしゅじんさま）　ご良人様（ごりょうじんさま）　ご夫君（ごふくん）　〇〇様（〇〇さま）　亡きご主人様（なきごしゅじんさま）　亡き〇〇様（なき〇〇さま）
아내 (妻)	奥様（おくさま）　御奥方様（ごおくがたさま）　ご令室様（ごれいしつさま）　ご内室様（ごないしつさま）　亡き奥様（なきおくさま）亡きご令室様（なきごれいしつさま）
가족 (家族)	ご一同様（ごいちどうさま）　皆々様（みなみなさま）　ご家族の皆様（ごかぞくのみなさま）
시부 (夫の父)	お父上様（おちちうえさま）　お父君（おちちぎみ）　おしゅうと様（おしゅうとさま）

341

시모	（夫の母）	お母上様（おははうえさま）　お母君（おははぎみ）　おしゅうとめ様（おしゅうとめさま）
장인	（妻の父）	ご外父様（ごがいふさま）　ご岳父様（ごがくふさま）
장모	（妻の母）	ご外母様（ごがいぼさま）　ご岳母様（ごがくぼさま）
남편의양친	（夫の両親）	ご両親様（ごりょうしんさま）　お父上様（おちちうえさま）　ご両人様（ごりょうにんさま）　ご両所様（ごりょうしょさま）
아내의양친	（妻の両親）	ご外父母様（ごがいふぼさま）　ご岳父母様（ごがくふぼさま）

관계	자기측의 호칭
아버지(父)	父（ちち）　家父（かふ）　おやじ　老父（ろうふ）　愚父（ぐふ）　拙父（せっぷ）　実父（じっぷ）　養父（ようふ）　亡父（ぼうふ）　亡き父（なきちち）　先代（せんだい）
어머니(母)	母（はは）　家母（かぼ）　おふくろ　老母（ろうぼ）　愚母（ぐぼ）　拙母（せつぼ）　実母（じっぼ）　生母（せいぼ）　養母（ようぼ）　亡母（ぼうぼ）　亡き母（なきはは）　先母（せんぼ）
양친(両親)	父母（ふぼ）　両親（りょうしん）　双親（ふたおや）　老父母（ろうふぼ）　老人たち（ろうじんたち）　年寄りたち（としよりたち）　亡父母（ぼうふぼ）　亡き両親（なきりょうしん）　先父母（せんふぼ）

할아버지 (祖父)	祖父（そふ）　隠居（いんきょ）　亡祖父（ぼうそふ）　亡き祖父（なきそふ）
할머니 (祖母)	祖母（そぼ）　隠居（いんきょ）　亡祖母（ぼうそぼ）　亡き祖母（なきそぼ）
아들(息子)	息子（むすこ）　愚息（ぐそく）　豚児（とんじ）　伜（せがれ）　長男（ちょうなん）　次男（じなん）　末男（まっなん）　亡長男（ぼうちょうなん）　亡次男（ぼうじなん）　亡児（ぼうじ）　亡き○○（なき○○）
딸(娘)	娘（むすめ）　愚娘（ぐじょう）　拙女（せっじょ）　長女（ちょうじょ）　次女（じじょ）　末女（まっじょ）○○　亡長女（ぼうちょうじょ）　亡次女（ぼうじじょ）　亡女（ぼうじょ）　亡き○○（なき○○）
형・오빠(兄)	兄（あに）　舎兄（しゃけい）　愚兄（ぐけい）　拙兄（せっけい）　長兄（ちょうけい）　次兄（じけい）　亡兄（ぼうけい）　亡長兄（ぼうちょうけい）　亡次兄（ぼうじけい）　亡き○○（なき○○）
누나・언니 (姉)	姉（あね）　愚姉（ぐし）　拙姉（せっし）　長姉（ちょうし）　次姉（じし）　亡姉（ぼうし）　亡長姉（ぼうちょうし）　亡次姉（ぼうじし）　亡き○○（なき○○）
동생(弟)	弟（おとうと）　小弟（しょうてい）　舎弟（しゃてい）　愚弟（ぐてい）　末弟（まってい）　○○　亡弟（ぼうてい）　亡き○○（なき○○）
누이동생 (妹)	妹（いもうと）　小妹（しょうまい）　叔妹（しゅくまい）　愚妹（ぐまい）　末妹（まっまい）○○　亡妹（ぼうまい）　亡き○○（なき○○）
남편(夫)	夫（おっと）　主人（しゅじん）　宅（たく）　宿（しゅく）○○　亡夫（ぼうふ）　亡き主人（なきしゅじん）　亡き夫（なきふ）　亡き○○（なき○○）

아내(妻)		妻（つま）　家内（かない）　細君（さいくん）　愚妻（ぐさい）　老妻（ろうさい）　拙妻（せっさい）　亡妻（ぼうさい）　亡き妻（なきつま）
가족	（家族）	一同（いちどう）　皆々（みなみな）　私ども（わたくしども）　小生方（しょうせいがた）
시부	（夫の父）	父（ちち）　義父（ぎふ）　老父（ろうふ）　しゅうと
시모	（夫の母）	母（はは）　義母（ぎぼ）　老母（ろうぼ）　しゅうとめ
장인	（妻の父）	妻の里の父（つまのさとのちち）　外父（がいふ）　岳父（がくふ）
장모	（妻の母）	妻の里の母（つまのさとのはは）　外母（がいぼ）　岳母（がくぼ）
남편의 양친	（夫の両親）	父母（ふぼ）　義父母（ぎふぼ）　老父母（ろうふぼ）
아내의 양친	（妻の両親）	妻の里の両親（つまのさとのりょうしん）　外父母（がいふぼ）　岳父母（がくふぼ）

부록 2. 경조 전보의 예문 모음

이 예문은 경조(慶弔) 전보를 항목별로 모은 것이다. 실제로는 가다까나(かたかな)로 쓰고 「로 구분, 발신자의 성명을 넣게 된다. 또한 별도 요금으로 경사용, 조문용의 특별 용지를 사용하는 것, 배달 날짜를 지정하는 것 등도 가능하다. 또, 동문(同文)의 것을 두 통 이상 보낼 경우에는 값싼 요금이 적용되므로 연하장 같은 것일 때에 편리하다.

◆새해와 크리스마스

- 謹ンデ新年ノゴアイサツヲ申シ上ゲマス…삼가 새해 인사드립니다.
- 年ノ初メニ当タリ皆様ノゴ多幸ヲオ祈リイタシマス…새해를 맞아 여러분의 다복함을 빕니다.
- 新年オメデトウ, 今年モドウカヨロシク…새해를 축하하네, 올해도 아무쪼록 잘 부탁하네.
- 明ケマシテオメデトウ、最良ノ年デアリマスヨウニ…새해를 축하하네, 최량의 해이기를 비네.
- クリスマスオメデトウ, 心カラ神ノ祝福ヲ祈リマス…크리스마스를 축하합니다. 진심으로 신의 축복을 빕니다.
- ゴ家族オソロイデ樂シイクリスマス、オメデトウ…가족이 모여서 맞는 크리스마스를 축하합니다.

◆ 자식의 성장을 축하

- ゴ出産ヲ祝シ、心カラゴ健康ヲオ祈リ申シ上ゲマス … 출산을 축하하오며 진심으로 건강을 빕니다.
- ゴ長男ノゴ出産，マコトニオメデトウゴザイマス … 장남의 출산을 진심으로 축하합니다.
- コドモノ日，オ子様ノゴ成長ヲオ喜ビ申シ上ゲマス … 어린이날, 자제분의 성장을 기뻐해 마지 않습니다.
- 成人ノ日、ゴ成人ヲ心カラオ祝イ申シ上ゲマス … 성인의 날, 성인을 진심으로 축하해 마지 않습니다.
- 小学校ゴ入学，オメデトウゴザイマス … 소학교 입학을 축하합니다.
- 高校合格ヲ心カラオ喜ビ申シ上ゲマス … 고교 합격을 진심으로 기뻐해 마지 않습니다.
- 栄アル合格ヲ祝シ，一層ノゴ勉学ヲ祈リ上ゲマス … 영광스런 합격을 축하하오며, 더 한층의 면학을 빌어 마지 않습니다.
- ゴ卒業ヲ祝シ、前途ノゴ多幸ヲオ祈リ申シ上ゲマス … 졸업을 축하오며 앞날의 다복함을 빕니다.
- ゴ就職ヲ祝シ、今後ノゴ健闘ヲオ祈リ申シ上ゲマス … 취직을 축하하오며, 금후의 건투를 빕니다.

◆ 식전(式典) · 회합의 축하

- オ幸セナゴ結婚ヲ心カラオ祝イ申シ上ゲマス … 행복하신 결혼을 진심으로 축하합니다.
- 待望ノゴ結婚オメデトウ、コノオ喜ビヲイツマデモ … 대망의 결혼 축하하네, 이 기쁨을 언제까지라도.
- ゴ令嬢様ノゴ結婚オメデトウゴザイマス … 따님의 결혼을 축하합니다.

- オ喜ビノ報ニ接シ，心カラオ祝イ申シ上ゲマス…기쁜 소식을 접하고 진심으로 축하해 마지 않습니다.
- オメデタイゴ盛典ヲオ祝イ申シ上ゲマス…경사스러운 성전을 축하해 마지 않습니다.
- ゴ盛会ヲ祝シ，ゴ多幸ヲオ祈リ申シ上ゲマス…성황을 이룬 모임을 축하하오며 다복함을 빕니다.
- 栄エアル大会ヲ祝シ，ゴ盛会ヲ祈リ上ゲマス…번영된 대회를 축하하며, 성황을 이루는 모임이기를 빕니다.
- 結成ヲ祝シ，今後ノゴ発展ヲオ祈リ申シ上ゲマス…결성을 축하하오며 금후의 발전을 빌어 마지 않습니다.

◆영전·표창 등

- コノタビノゴ栄転オメデトウゴザイマス…이번 영전을 축하합니다.
- 支店長ゴ就任ヲ祝シ，ゴ活躍ヲオ祈リ申シ上ゲマス…지점장 취임을 축하하오며 활약을 빕니다.
- ゴ栄転ヲ祝シ，ゴ着任ヲオ待チシテオリマス…영전을 축하하오며 착임을 기다리고 있습니다.
- ゴ当選ヲ祝シ，ゴ活躍ヲオ祈リ申シ上ゲマス…당선을 축하하오며 활약을 빌어 마지 않습니다.
- 栄エアル表彰ヲ心カラオ祝イ申シ上ゲマス…영광된 표창을 진심으로 축하해 마지 않습니다.
- 待望ノゴ入選，マコトニオメデトウゴザイマス…대망의 입선을 진심으로 축하합니다.
- ゴ入賞ヲ祝シ，今後ノゴ活躍ヲオ祈リ申シ上ゲマス…입상을 축하하오며, 금후의 활약을 빌어 마지 않습니다.
- 優勝万歳，本当ニオメデトウゴザイマス…우승 만세, 정말 축하합니다.

- 予選通過オメデトウ，最後マデガンバッテクダサイ…예선 통과를 축하합니다. 끝까지 분발해 주십시오.
- 晴レノ門出ヲ心カラオ祝イ申シ上ゲマス…경사스러운 새 출발을 진심으로 축하해 마지 않습니다.
- ゴ出発ヲ祝シ，一路平安ヲオ祝イ申シ上ゲマス…출발을 축하오며 여중 평안하기를 빕니다.
- 成果ヲ上ゲテ無事ゴ帰国，オメデトウゴザイマス…성과를 거두고 무사히 귀국한 것을 축하합니다.

◆건강과 장수에 대하여

- オ誕生日ヲ祝シ ゴ多幸ヲオ祈リ,申シ上ゲマス…생일을 축하오며 다복함을 빕니다。
- ゴ全快オメデトウ，心カラオ喜ビ申シ上ゲマス…완쾌를 축하오며, 진심으로 기뻐해 마지 않습니다.
- 母ノ日ニ当タリ，母上ノゴ健康ヲ祝福イタシマス…어머니날을 맞아 어머님의 건강을 축복합니다.
- 敬老ノ日ニ当タリ，ゴ長寿ヲオ祝イ申シ上ゲマス…경로일을 맞아 장수를 축하해 마지 않습니다.
- 金婚式オメデトウ、末永クオ幸セニ…금혼식을 축하합니다. 앞으로도 언제까지나 행복하시기를.

◆신축・개업을 맞아

- ゴ新築ノ落成ヲオ祝イ申シ上ゲマス…신축의 낙성을 축하합니다.
- ゴ開業ヲ祝シ、ゴ繁榮ヲオ祈リ申シ上ゲマス…개업을 축하오며, 번영을 빌어 마지 않습니다.

- 創立ヲ祝シ，今後ノゴ発展ヲオ祈リ申シ上ゲマス…창립을 축하하오며 금후의 발전을 빌어 마지 않습니다.

◆재난・병 문안

- 不慮ノゴ類焼ヲオ見舞イ申シ上ゲマス…뜻밖의 유소를 위문해 마지 않습니다.
- 突然ノ風水害，心カラオ見舞イ申シ上ゲマス…갑작스런 풍수해를 진심으로 위문해 마지 않습니다.
- 遭難ノ報ニ接シ，無事ゴ救出ヲオ祈リ申シ上ゲマス…조난한 소식을 접하고 무사 구출을 빌어 마지 않습니다.
- ゴ入院ヲオ見舞イシ，ゴ快復ヲオ祈リ申シ上ゲマス…입원을 위문하오며 쾌유를 빌어 마지 않습니다.
- 不慮ノ交通事故デノゴ入院，オ見舞イ申シ上ゲマス…뜻밖의 교통사고로 인한 입원을 위문합니다.
- 奥様のゴ発病ヲ心カラオ見舞イ申シ上ゲマス…부인의 발병을 진심으로 위문해 마지 않습니다.
- 一層ノゴ闘病，心カラオ祈リ申シ上ゲマス…더 한층의 투병을 진심으로 빌어 마지 않습니다.

◆ 불운한 사태에 즈음하여

- ゴ勇退ガゴ開運ノ契機トナルヨウニ祈リ上ゲマス…용퇴가 개운의 계기가 되기를 빕니다.
- 不運ノゴ閉店，心カラゴ同情申シ上ゲマス…불운한 폐점을 진심으로 동정해 마지 않습니다.

- 試験ノ不運ヲオ見舞イシ，一層ノ奮起ヲ望ミマス…시험의 불운을 위문하오며 더 한층의 분기를 바랍니다.
- 無念ゴ 敗北ガ他日ノ優勝ニツナガルコトヲ祈リマス…분한 패배가 훗날의 우승에 이어지기를 빕니다.

◆사망 조위의 경우

- 突然ノゴ逝去ヲ悼ミ，謹ンデ哀悼ノ意ヲ表シマス…갑작스런 서거를 슬퍼하오며 삼가 애도의 뜻을 표합니다.
- ゴ尊父様ノゴ永眠ヲ悼ミ，オ悔ヤミ申シ上ゲマス…춘부장의 영면을 슬퍼하오며, 애도합니다.
- 奥様ゴ他界ノ報ニ接シ，心カラオ悼ミ申シ上ゲマス…부인이 타계하신 소식을 접하고 진심으로 애도합니다.
- 在リシ日ヲシノビ，ハルカニゴ冥福ヲ祈リ上ゲマス…지난날을 그리고 아득히 명복을 빕니다.

부록 3. 편지 용어 모음

1. 첫머리에 쓰이는 용어
1. 일반적인 것
拝啓(근계) 謹啓(근계) 啓上(계상) 敬上(경상) 謹呈(근정)
一筆申し上げます(몇 자 올립니다) 謹んで申し上げます(삼가 올립니다) 一筆啓上いたします(일필 계상) 幸便に託して申し上げます(좋은 인편에 맡겨 올립니다) とりあえず申し上げます(우선 올립니다) 手紙で申し上げます(편지로 올립니다) 文にて申し上げます(서신으로 올립니다) はがきで失礼いたします(엽서로 실례합니다) はがきでお許し下さいませ(엽서로 용서하십시오)
一筆啓上(일필 계상) 一筆呈上(일필 정상) 書中をもって, 申し上げます(편지로 올립니다) お懐かしい叔母様(그리운 숙모님) いとしい理絵さま(사랑스러운 리에야)

2. 전문(前文)을 생략할 때
前略(전략) 略啓(전략) 冠省(전략)
前略ごめん下さい(전략 실례합니다) 前文ごめん下さいませ(전문 생략하옵니다) 承れば(듣자오니) 承りますれば(듣자옵건대) 前文お許し下さい(전문을 줄입니다) 前文失礼申し上げます (전문을 실례하고 올립니다) ○○氏より承るところによる(○○씨로부터 듣자오니)

3. 시급할 때
急啓(급히 올립니다) 急呈(급히 올립니다)
取り急ぎ申し上げます(시급한 대로 올립니다) 至急 貴意を得たく, 略書ながら申し上げます (시급히 고견을 듣고자 생략하옵고 올립니다) 走り書きでご免下さい(휘갈겨 쓴 것을 용서해 주십시오)

さっそくですが(성급합니다만) 突然でございますが(갑작스럽습니다만) さっそくながら申し上げます(시급한 대로 말씀드립니다) 火急に用件を申し上げます(화급히 용건을 올립니다) 急便をもって申し上げます(급편으로 올립니다) 早速ながらお頼み申し上げます(시급한 대로 부탁 말씀 올립니다) 唐突のお尋ねではありますが(당돌한 질문입니다만)

4. 편지를 거듭 보낼 때

　　再啓(재계) 再呈(재정) 追啓(추계) 重ねて申し上げます(거듭 올립니다)
再度お手紙差し上げます(다시 편지 드립니다) この間 のご手紙はご覧下さいましたことと存じますが(요전 편지는 보셨는지요) たびたび失礼ですが(누차 실례입니다) ×日付の手紙はご覧願えたことと思いますが(×날짜 편지는 보셨는지요)

5. 편지를 보낼 때

　　突然手紙を差し上げます．失礼をお許し下さい(갑자기 편지 드리는 실례를 용서해 주십시오) 突然で失礼いたします(갑작스럽게 실례합니다) まだ一度もお目にかかっておりませんが(아직 한 번도 뵌 적이 없습니다만) まだお目もじもいたしませんのに失礼でございますが(아직 만나 뵌 적도 없는 데 실례입니다만) はなはだ唐突で失礼でございますが(몹시 당돌해 실례입니다만) まことに突然で失礼とは存じます(참으로 갑작스러워 실례인 줄은 압니다만) まだ拝眉の機を得ませんが(아직 뵐 기회가 없었습니다만) ご高名はかねて承っておりますが(명성은 진작 듣고 있습니다만) 初めて御意を得ますが(처음으로 존의를 물어 봅니다만) いまだ拝眉の栄を得ず(아직 만나 뵐 영광을 갖지 못해)

6. 회답을 보낼 때

　　拝復(배복) 復啓(복계) 謹復(근복) お手紙有難う(편지 감사했네) おたより有難うございました(편지, 감사했습니다) お手紙ただ今拝

読(편지를 방금 배독) お手紙有難く拝読いたしました(편지는 감사히 잘 읽었습니다) お手紙拝見しました(편지는 잘 받아보았습니다) お手紙, 繰り返して何度もお読みしました(편지는 되풀이해서 몇 번이나 읽었습니다) ××日付のご書面まさに拝読いたしました(××날짜의 서면은 틀림없이 배독했습니다) おおせのように(분부하신 바와 같이) お申し越しの件承知しました(전어하신 건, 잘 알았습니다) 取り急ぎご返事申し上げます(급한 대로 회답 올립니다) ××日付の手紙ただいま拝見いたしました(××날짜의 편지는 방금 잘 받아보았습니다) お手紙, 昨日落手(편지는 어제 받아보았습니다) お手紙拝見(편지는 잘 받아보았습니다) 御状拝見(서장은 잘 받아보았습니다) ご芳書有難く拝見しました(방서는 감사히 잘 받아보았습니다) お手紙まさに拝見しました(편지는 틀림없이 잘 받아보았습니다) お手紙の件承知しました(편지의 건, 잘 알았습니다) お水茎の跡なつかしゅうございました(필적이 반가왔습니다) 絶えて久しきお便りうれしくうれしく拝見いたしました(참 오래간만에 주신 편지, 기쁘게 기쁘게 잘 받아보았습니다) 久々のお便り, ことのほか懐かしく(오래간만의 편지, 대단히 반갑고)

7. 탁송된 편지의 회답

　おことづけのお手紙, 確かに拝受しました(전갈하신 편지, 확실히 잘 받아보았습니다) ○○氏にお託しのご書面確かに落手しました(○○씨에게 부탁하신 서면은 확실히 잘 받아 보았습니다) お託送のお手紙有難く拝見しました(탁송하신 편지는 감사히 잘 받아보았습니다)

8. 회답이 늦어졌을 때

　さっそくご返事すべきでしたが(시급히 회답을 하는 것이었습니다만) さっそくお答えいたすべきところ(시급히 대답하는 것이었습니다만) さっそくご返事を申し上げるはずでしたが(시급히 답장을 올리려고 했습니다만) すぐにもご返事申し上げるつもりでいたので

すが雑用にとりまぎれ心ならずも延引し、なんとも申し訳ございません (당장에라도 회답을 드릴 생각으로 있었읍니다만, 잡일에 정신을 빼앗겨 분별없이 늦어져 정말 미안합니다) 心ならずもご返事を怠り、恐縮至極に存じます (분별없이 답장을 태만해 송구하기 짝이 없읍니다) まずご返事の遅延を陳謝いたします (먼저 답장의 지연을 진사하는 바입니다) 多忙にとりまぎれご返事が遅れました (다망하기 짝이 없어 답장이 늦었읍니다) ご返事が遅れて申し訳ありません (답장이 늦어져 송구하기 짝이 없읍니다) 心にかかりながらご返事が遅れてしまいました (걱정하면서도 답장이 늦어지고 말았습니다)

2. 전문(前文)의 용어
1. 안부를 전할 때의 인사 (상대측)
貴家 (댁내, 귀댁) 尊家 (존가, 귀댁)
ご一家 (일가, 온 가족) 皆々様 (여러분들) ご一同様 (일동, 여러분들) 御家内皆々様 (집안 여러분들) 兄 (형) 貴兄 (귀형) 大兄 (대형) ご異状 (이상) ご別状 (이상) お変り (변함) ご無事 (무사) お達者 (건강함) お元気 (건강함) お丈夫 (건강함) ご健康 (건강함) ご壮健 (건강함) ご多幸 (다복함) ご多祥 (다복함) ご清祥 (건승) ご清栄 (만강) ご安泰 (안태) ご清福 (행복) ご平安 (평안) 欣快 (흔쾌, 아주 기쁨) 欣幸 (다행하게 기쁨) 大賀 (크게 경축함 크게 축하함) 慶祝 (경축) ごきげんよく (기분이 좋고) お元気ですか (건강하십니까?) 元気かね (건강한가?) お変りもなく (변함없이) 相変らずご壮健ですか (변함없이 건강하십니까?) いかがす過ごしでいらっしゃいますか (어떻게 지내시고 계십니까?) 皆々様にはお変りもありませんか、お伺い申し上げます (여러분들께서는 변함없으신지요, 문안드립니다) 久しお目にかかり

ませんが，お変りありませんか(오랜 동안 뵙지 못했습니다만, 별일 없으십니까?) ご病人はその後どのようなご様子でいらっしゃいますか，案じております(환자는 그 후 어떤 상태인지요, 걱정하고 있습니다) 厳しい寒さがつづいておりますが，お変りなくいられますか(매서운 추위가 계속되고 있는데, 별일없이 지내십니까?) はるかにご健勝を祝します(아득히 건승함을 축하합니다) いよいよご清祥の御事大慶の至りに存じます(더욱더 건승하시다니 지극히 경하스러운 일로 생각합니다) いよいよご壯健のこととお喜び申し上げます(더욱더 건강하리라고 축하 말씀을 드립니다) ご健在とのこと，何よりです(건재하시다니, 더없이 기쁩니다) お元気で誠にうれしく思います(건강하시니 참으로 기쁘게 생각합니다) 皆々様お変わりもなくお過ごしのことと存じます(여러분도 별일없이 지내리라고 믿습니다) ご機嫌よくお暮らしのこととお喜び申し上げます (기분 좋게 지내신다니 축하 말씀을 드립니다) 皆様ご壯健にて何よりと存じます(여러분 건강하시다니 기쁘게 생각합니다) お便りがないので心配しております(편지가 없기 때문에 걱정하고 있습니다) 恙なくお勤めのご様子，何よりと存じます(건강하게 근무하신다니 기쁘게 생각합니다) 日々ご無事にてご精励の趣，心からお喜び申し上げます(매일 무사히 힘쓰신다니, 진심으로 축하 말씀을 드립니다) 貴店ますますご繁盛の段お喜び申し上げます (귀점이 더욱더 번영하시는 점 축하 말씀을 드립니다) 貴社いよいよご発展の御事と拝察大慶の至りに存じます(귀사 더욱더 발전하시는 것으로 배찰, 지극히 경사스러운 일로 생각합니다) 皆々様ご別状ありませんか(여러분들 이상 없으십니까) 貴家ご一同様にはお変わりないか案じております(귀댁 여러분께서 별일 없으신지 걱정하고 있습니다) 気候不順の折柄おさわりありませんか (기후 불순한 때 지장이 없으신지요?) 昨今の猛暑いかがおしのぎでしょうか(요즈음의 혹서를 어떻게 견뎌내시는지요?) しのぎがたい酷暑ですが, いかがお暮らしでしょうか(견뎌내기 힘든 혹서인데, 어떻게 지내시는지요?)

2. 안부의 인사 (자기측)

当方(이쪽, 우리 쪽) 拙家(졸가) 私方一同 (우리 쪽 일동, 우리 모두) 私ども(우리들) 私こと(나로 말하면, 저는) 僕(나) 小生 (소생) 弊店(폐점) 弊社(폐사) 無事(무사) 頑健(강건함, 튼튼함) 強健(강건) 恙なく(무사히, 강건히) 別狀なく(이상없이) 家内一同(집안 일동, 가족 모두) 元気(원기, 건강함) 一同平安(일동 평안) 無事息災(무사함, 건강함) 日々精励(나날이 힘씀) 他事ながら(관계없는 일이지만) ご安心(안심) ご休心(방념, 안심) ご放念(방념) ご安堵(안도, 안심) お心安い(안심되다, 마음 놓이다)

一同さわりなく(모두 탈(지장)없이) 当方一同至って元気で暮らしております(우리 모두는 지극히 건강하게 살고 있습니다) 当方皆別状なく日々を送っていますからなにとぞご休心下さい(우리 모두 이상없이 나날을 지내고 있으니 아무쪼록 방념해 주십시오) 家内一同皆快調で毎日元気で通勤しております(가족 모두 쾌조이고 날마다 건강히 통근하고 있습니다) 母子とも至って元気でございますからどうぞご安心下さい(모자 다 지극히 건강하오니 부디 안심해 주십시오) こちらでは一同恙なく過ごしておりますからご心配なさいませんように(이곳에서는 모두 무사히 지내고 있으니, 걱정하지 마시기 바랍니다) 例によって頑健そのもの(여느 때와 다름없이 건강 그 자체) 病人も日ましに快方に向かい, このごろでは食欲もおう盛ですから, お喜び下さい(환자도 나날이 차도 있으시고, 요즈음은 식욕도 왕성하오니, 기뻐해 주십시오) わが家一同皆元気ばりばりです(우리 가족 모두 건강하게 열심히 살고 있습니다) 当方一同無事, 他事ながらご休心下さい(우리 모두 무사히 지내니, 관계없는 일이지만 방념해 주십시오) 拙家皆々恙なく暮らしております(우리 가족 모두 무사히 지내고 있습니다) 私ども恙なく暮らしおりますので、どうぞお心安安く思召し下さいませ(우리는 무사히 지내고 있으니, 마음 놓아 주십시오) 私ことなんのさわりもなく日々愉快に勤務致しておりますので、何卒ご放念下さい(저는 아무 지장도 없이 매일 유쾌하게 근무하고 있으니, 아무쪼록 방념해 주십시오)

3. 감사했을 때의 인사

ご厚情(후정, 후의) ご芳志(방지, 후의) ご芳情(방정, 후의) ご同情(동정) ご懇情(간정, 친절한 마음씨) ご配慮(배려) ご厚志(후지, 후의) ご高配(각별한 배려) ご承諾(승낙) ご承認(승인) ご愛顧(애고, 돌봄) お引き立て(돌봄, 보살핌, 후원) ご庇護(비호, 보호) ご用命(하명, 분부) ごひいき(편애함, 후원함, 특히 좋아함) 御礼(사례, 감사의 인사) 感謝(감사) 深謝(깊은 감사) ご懇情に浴し(간정을 입어) ご高配にあずかり(각별하신 배려를 입어) お世話になり(신세를 져) お心づくしの(정성들인) お心のこもった(정성이 담긴) ご芳情のほど厚く、お礼申し上げます(후의에 대하여 깊이 사례 말씀을 드립니다) ご尽力を感謝いたします(진력에 감사를 드립니다) お礼の申し上げようもありません(사례 말씀을 드릴 바도 없습니다) 常々何かとお世話になりまして(늘 여러 가지로 신세를 져) 何くれとなくお心にかけて下さいまして(여러 모로 마음을 써 주셔서) 誠に有難く、厚くお礼申し上げます(참으로 감사하옵고, 깊이 사례 말씀을 드립니다) 先日はご多忙にもかかわらずお運び下さいまして有難うございました(요전에는 다망하심에도 불구하고 왕림해 주셔서 감사하기 짝이 없습니다) きょうはまたお心のこもったお祝い品をいただき誠に有難うございます(오늘은 또 마음이 담긴 축하 선물을 주셔서 참으로 감사합니다) このたびはいろいろとご親切にお骨折り下さいまして、万事好都合に運びました。厚くお礼申し上げます(이번에는 여러 가지로 친절히 수고해 주셔서, 만사 순조롭게 진행되었습니다. 깊이 사례 말씀을 드립니다) 平素は何

かとご懇情を蒙り深謝いたします(평소는 여러 가지로 간정을 입어 깊이 감사드립니다) 昨日は種々ご歓待を蒙り、厚くお礼申し上げます(어제는 여러 가지로 환대를 받아 깊이 사례 말씀을 드립니다) 結構なる贈り物誠に有難く、ご芳志のほど厚くお礼申し上げます(좋은 선물을 주셔서 참으로 감사하옵고 후의에 대하여 깊이 사례 말씀을 드립니다) 先日はわざわざご来社下さり、かえって恐縮いたしております(요전에는 일부러 내사해 주셔서, 도리어 송구스럽게 생각합니다)

4. 격조했을 때의 인사

ご無沙汰(격조) ご無音(무소식) 疎遠(소원함) 筆無精(쓰기를 귀찮아함) ご無音に打ち過ぎ(소식 드리지 못하와) すっかりご無沙汰(완전히 격조함) 思いながら(생각하면서) 存じながら(알면서) ついつい(그만, 무심코) 久しくご無音に打ち過ぎ(오랫 동안 소식 전하지 못하와) 身辺の雑事に追われて心ならずも長のご無沙汰、誠に恐縮に存じます(신변 잡사에 쫓겨서 본의 아니게 오랜 격조, 참으로 죄송하게(송구스럽게) 생각합니다) 長々のご無沙汰なにとぞお許し下さい(오랫 동안의 격조, 아무쪼록 용서해 주십시오) いつもご無沙汰ばかりでお詫びの申し上げようもありません(항상 격조하게 지내 사과 말씀을 드릴 바도 없습니다) 久しくお便りもせず申し訳ございません(오랫 동안 편지도 못해 죄송합니다) 久しくお便りも差し上げず、失礼のみ重ねました(오랫 동안 편지도 못 드리고, 실례만 거듭했습니다) いつも心にかかりながら、生まれつきの筆無精からついついご無沙汰に打ち過ぎましたこと、なにとぞお許し下さいませ(늘 걱정하면서도 글 쓰기 싫어하는 천성에서 그만 격조하게 지낸 데 대하여 아무쪼록 용서해 주세요) 失礼とは存じながら意外のご無沙汰(실례하는 것은 알면서도 의외의 격조) ついついご無沙汰に打ち過ぎ申し訳もない次第です(그만 격조하여 미안하기 짝이 없습니다) 一別以来疎遠に打ち過ぎ、なんとも申し訳

ありません(헤어진 후 소원하게 지내 정말 죄송합니다)　用事のある時ばかりお手紙を差し上げるようなことになって申し訳ありません(볼일이 있을 때만 편지를 드리는 것 같아 죄송합니다)　申し訳できないほどご無沙汰をしてしまいました(변변하지 못할 만큼 격조하게 지내고 말았다)

5. 사과하는 인사

　　ご面倒(성가심, 귀찮음, 돌봄, 폐)　ご無理な(무리한)　お手数(수고)　ご迷惑(폐)　お許(용서)　ご容赦(용서)　お詫び(사죄, 사과)　このたびは当方の不注意によりさんざんご迷惑をかけ申し訳ございません(이번에는 우리쪽의 부주의에 의해 몹시 폐를 끼쳐 할 말이 없습니다)　大変ご迷惑をおかけして(대단히 폐를 끼쳐) いろいろお手数をわずらわせて(여러 가지로 수고를 끼쳐) お詫びの申し上げようもございません(사과 말씀을 드릴 바도 없습니다)　誠にあいすみませんでした(참으로 미안했습니다)　種々お手数をお掛けし申し訳ありません(여러 가지로 수고를 끼쳐 미안합니다)　昨日は違約して相済みません(어제는 약속을 어겨 미안합니다)　ご容赦のほど願い上げます(용서해 주시기 바랍니다)

3. 본문(本文)

1. 첫머리의 말

　　さて(그리고, 그런데, 각설하옵고) ついては(따라서, 그 때문에) つきましては(따라서) ほかではありませんが(다름이 아니오라) 実は(실은) 時に(그런데) ところで(그런데) さてこのたび(그런데 이번에는) ところで誠に恐縮ですが(그런데 참으로 송구스럽지만) さっそくながらお問い合わせの件について(시급한 대로 문의하신 일에 관하여) さて誠に申し上げにくいことですが(그런데 참으로 말씀드리기 거북한 일입니다만) このたびは大変ご面倒をおかけして申し訳ありません(이번에는 대단히 수고를 끼쳐 미안합니다) その節のお

話によりますと(그 때의 이야기의 의하면) 実はお願いがあるのですけれど(실은 부탁이 있습니다만) ご高配を頂きましたあの件は(각별하신 배려를 해 주신 그 건은) 人づてに聞いた話ですが(소문으로 들은 이야기입니다만)

2. 주문 요약(主文要約)

　　まずはお礼まで(우선은 사례만 아룁니다) まずは右お願いまで(우선은 이상 부탁만 아룁니다) 右ご返事まで(이상 회답만 아룁니다) まずは要用のみ(우선한 용건만 아룁니다) とりあえずごあいさつまで(우선 인사 말씀만 아룁니다) 取り急ぎご忠告まで(시급한 대로 충고 말씀만 아룁니다) まずは近況お知らせまで(우선은 근황 보고만 아룁니다) まずは右こ照会申し上げます(우선은 이상 조회 말씀을 드립니다) 右略儀ながら書中をもってお礼申し上げます(이상 생략하옵고 편지로 사례 말씀을 드립니다) まずは不参のお詫びまで(우선은 불참의 사과만 아룁니다) とりあえずご返事申し上げます(우선 회답 올립니다) 右ご照会申し上げます(이상 조회 말씀을 드립니다) 失礼を顧みず書中にてお願い申し上げます(실례를 무릅쓰고 편지로 부탁 말씀을 드립니다) ご承諾下されば幸甚の至りに存じます(승낙해 주시면 천만 다행으로 생각합니다) ではこれで筆をおきます(그럼 이것으로 붓을 놓습니다) 右ご通知方々お願いまで(이상 통지를 겸해 부탁만 아룁니다) 右申し入れます(이상 신청(제의)을 합니다) とりあえずごあいさつ申し述べます(우선 인사 말씀을 드립니다) 右ご通知申し上げます(이상 통지해 드립니다) とりあえずご祝辞のみ申し上げます(우선 축사만 말씀 올립니다) 乱筆にて失礼いたします(난필로 실례합니다) ではご機嫌よろしく(그럼 안녕하십시오)

3. 다음 편지를 기약할 때

　　いずれまたお便りします(멀지 않아(조만간) 다시 편지하겠습니다) いずれお目にかかって詳しく申し上げます(조만간 뵙고 상세히 말씀드리겠습니다) 近々再びお便りします(조만간 다시 편지하겠습니다) 詳しくは後便にて申し上げます(자세한 것은 다음 편지로 아뢰겠습니다) 委細は拝眉の節に譲ります(자세한 내용은 뵈었을 때로 미루겠습니다) 近日 参上 方々申し上げます(근간 찾아뵙는 김에 말씀드리겠습니다) 委細後便(자세한 것은 다음 편지) 委細は次便に譲ります(자세한 것은 다음 편지로 미루겠습니다)

4. 답장을 원할 때

　ご返事(답장, 희망)　ご返書(답장, 반신)　ご回答(회답)　ご都合(형편, 사정)　ご沙汰(소식)　ご諾否(승낙 여부)　貴意(고견)
ご返事をお待ちします(답장을 기다리겠습니다)　折り返しご返事下さい(즉시 답장을 주십시오) 何分のご返事を願います(얼마간의 답장을 부탁합니다) ご多用中誠に恐れ入りますが, 来る十五日までにご返事いただきたく存じます(바쁘신 중(다망하신 중) 죄송합니다만, 오는 15일까지는 답장을 주시기 바랍니다)　勝手ではございますが, 都合がありますので今月中にご返事下さい(제멋대로이기는 합니다만, 사정이 있기 때문에 이달 안으로 답장을 주십시오) お手数ながら都合のよい日時をご一報下さい(수고스럽지만 형편이 좋은 시일을 기별해 주십시오) 本状着き次第ご回答をわずらわしたく存じます(이 서장(안내장)이 닿는 대로 회답해 주시기 바랍니다) 至急貴意を得たく存じ, 一筆したためました(시급히 고견을 듣고자 하여 몇 자 적었습니다) ご迷惑でしょうけれど折り返しご返事下さいませ(성가시겠지만 즉시 답장을 주세요)　ご返事鶴首してお待ちいたします(답장을 학수 고대하겠습니다) お手数でもご返事下さいませんか(수고스럽더라도 답장을 주시겠습니까?)

4. 말문(末文)의 용어

1. 전언의 중개를 부탁할 때.

　父からもよろしくと申しております(아버지께서 안부 전하시라고

합니다) 母からも厚くお礼申し上げるようにとのことでございます (어머니께서 깊이 사례 말씀을 드려달라고 하십니다) 兄からもよろしくとの伝言です(형께서도 안부 전하라는 전언이 있었습니다) 先日先生からもこの際 十分靜養されるようにとの伝言がありました(요전에 선생님께서도 이 기회에 충분히 정양하라는 전언이 있었습니다) このこと，貴兄からもよろしくおとりなし下さい(이 일은, 귀형께서도 좋도록 잘 중재해 주십시오) 末筆ですが，奥様にくれぐれもよろしくお伝え下さい(끝으로 부인에게 부디 안부 전해 주십시오) 兩親からも厚くお礼を申し上げるよう言われました(부모님께서도 깊이 사례 말씀을 드리라고 하셨습니다) ついでながら愚兄よりもよろしくと伝言がありました(이 기회에 형께서도 안부 전하라는 전언이 있었습니다)

2. 장래를 부탁하는 인사

今後ともよろしくお願いします(앞으로도 잘 부탁합니다) いっそうのご厚誼を 賜 りたくよろしくお願い申し上げます(더 한층의 후의를 베풀어 주시기를 부디 부탁드립니다) 今後ともご指導賜わりたくお願いいたします(앞으로도 지도해 주시기를 부탁합니다) 末永くお導き下さいます(장차 오래도록 이끌어 주십시오) よろしくお引立てのほどお願いしませ(부디 보살펴(후원해) 주시기를 부탁합니다) 今後ともお見捨てなくご教示賜りたく願い上げます(앞으로도 버리지 마시고 가르쳐 주시기를 부탁 올립니다)

3. 진사(陳謝)하는 인사

乱筆(난필) 拙筆(졸필) 走り書き(휘갈겨 씀) ご判読(판독) ご推察 (추찰)
乱筆お許し下さい(난필을 용서해 주십시오) 乱筆乱文あしからずお許し下さい(난필 난문을 나쁘게 생각 마시고 용서해 주십시오) 事情ご賢察のうえご寛恕下さい(사정을 현찰하시고 용서해 주십시오) 心せくままの走り書き, どうぞお許し下さい(마음 조급한 채 휘갈겨 쓴 것을 부디 용서해 주십시오) せっかくのご好意(こうい)を無(む)にし誠に申し訳ありませんが、なにとぞお許し下さい(모처럼의 호의를 헛되게 해 할 말이 없지만, 부디 용서해 주십시오) 乱筆乱文幾重(いくちょう)にもお詫び申し上げます(난필 난문을 거듭 거듭 사과드립니다) 乱筆ご判読下さいますように(난필을 판독해 주시기를) 意中 おくみ取り下さいませ(의중을 헤아려 주세요) 拙筆ご容赦願い上げます(졸필을 용서해 주시기 바랍니다) 心乱(こころみだ)れいかにも見苦(みぐる)しき乱筆なにとぞお許し下さいませ(심란해서 보기 흉한 난필을 부디 용서해 주세요)

5. 끝맺는 말

1. 정중히
   頓首(とんしゅ) 敬具(けいぐ) 謹言(きんげん) 再拝(さいはい) 敬白(けいはく)
2. 겸손, 진사하는 뜻으로
   草々(そうそう) 不一(ふいつ) 不具(ふぐ) 早々(そうそう) 恐恐頓首(きょうきょうとんしゅ) 恐々謹言(きょうきょうきんげん) 草々不備(そうそうふび)
3. 답신에
   拝答(はいとう) 謹答(きんとう) 敬答(けいとう)
4. 여성용(女性用)
   かしこ、かしく あらあらかしこ めでたくかしこ
5. 일반의 편지
   さようなら では 以上(いじょう) 失敬(しっけい) 敬具(けいぐ) 頓首(とんしゅ)
6. 첨서(添書)
   二伸(にしん) 追って(おって) 追啓(ついけい) なお なおなお 再伸(さいしん) 追伸(ついしん) 再白(さいはく) 三伸(さんしん) それから 重(かさ)ねて申(もう)し上(あ)げます 申(もう)し忘

(わす)れましたが　申(もう)し遅(おく)れましたが　一言(いちごん)申(もう)し添(そ)えます

7. 경칭(敬稱)
 (1) 일반용
　　様(さま)
 (2) 공용(公用)
　　殿(どの)
 (3) 친구・동연배　君(くん) 兄(けい) 大兄(たいけい) 貴兄(きけい)
 (4) 문우(文友)
　　詞兄(しけい) 雅兄(がけい) 雅賢(がけん)
 (5) 스승・연장자
　　先生(せんせい) 大人(たいじん)
 (6) 선배
　　賢兄(けんけい) 老兄(ろうけい) 尊台(そんだい)
 (7) 시인(詩人)
　　先生(せんせい) 詩宗(しそう) 宗匠(そうしょう)
 (8) 화가(画家)
　　先生(せんせい) 画伯(がはく)
 (9) 서예가
　　先生(せんせい)
 (10) 의사
　　先生(せんせい) 国手(こくしゅ) 医伯(いはく)
 (11) 관청・학교・회사・은행 기타
　　御中(おんちゅう)

8. 상대방의 이름 왼쪽 밑에 써서 경의를 나타내는 말
 (1) 일반(一般)
　　侍史(じし) 足下(そっか) 机下(きか) 机右(きゆう) 座右(ざゆう)
 (2) 여성(女性)

おみもとに 御前(おんまえ) 御前に(おんまえに) みもとに みまえに まいらす まいる

(3) 양친

膝下(しっか) 御許(おんもと) 御許に(おんもとに) 尊下(そんか)

(4) 친구・동연배

(일반과 같다)

(5) 귀인(貴人)

閣下(かっか) 貴下(きか) 尊下(そんか) 御前(みまえ) 執事(しつじ)

(6) 스승・연장자

侍史(じし) 御左右(ごさゆう) 玉机下(ぎょくきか)

(7) 목사・승려

先生(せんせい) 御座下(ござか) 貌下(げいか)

(8) 관청・학교 등

御中(おんちゅう) 各位(かくい)

9. 평신(平信)

平信(へいしん) 常用(じょうよう) 当用(とうよう) 無事(ぶじ) 平安(へいあん)

10. 답신

返信(へんしん) 御返事(ごへんじ) 貴答(きとう) 奉答(ほうとう)

11. 남이 보는 것을 금할 경우

親展(しんてん) 必親展(ひっしんてん) 直披(じきひ, ちょくひ) 御直披(ごじきひ, ごちょくひ) 直覧(じきらん)

12. 급한 용무일 때

至急(しきゅう) 急用(きゅうよう) いそぎ 大至急(だいしきゅう)

13. 중요할 경우

要信(ようしん) 要用(ようよう) 至要(しよう)

14. 답장을 원할 경우

乞返信(こへんしん) 待貴答(たいきとう) 乞貴答(こきとう)

15. 공용(公用)

公務用(こうむよう) 官用(かんよう) 校用(こうよう) 社用(しゃよう) 商用(しょうよう)

16. 인편에 맡길 경우
    幸便(こうびん) 託幸便(たくこうびん) ××君(××くん)に託(たく)す

17. 내용 명시(内容明示)
    御礼(おれい), 御願(おねがい) 御弔詞(ごちょうし) 屈書(とどけしょ) 願書(がんしょ), 註文書(ちゅうもんしょ) 受取書(うけとりしょ), 原稿(げんこう) 在中(ざいちゅう)

18. 봉함어(封緘語)
    〆(しめ) 封(ふう) 糊(こ) 締(しめ) 厳封(げんふう) つぼみ 賀(が) 寿(じゅ)

편저자 소개

강태정(姜泰鼎)

日本京都 立命館大學 文學部
哲學科 졸업.
著書 : 詩集『歸路에서』『삼팔선의 달』
編著 : 『日本語 첫걸음』
　　　『日本語 기초실력』
　　　『日本語實用會話』
　　　『日本語 사교 편지투』
　　　『초보자를 위한 日本語』
譯書 : 『則天武后』(全6卷) 등 다수가 있음.

실용 日本語 편지

편저자 : 강태정
발행자 : 남　용
발행소 : 일신서적출판사

주소 : 121-110 서울 마포구 신수동 177-3
등록 : 1969년 9월 12일 / No. 10-70
전화 : 영업부 703-3001~5　FAX 703-3009
　　　편집부 703-3006~8　FAX 703-3008

ⓒ ILSIN Publishing Co. 1995　ISBN 89-366-0824-X

값 10,000원

탁음 (濁音, だくおん)

が ガ	ぎ ギ	ぐ グ	げ ゲ	ご ゴ
ga	gi	gu	ge	go
ざ ザ	じ ジ	ず ズ	ぜ ゼ	ぞ ゾ
za[dza]	zi	zu	ze[dze]	zo
だ ダ	ぢ ヂ	づ ヅ	で デ	ど ド
do	zi[dzi]	[zu]	[de]	[do]
ば バ	び ビ	ぶ ブ	べ ベ	ぼ ボ
ba	bi	bu	be	bo

◀ 하코네의 아시 호수

반탁음 (半濁音, はんだくおん)

ぱ パ	ぴ ピ	ぷ プ	ぺ ペ	ぽ ポ
pa	pi	pu	pe	po

요음 (拗音, ようおん)

ぎゃ	gya	ぎゅ	gyu	ぎょ	gyo
じゃ	zya	じゅ	zyu	じょ	zyo
ぢゃ	zya	ぢゅ	zyu	ぢょ	zyo
びゃ	bya	びゅ	byu	びょ	byo
ぴゃ	pya	ぴゅ	pyu	ぴょ	pyo

きゃ	kya	きゅ	kyu	きょ	kyo
しゃ	sya	しゅ	syu	しょ	syo
ちゃ	cha	ちゅ	chu	ちょ	cho
にゃ	nya	にゅ	nyu	にょ	nyo
ひゃ	hya	ひゅ	hyu	ひょ	hyo
みゃ	mya	みゅ	myu	みょ	myo
りゃ	rya	りゅ	ryu	りょ	ryo